四川省哲学社会科学普及规划项目
成都市科学技术协会科普支持项目
四川省哲学社科普及基地(成都理工大学)
四川创新区域经济研究院

成果

Youth Reading Library
青年读书文库

提升你的智谋力

黄寰　罗子欣⊙主编

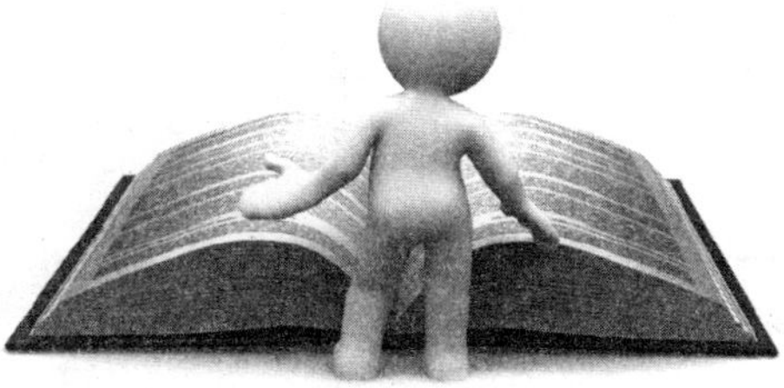

TISHENGNIDE
ZHIMOULI

内蒙古出版集团
内蒙古人民出版社

图书在版编目(CIP)数据

提升你的智谋力/黄寰,罗子欣主编. —呼和浩特:内蒙古人民出版社,2012.2

ISBN 978—7—204—11510—5

Ⅰ.①提… Ⅱ.①黄… ②罗… Ⅲ.①谋略—通俗读物 Ⅳ.①C934-49

中国版本图书馆 CIP 数据核字(2012)第 016682 号

提升你的智谋力

主　　编　黄寰　罗子欣
责任编辑　刘智聪
封面设计　揽胜视觉
出版发行　内蒙古出版集团　内蒙古人民出版社
地　　址　呼和浩特市新城区新华大街祥泰大厦
印　　刷　内蒙古爱信达教育印务有限责任公司
开　　本　720×1000　1/16
印　　张　19.25
字　　数　285 千
版　　次　2012 年 6 月第 1 版
印　　次　2012 年 6 月第 1 次印刷
印　　数　1—4000 册
书　　号　ISBN 978—7—204—11510—5/G・3409
定　　价　32.00 元

如出现印装质量问题,请与我社联系。联系电话:(0471)4971562　4971659

前　言

中国是一个重视智谋的国度，千百年来，种种智慧、智谋层出不穷，可以说，一部华夏史就是一部智谋史。历史纷争演绎出善谋之人谋天下的不变定律。

财富中，最宝贵的莫过于人才；而人才最可宝贵的就是智谋力。战国时期，魏惠王与齐威王有一次一道打猎，谈到关于国宝的事。惠王问威王："齐王有国宝吗？"威王回答："没有。"惠王说："我们魏国虽小，尚且有直径一寸，能前后照耀十二辆车的大珠十颗。怎么齐国这样的大国竟没有宝？"威王说："我衡量宝物的标准与大王的不一样。我有一名官吏叫檀子，让他镇守南城，楚国因此不敢来犯，泗水北面十二个诸侯都来我国朝贺；我有一名官吏叫肘子，让他守高塘，赵国人因此不敢来河的东面打鱼；我有一名官吏叫黔夫，让他守徐州，燕国人因此在北门祀神，赵国人因此在西门祀神，搬迁到我们齐国的就有七千多家；我有一名官吏叫种首，让他防范盗贼，因此，道不拾遗。这四名官吏光华照千里，岂止照耀十二辆车！"惠王听了羞愧不已。齐威王既是以智谋回击了惠王的挑衅，又充分表明了智谋者的重要性。

而在今天竞争激烈的社会生存环境中，智谋力表现出的力量愈发明显——职场、商海、创业，哪一过程没有智谋力的参与？职员、官员、老板，哪一种人生角色敢说不要智谋力？

但智谋力是否与你有缘？有一个故事：猎人在高山之巅的鹰巢里，抓到了一只幼鹰。他不忍心杀害它，于是把幼鹰带回家养在鸡笼里。这只幼鹰终日与鸡一同啄食、嬉闹和休息。这只鹰渐渐长大，羽翼丰满了，主人想把它训练成猎鹰，可是由于终日和鸡混在一起，它已经变得和鸡完全一样，根本没有飞的愿望了。主人试了各种办法，都毫无效果，最后把鹰带到山顶上，一把扔了出去。这只鹰像块石头似的直掉下去，慌乱之中它拼命地扑打翅膀，就这样，它终于飞了起来！

你是不是也如同这只鹰？在忙忙碌碌的生活中麻木于周围的环境，令自身智慧蒙尘。相信自己的力量，接受磨炼的挑战，让你的心灵插上智谋的翅膀，在激烈竞争的世界任我翱翔！

目　录

第一章　谋定人生

智谋是一种思维方法、一种技法艺术，如水长流，去向有定，却无常形。你要通过自我的修炼，增强自身的底蕴，把握智谋的规律，提高自身的应变能力，制定人生制胜之策。

第一节　智谋天下

古往今来，智谋家在政治、经济、外交、军事等领域纵横驰骋，写就无数动人篇章。对于你而言，智谋力的获取也直接意味着思想的精进、行动的提高。

一、智谋与心智

大多数人会运用智谋力方法，但不一定能够理解它。一位东方伟人说过：理解了的东西，才会更好地去感觉它。只有在充分理解了“何为智谋力”之后，我们才会更好地、更自觉地运用它，使我们的思维活动和实际活动成果频频。

如一切成功者所证明的，成功最主要的因素就是心智开发。智谋力就是对自己心智的一种开发过程和力量显现。同任何其他思维方法一样，智谋力是人们在思维创造和实际行动中的一种思维力量的凸显。但是，智谋力比起其他思维来，它具有更加强烈的动机和主动性，在一定意义上讲，它具有更多的智慧因素。

智谋力既是心智的较量，又是创造性地利用一切客观因素的比较，是认识、意志、思维等多种心理机能综合的力量。智谋力的实质在于把握客观事物的活动特点，分清客观事物的优势与劣势、长处与短处、施计用策、实现主体活动的控制与优化。懒惰平庸的人往往不是不动手脚，而是不动脑筋，这种习惯制约了他们摆脱困境的时机。相反，那些成大事者都养成了勤于智谋的习惯，善于发现问题、解决问题，不让问题成为人生的难题。可以说，任何一个有意义的构想和计划都是出自智谋，而且谋得越痛苦，收益就会越大。一个不善于智谋的人，会遇到许多取舍不定的问题；相反，正确的智谋能产生巨大作用，可以决定一个人应该采取什么样的行动。具体地讲，智谋力的实质为：

第一，智谋力是对自己智慧的升华，是对自身的准确认识，是对自己现有状态的改进力量。

第二，它往往是建立在智谋所作用一方的失误、认识偏差、心理错觉、缺陷的基础上，是利用对方处于劣势之时。而这些失误、偏差、错觉、缺陷是客体事物自身固有的或难以克服的。

第三，"趋利避害"，努力取得最好的效益。遵循趋利原则，就要在智谋力的指导下，力求投入最少，最大限度地节约资源，并且所冒风险最小；争取最大的效果，圆满实现战略目标；力求用最短的时间取得最多的效果，也就是说效率要高。

第四，智谋力顺应了事物发展和竞争的规律。它以正确的认知活动为先导，遵守主观与客观相统一的原则，利用合适的氛围条件，非常自然地进行思维和实施，没有刻意之痕迹。智谋力的得出，要考虑符合不符合国家的要求、利益和发展；适应不适应自身的条件和素质；能不能在竞争中领先和取胜等。

总之，智谋力遵循认识的基本规则，吸取了决策科学、系统科学、预测科学等学科的某些原理。它是思维科学的一部分，也是人们在实际活动中行之有效的科学方法。

二、智谋力的表现

你的智谋力是如何表现的？又在哪些方面得到展示？

1.智谋力的主体特性：

——主体性。智谋力是人的主观能动性和自主性的表现，能够维护和遵从自己的自主选择。

——独立性。智谋力是你在各种场合要具有不受外界和他人的干扰，独立做出判断的能力。

——应变性。智谋力是你在遇到某些预料外的情况时，随机应变的能力。

——自控性。智谋力是你对自我的控制和提升，从而以自己来影响决定人生以至某事发展的进程的能力。

2.智谋力的基本特征：

——全局观。智谋必须体现整体意识，宏观意识，甚至全球意识；既要有全局性，又要有层次性；既要高屋建瓴，统筹兼顾，全方位进行思考，防止顾此失彼，出现遗漏，又要分清不同层次，区别轻重缓急。

——长远性。现实是未来的基础，而未来是现实的发展；现实是立足点和出发点，而未来是着眼点和目标点。你在开动自己的智谋力时，只有立足现实，着眼未来，才能有所创新，才能适应内外环境的变化和发展，从而长期保持主动和领先，把握和赢得未来。因此，智谋要体现出未来意识和超越意识，树立“明天即今天”的观念。

——多样性。智谋力不能固守某一种方式或某一领域，应该由单一走向多向、多方位、多层次、多领域展示。

——灵活性。“山无定势，水无常形”，客观情况是变化发展的，智谋要具有一定的弹性，并适时进行调整，才能适应形势的变化。智谋力的表现各不相同，甚至相互对立，关键在于结合具体情况加以分析。

——开放性。善智谋者善于接收外界信息，时刻同外界保持联系，以一种开放的心态、公开化的方式进行谋略，而不是闭门造车。

——独特性。其实，智谋力并不是让你成为最佳，而在于你要具有独特性，通过这种独特性使你表现出与众不同的价值，从而获得成功。独特性的最高境界就是独此一家，别无分号。比如武侠小说里讲到的蜀中唐门，虽然不是最大最强，但因为有独门暗器，别的门派也只能敬而远之。同样的，只要你有自己的“绝招”，就能够获得足够的生存空间。

三、认清自己的智谋等级

什么才是真正的智谋呢？一位阅世很深的老人将不同的人按其智谋的程度，大略可分为四个等级。

第一等级是外相看上去十分敦厚老实，待人处世绝不以能者自居，甚而让人感觉有些傻乎乎，但骨子里却十分地有智谋。这种智谋，是最高层次的智谋，所谓“大智若愚”就是这个意思。这种人，往往会让他人不由自主地产生一种高度的信任感，觉得其是自己可以放心托付一切的合作对象。因而，其处世行事，常无往而不利。至于若有不逞之徒，因其貌相老实而欲欺之者，往往会临到最后关头，方才发现自己反而是偷鸡不着蚀把米。

第二个等级是让人一眼看去就觉得浑身透着智谋，而内底子也确实相当有智谋的人。但“智谋外露”，已非上品，不免让人处处防范，其效果也就有限，充其量只能算是“二等品”。

第三个等级是本身无多大能耐，看上去也就“傻帽儿”一个，正因其内外都傻，也就做到了有人所说的“守拙”。平常既无自作聪明之举，他人对其也全不设防，进而有不忍欺之者，故虽未必能成大事，而正因其无成大事之志，尚可保全身，安居三等。

第四等级为看上去一脸“精怪”相，亦往往自以为智谋过人，骨子里却是智商低下者，此等角色人见人厌，成事不足，败事有余，是为末等。

然而，世事是多变的，人也是会变的。以上四色人等，更非一成不变。《论语·阳货》：“子曰：‘唯上知与下愚不移。’”在这四等人物中，尤以第二等与第三等的变数最大。如第二等者，一旦智谋过头，聪明反被聪明误，往往会沦入末等而不复；而原为第三等者，如能在世事磨炼中逐渐悟出真谛，从而摇身一变跻身头等行列者，亦不乏其人。至于一个人在人生长河中会怎么变，那就看他是不是有自知之明了。在当今社会中，一个人是不是有自知之明，或者说，是不是能为自己找到一个正确的定位，是至关重要的，甚至可以说，决定了一生的前途。

在这四色人等中，你可列入第几等？

四、智谋之运用

中国古人之智谋冠绝天下。我国是一个谋略思想源远流长的国度。古代兵法谋略是中国传统文化史上一颗璀璨的明珠，以其博大精深、垂范千古的思辩哲理，为人们提供智谋之钥、聪明之术。现在，国内外因推崇以《孙子兵法》为代表的中国古代兵法而形成的“古兵法热”，就是一个有力的例证。海湾战争虽贵为高科技战争的“开山之作”和“经典之作”，但美军官兵在茫茫沙漠中人手有两件必备武器，一种是卫星定位仪(GPS)，另一种却是《孙子兵法》，可谓一脚踏现代、一脚放古代，横跨上下五千年。事实证明，古代兵法中的许多谋略原则，直到今天仍有着重要的现实意义和普遍的指导意义，如“知彼知己，百战不殆”，“上兵伐谋，其次伐交”，“不谋万世者，不足谋一时；不谋全局者，不足谋一域”，“兵无定势，谋贵从时”，“兵不厌诈”，“出其不意、攻其不备”，“有备无患”，“兵贵其合”，“用兵之法，教戒为先”等。这些振聋发聩的警世格言，并未因时代的变迁而减弱其真理的光辉，相反，却更能显示出新的生命力，启发多少有为之士在自己的事业上做出创造性的贡献。

再看，三国时期是我国历史上一段极为动乱纷争的年代。当时东汉政权没落，农民起义蜂起，政权迭相更替，群雄逐鹿天下，特别是逐渐强大的曹操、孙权和刘备之间，展开了尖锐复杂的政治较量，进行了此起彼伏的军事斗争。这些政治、军事集团之间，时或朋比勾结，时或互相攻讦；时或刀戎相见，时或杯酒言欢；彼此存在着多方面、多层次的错综复杂的关系和矛盾。在惊心动魄的政治风云和你死我活的战争中，任何不求进取、因循守旧、优柔寡断、模棱两可，都会坐失良机；任何心中无数、粗枝大叶、考虑欠周、仓促决断，都会招致惨重损失。可以说，举手投足之间，决定荣辱成败，关系着身家性命。因此，重视决策，善于决策，是“三国”中许多人的共同特点。《三国演义》中，明确地提出了“决策”的概念。这要比“决策”概念在西方正式提出，早了数百年之久。尤其是“三国”中的一些杰出人物，胸怀全局，目光远大，能够从全局上、长远上思考问题，善于处理大的方面的关系，能够在变动中把握局势发展的大方向，争取智谋上的主动和优势，因而从小到大，从弱到强，做成了一番轰轰烈烈的事业。

刘备在没有得到诸葛亮之前，落魄不遇，屡遭挫折，不得已投奔荆州刘表，后经水镜先生司马徽和徐庶的推荐，三顾茅庐，邀请诸葛亮出山相助。诸葛亮在与刘备首次会面时，首先精辟地分析了天下大势，指出曹操“已拥百万之众，挟天子以令诸侯，此诚不可与争锋。孙权据有江东，已历三世，国险而民附，此可用为援而不可图也”；接着，简明扼要地说明了荆州和益州的重要战略地位，最后告诉刘备，欲成霸业，应该“北让曹操占天时，南让孙权占地利，将军可占人和，先取荆州为家，后即取西川建基业，以成鼎足之势，然后可图中原”。这便是为古今称道不绝的隆中决策。在这个著名决策中，既有战略目标，又有战略措施，还有实现目标的几个战略阶段。刘备闻言，茅塞顿开。正是逐步实施了这一正确决策，刘备才得以绝处逢生，立稳脚跟，日益发展，建立蜀汉政权，与先期建立的魏、吴鼎立天下，存在和延续了四十余年。

智谋可以文字表达相传。譬如，《三十六计》代代相传，已成为智谋之巅的法宝。因为《三十六计》脍炙人口，本书不再赘述，只摘其要如下：

〇胜战计

第一计　瞒天过海

第二计　围魏救赵

第三计　借刀杀人

第四计　以逸待劳

第五计　趁火打劫

第六计　声东击西

〇敌战计

第七计　无中生有

第八计　暗渡陈仓

第九计　隔岸观火

第十计　笑里藏刀

第十一计　李代桃僵

第十二计　顺手牵羊

〇攻战计

第十三计　打草惊蛇

第十四计　借尸还魂

第十五计　调虎离山

第十六计　欲擒故纵

第十七计　抛砖引玉

第十八计　擒贼擒王

〇混战计

第十九计　釜底抽薪

第二十计　浑水摸鱼

第二十一计　金蝉脱壳

第二十二计　关门捉贼

第二十三计　远交近攻

第二十四计　假道伐虢

〇并战计

第二十五计　偷梁换柱

第二十六计　指桑骂槐

第二十七计　假痴不癫

第二十八计　上屋抽梯

第二十九计　树上开花

第三十计　反客为主

〇败战计

第三十一计　美人计

第三十二计　空城计

第三十三计　反间计

第三十四计　苦肉计

第三十五计　连环计

第三十六计　走为上计

现代社会充满了强烈的挑战意识、竞争意识和未来色彩。竞争和对抗就是智谋力的逻辑起点。日本的企业管理根本点是建立在现代商业社会文明上的，是以西方发达国家的企业管理为基础，是“西学为体，中学为用”，以现代化管理消解和融合兵法权谋等传统文化中的管理思想，并在此基础上建立独特的日本式管理。在韩国，也经历了一个大致相似的过程。

现代智谋科学以人类社会两千多年来积累的兵法智谋思想如《孙子兵法》等为基础，以现代科学方法论为工具，揭示了智谋力的设计、生成和运用的基本规律。与经典智谋学说相比较，其科学性和可学习性大大提高。

要成为一个智谋家，你就应该像一个运动明星，必须经过不断练习，改正偏差的习惯，才能练就炉火纯青的技巧。你要不断从各方面加强练习，改变自己过去不良的习惯，达到专业领导的境界。

你要问自己——

找寻理想我：我想成为什么样的人？

找寻现实我：我是谁？我的强点和与理想的差距为何？

设定学习议题：我如何发挥强点，弥补弱点？

加强练习：与能协助我改变的人建立互信、支持的关系。

第二节　为自己设定目标

《中庸·第二十章》如是写道：“凡事，预则立，不预则废。言前定，则不跲；事前定，则不困；行前定，则不疚；道前定，则不穷。”意指任何事情，有准备就能成功，没有任何准备就会失败。话在事先准备好了，说出时就不会理屈词穷了；在办事前先做好充分的准备，到时候就不至于处于困境了；在行动前先做好了充分的准备，到时候就不会感到内疚了；履行做人的原则，有准备了就不至于有什么不顺畅之事了。所有计划、目标和成就，都是智谋的产物。目标中既有欲望、感情的牵动因素，同时也有自己做主，不让自己从散漫中游移的因素。你的智谋力，是你能完全控制的东西，你可以用智慧或是以愚蠢的方式运用你的思想，但无论如何运用它，它都会表现出一定的力量。没有正确的智谋，是不会克服习惯的，如果你不学习正确的智谋，是绝对防止不了挫折的。

一、目标决定未来

有什么样的目标，就有什么样的人生。你知道如何训练跳蚤吗？这是一件很严肃的事情，因为在你知道怎样去做这件事之前，你无法使自己变得更伟大。

当你训练跳蚤时，把它们放在广口瓶中，用透明的盖子盖上。这时跳蚤会跳起来，撞到盖子，而且是一再地撞到盖子，当你注视它们跳起并撞到盖子的时候，你会注意到一些有趣的事情。跳蚤会继续跳，但是不再跳到足以撞到盖子的高度。然后你拿掉盖子，虽然跳蚤继续在跳，但不会跳出广口瓶以外。

理由很简单，它们已经调节了自己跳的高度，而且适应这种情况，不再改变。不但跳蚤如此，人也一样，有什么样的目标就有什么样的人生。我们周围有许多人都明白自己在人生中应该做些什么，可就是迟迟拿不出行动来，根本原因乃是他们欠缺一些能吸引他们的未来目标。要想做个有成就的人，必须知道自己想成就的是什么？要想使用自己的智谋力，就必须明确着力点到底在哪里？否则就会像在太平洋中驾船而没有指南针一样，随风飘荡，虚掷一生，却哪儿也没去成。

有一位父亲带着三个孩子，到沙漠去猎杀骆驼。他们到达了目的地。父亲问老大："你看到了什么呢？"老大回答："我看到了猎枪、骆驼，还有一望无际的沙漠。"父亲摇摇头说："不对。"父亲以相同的问题问老二。老二回答："我看到了爸爸、大哥、弟弟，猎枪、骆驼、还有一望无际的沙漠。"[①]父亲又摇摇头说："不对。"父亲又以相同问题问老三。老三回答："我只看到了骆驼。"父亲高兴地点点头说："答对了。"这个故事告诉我们：一个人若想走上成功之路，首先必须有明确的目标。目标一经确立之后，就要心无旁骛，集中全部精力，勇往直前。

---

① 《中国教育文摘》哲理故事《目标要明确》。

没有好的眼睛,看不清楚事物,没有远见成就不了大业。了解自己,知道自己的起点和目标,才能走向成功。没有目标的人,根本就无成果可言。为眼前一些小小成就而自鸣得意或者为了一些别的诱惑而改变主意的人,往往会迷失方向和目标。

某大公司准备以高薪雇用一名小车司机,经过层层筛选和考试之后,只剩下三名技术最优良的竞争者。主考者问他们:“悬崖边有块金子,你们开着车去拿,觉得能距离悬崖多近而又不至于掉落呢?”“二公尺。”第一位说。“半公尺。”第二位很有把握地说。“我会尽量远离悬崖,愈远愈好。”第三位说。结果这家公司录取了第三位。

纵观成功者,绝大多数都有长远的眼光。特别是一些成功的领导者,在言谈中会勾勒出他们的长远服务目光。更重要的是,他们在自己的日常举止中以身作则,并把自己的目标与他人分享。美国丹佛市一家很成功、名为 Tattered Cover 的书屋,店主乔伊斯(Joyce Meskis)常给所有新员工上一天课,让他们了解书店的服务远景和一流服务的价值。加州一家名为德马公司(De Mar)的管道疏理公司业主拉里(Larry Harmon)把每个打来的电话都视同紧急事情处理。

二、长期目标和短期目标

请你稍有耐心,给自己制定一个较为合理的目标,包括长期目标和短期目标。长期目标不能含糊和抽象,它是特定的、具体的和可以衡量的结果,如果你要成功地实现它的使命,就必须取得这些成果。

个人目标因人而异。尽管各人的目标差异较大,但一般不外乎如下几大类:

①获得金钱;

②获得名誉;

③获得地位;

④获得幸福。

当然,你也可能一心想获得所有的长远目标,但有所得必有所失,绝大多数人不可能达到这些目标,所以,你不妨先选定一个作为标向,可能在实现的过程中兼而获得其他。

长期目标必须支持个人的使命，而不是与之发生冲突。短期目标是执行性目标，其时限常在1～5年以内，是自身用来实现长期目标的。短期目标应来自对长期目标的深入评价，这种评价应按照各目标的轻重缓急顺序进行。顺序一旦确定，即能建立短期目标，以实现长期目标。

长期目标和短期目标所起的作用都是指明个人实现其人生目标的方向。当然，你也可以制定个人的中期目标，即以十年为限。

注意，目标不易过于繁杂，多种目标也就等于无目标；目标也不易过高，超过自己的能力当然可以提升自己，但达不成设定的过高目标也可能对自己的信心带来伤害。

三、达成目标的计划

成就并不是做做梦就能获得的。定下目标只是第一步，第二步与第一步同样重要，就是计划如何达成目标。这计划必须谨慎构筑，有力执行，以取得成果。这听起来像是老生常谈，不过，令人惊讶的是，世上只有很少人认清：为自己制定目标及执行计划，是唯一能超越别人的可行途径。

有一位老师在讲台上谆谆勉励学生做事要专心，将来才会有成就。为了具体说明专心的重要，老师叫一名学生上台，双手各持一支粉笔，命其在黑板上同时用右手画方，左手画圆，结果学生画得一团糟。老师说："这两种图形都画得不像，那是因为分心的缘故。追逐两兔，不如追逐一兔。一个人同时有两个目标的话，到头来一事无成。"这个小故事告诉我们，要成功，只能一次选定一个目标，咬住不放，锲而不舍。再冷的石头，坐上三年也会暖。所以，不论就业或创业，一定要选好自己的目标，在选定了目标之后，万万不可操之过急，要制定一个计划，勤奋努力，遭到挫折也不放弃。请记住这样一句名言：成功最大的障碍，就在于放弃。人生就像爬阶梯一样，必须一步一阶，丝毫取巧不得；只要一步一阶，终必抵达山顶。[1]

---

① 《MBA精粹70条》。

四、实现目标的六大激励步骤

成功学大师拿破仑·希尔对伟大发明家托马斯·爱迪生的成功进行了总结，得出了自我激励的“黄金”步骤，并经爱迪生本人详细审查和认可。爱迪生终生实践这六大步骤——他知道这些步骤不仅是致富的重要途径，更是任何人要达到任何目标的必经之路。

1. 你要在心里确定你希望拥有的财富数字或名誉地位——笼统地说“我需要很多、很多的钱”是没有用的；你必须确定你要求的财富的具体数额。

2. 确确实实地决定，你要付出什么努力与多少代价去换取所需要的目标——世界上是没有不劳而获这回事的。

3. 规定一个固定的日期，一定要在这日期之前把你要求的目标抓到手——没有时间表，你的船永远不会“泊岸”。

4. 拟定一个实现你理想的可行性计划，并马上进行……你要习惯“行动”，不能够再停留于“空想”。

5. 将以上四点清楚地定下——不可以单靠记忆，一定要白纸黑字写下来。

6. 不妨每天两次大声朗诵你写下计划的内容。一次在晚上就寝之前，另一次在早上起床之后——当你朗诵的时候，你必看到、感觉到和深信你已经实现这些目标！

表面上看这一组合是非常简单的，但不要忽视，希尔一再叮咛：“对一些没有接受过严格心灵锻炼的人来说，以上六个步骤是‘行不通’的……请你先记住，将这些步骤传下来的人不是没有完善意识和成功勇气的平庸之辈，而是世界上经济和政治领域中颇为成功的一些杰出人物。”

五、关键在于智谋的过程

目标的设定终有实现的时间。当那一刻来临的时候，你可能沾沾自喜：因为你已完成或超出期望地完成了目标；你也可能垂头丧气：因为你没有完成既定的目标。无论哪种情况出现，都不要留恋过去，因为你只要付出了自己的智谋来达成目标，那么，其成就和快乐已蕴藏其中。

如果你老强调过去，就只会是在原地转动轮子。着眼于新的梦想并利用自己的能力超越自己更重要。展望未来使人乐观向上，一味执著于过去是否达成目标则会让人觉得空虚。

加州大学富乐顿分校的心理学教授杰拉德·考莱(Gerald Coley)说：对于很多人来说，他们失去了驾驭现在的能力；他们不是着眼于现在，而是把他们的精力用在对过去所犯错误的唉声叹气上面，以及总是想着生活可以或应该不是现在这个样子的，或者他们沉溺于为未来制订没完没了的解决方案和计划。当他们花费精力去想着过去什么样或者可以什么样的时候，他们用于关注现在力量的精力已经很少了。

你开始满足于你所取得的荣誉和成就时，你就开始生活在过去之中了。不断地改变自己是很重要的，不要像一个被固定在水泥中的成品一样，你要用自己的智谋为自己赢取每一天的精彩。

第三节　强健心灵

“天将降大任”，自我的强健不止是体魄的强健，更是心灵的强健。《尔雅·释言》有云：“谋，心也。”指出了智谋就是用心来策划。心灵的强健意味着智谋成功的开始。

一、积极的心态

一个人的态度决定他成功的可能和高度。来看一看“一只蜘蛛和三个人”的故事。雨后，一只蜘蛛艰难地向墙上已经支离破碎的网爬去，由于墙壁潮湿，它爬到一定的高度，就会掉下来，它一次次地向上爬，一次次地又掉下来……

第一个人看到了，他叹了一口气，自言自语：“我的一生不正如这只蜘蛛吗？忙忙碌碌而无所得。”于是，他日渐消沉。

第二个人看到了，他说：“这只蜘蛛真愚蠢，为什么不从旁边干燥的地方绕一下爬上去？我以后可不能像它那样愚蠢。”于是，他变得聪明起来。

第三个人看到了，他立刻被蜘蛛屡败屡战的精神感动了。于是，他变得坚强起来。

有成功心态者处处都能发觉成功的力量，善于智谋者处处都能发觉智谋的存在。你那一天为什么心情特别好？有喜悦的事情，快乐的事情。当有喜悦的快乐的事情发生的时候，态度好是很容易的，同意吗？可是你为什么会沮丧，因为有不好的事情，成功与失败就在这个地方。好的事情发生，态度好，大家都做得到，坏的事情发生的时候，依然有好的态度，这个时候才决定你成功与否，每一次失败都让我更接近成功。

成功学家陈安之特别强调 1855 哲学——好莱坞明星史泰龙成为一代影帝，但他却曾被拒绝 1855 次，被 500 家电影公司拒绝，而且一家跑三次，这样子被拒绝 1500 次，以后回去第四次，对方的言语很冲人：“你想当演员？你先学讲话再来，你长得丑了，你先去整形再来。”

任何人要成功，在你没有遭到 1855 次拒绝之前，请你不要放弃，当你超过 1855 次还没有成功，那就请你选 6000 的次数，因为这是爱迪生发明电灯的试验次数。美国《时代》评出的 20 世纪最伟大的人是爱因斯坦，而 19 世纪是爱迪生，都是伟大的天才。6000 次，任何事情你很有兴趣，你全力以赴，做 6000 次不成功，现在可以放弃了，在这之前，你不要放弃。

陈安之遇到一个人，他创业 13 年，每年都亏损，结果第 14 年，他竟然赚了 5000 万美金，将他 13 年的全部补回来了。假如这个人做到第 13 年放弃怎么办？所以记住，既然要开始，就不要放弃，既然要放弃，当初何必要开始。开始了不要退却，除非你发现，它完全违反了你的方向，这个时候你才可以转换；转换不是放弃，假如这是你的目标，请你不要放弃。

一位叫马维尔的法国记者去采访林肯。他问：“据我所知，上两届总统都想过废除黑奴制度，《解放黑奴宣言》也早在他们那个时期就已草就，可是他们都没拿起笔签署它。请问总统先生，他们是不是想把这一伟业留下来，给您去成就英名？”

林肯回答：“可能有这个意思吧。不过，如果他们知道拿起笔需要的仅是一点勇气，我想他们一定非常懊丧。”[①]

马维尔还没来得及问下去，林肯的马车就出发了，他一直都没弄明白林肯这句话的含义。

林肯去世50年后，马维尔才在林肯致朋友的一封信中找到答案。林肯在信中谈到幼年时的一段经历。

“我父亲在西雅图有一处农场，上面有许多石头。正因如此，父亲才能够以较低的价格买下。有一天，母亲建议把上面的石头搬走。父亲说，如果可以搬，主人就不会卖给我们了，它们是一座座小山头，都与大山连着。有一年，父亲去城里买马，母亲带我们在农场里劳动。母亲说，让我们把这些碍事的东西搬走好吗？于是我们开始挖那一块块石头。不长时间，就把它们给弄走了，因为它们并不是父亲想象的山头，而是一块块孤零零的石块，只要往下挖一英尺，就可以把它们晃动。”

林肯在信的末尾说，有些事情一些人之所以不去做，只是因为他们认为不可能。其实，有许多不可能，只存在于人的想象之中。

读到这封信的时候，马维尔已是76岁的老人，就是在这一年，他正式下决心学汉语。据说3年后的1917年，他在广州旅行采访，是以流利的汉语与孙中山对话的。

二、健康的素质

《孙子·九地篇》讲了将帅在战争中艰险多变的情况下，应该有良好的心理素质，“将军之事，静经幽，正以治。”曹操注曰：“谓清净幽深平正。”即说英明的将军面对着战争中瞬息万变、生死存亡等种种情况，能保持自己内心安静谧净和平自治，不被外界情况所扰乱，镇定自如从容不迫而使敌人不能测。将帅只有具备这种心理素质和修养，才能冷静地

① 《林肯的幽默故事》。

观察分析敌我双方的情况和各种条件，而不至于因受外界干扰而内心纷乱，被主观情绪所支配而干出不利的事来。

人生亦不外如此，有成功，有失败，有利大，有利小，而且过程中常常是瞬息多变纷繁复杂的，再精明的人也同样会遇到各种多变复杂的事情，这里就有个心理素质和修养的问题了。为了取得成功，必须保持自己的心中冷静安谧，遇到大事要有能力自控，保持心中平正。这样心中就不会受到外界的扰乱和自己的贪婪、胆怯、骄傲或自卑等心理活动的支配。在竞争对手面前，保持自己心理上的客观性和主动性，这正是一个成功者必备的心理条件。切忌不能自制，要防止因感情用事而不能客观地判断事物，以致耽误大事。《孙子·火攻篇》曰："主不可怒而兴师，将不可愠而致战。合于利而动，不合于利而止。怒可以复喜，愠可以复悦。亡国不可复存，死者不可复生。故明君慎之，良将警之。"告诫君主和将帅应从客观的利害关系出发，否则感情用事后果不堪设想。相反对于敌人，则应"怒扰之，卑而骄之"(《孙子·计篇》)，使敌军将帅盛怒而乱其心志，故意显示自己卑弱而使敌军将帅骄傲，以克敌制胜。

因此，治国、治军、经商以至经营自己人生都需要有一种清净幽深平正的良好心理素质，所谓"不以物喜，不以己悲"者也。

三、洋溢的自信

一个人只要有自信，那么他就能成为他希望成为的那种人。有这样一件事：心理学家从一班大学生中挑出一个最愚笨、最不招人喜爱的姑娘，并要求她的同学们改变以往对她的看法。在一个风和日丽的日子里，大家都争先恐后地照顾这位姑娘，向她献殷勤，陪送她回家，大家以假作真地打心里认定她是位漂亮聪慧的姑娘。结果怎样呢？不到一年，这位姑娘出落得很漂亮，连她的举止也跟以前判若两人。她自豪地对人们说：她获得了新生。确实，她并没有变成另一个人——然而在她的身上却展现出每一个人都蕴藏的美，这种美只有在我们相信自己，周围的所有人也都相信我们、爱护我们的时候才会展现出来。

许多人以为，信心的有无是天生的，不变的。其实并非如此。童年时代招人喜爱的孩子，从小就感觉到自己是善良、聪明的，因此才获得别人的喜爱。于是他就尽力使自己的行为名副其实，造就自己成为他相信的那样的人。而那些不得宠的孩子呢？人们总是训斥他们："你是个笨蛋、窝囊废、懒鬼，是个游手好闲的东西！"于是他们就真的养成了这些恶劣的品质，因为人的品行基本上是取决于自信的。

在一个越来越强调人际交往和互动的现代社会里，仅仅凭自己的本事去开辟一个新的生活空间，或者仅仅做好本职工作，就想脱颖而出获得成功，似乎越来越不可能了。唯一的做法是，勇敢地说出和实施自己的想法和主张，维护自身的尊严和权利，然后尽一切可能去影响同事、上司、下属或客户，用自己的言语和行为打动他们，形成一种互动的集体的自信心。唯有自己昂首挺胸，在刀光剑影的职场里保持坚强的自信心，才有机会出人头地。

在充满竞争的社会里，在以成败论英雄的工作中，谁能自始至终陪伴你，鼓励你，帮助你呢？不是老板，不是同事，不是下属，也不是朋友，他们都不可能做到这一点。唯有你自己才会伴你走完人生的春夏秋冬，也唯有你自己才能鼓起你的信心，激励你更好地迎接每一次挑战。

在自己生活的圈子里，你可能是个不起眼的小角色，别人丝毫不会注意到你，这时，你的自信是你唯一的生存法宝。你应该积极主动地向前迈出一步，说出那句著名品牌的著名话语："我行，我可以！"去积极争取表现你自己的机会，譬如主持一个会议或一个方案的施行，主动承担一些上司想要解决的问题，或者主动地真诚地帮助你的同事，替他出谋划策，解决一些难题。如果你能做到哪怕只是其中的一点，你的内心就会起变化，变得越发有信心，别人也会越发认识到你的价值，会对你和你的才能越发信任，你在办公室里的位置就会发生显著的改变。

自信不是潇洒的外表，但它会带给你外表的潇洒。它是需要长期坚持的一种生活习惯，它会让你认识自己所扮演的人生角色，自己在哪方面有足够的能力，还有哪方面需要再发掘自己的智谋，这样你就能精神饱满地迎接每一天升起的太阳。

自信不是财富，但它会带给你财富。拥有并保持十分的自信，你就拥有发言权，就会得到升迁的机会，就会拥有自己的办公室，就会承担新的更具挑战性的工作，你得到的成功机会也就更大。

四、成功的形象

有位图尔萨商人在旧金山机场等飞机。突然，他鼓足了勇气，决定尝试一下很长时间以来他一直想做的一件事情。他深深地吸了一口气，走向一位穿着讲究的绅士面前并对他说："先生，能否帮我一个忙？"

"尽量吧，只要我能做到。"那位陌生人说。

"您看，您以前从没见过我，而且以后很可能也不会再见到我了，我有一个请求想让您帮助我一下。"

"好说！您说我能帮您什么？"那个人回答道。

"我知道这听起来有点奇怪，不过我想让您仔细地打量打量我，对我的形象给一个坦率的意见。"

那人笑了，说道："你不是开玩笑，对吧？"

"我是认真的，"那个商人微笑着说，"来吧，告诉我您是怎么看的。如果您是我，您会做哪些改变？"

陌生人看着那位商人，说："好吧，既然您问了，我就说说我的看法吧。有几个地方或许您想试着去改变一下。首先，您的眼镜有点跟不上潮流了。现在都不戴这种宽边眼镜了。其次，最好修修您的连鬓胡子。"

"这正是我想听到的，"商人说。他对那位绅士道了谢，登上了飞机。第二天回到了图尔萨，他就找了他的理发师，还去了一个眼镜店。

我们常常是最后一个发现自己的真正形象的人。我们也许没有向一位陌生人征求意见的勇气，但是或许我们需要照照镜子，问问自己："我的形象让我看起来怎么样呢？"

约翰·T·莫洛伊在他的畅销书《成功着装》一书中，提出了许多研究课题，教导人们如何根据他人的衣着对他人做出反应。

在其中一个测试中，莫洛伊想知道是否雨衣的颜色真的会决定人们对一个人的态度。他给1362位形形色色的普通公众看了一个人的两张几乎完全一样的照片。只有一处是不一样的。两张照片显示的是同一个人，同一个姿势，穿着同样的外套、同样的衬衫，打着同样的领带，穿着同样的鞋子。唯一的不同是雨衣。一张照片中雨衣是黑色的，另一张中雨衣是浅褐色的。参加测试的人被告知两张照片中的人是一对孪生兄弟，并要求指出他们认为两个人中哪个更有名望。

结果让人非常吃惊。莫洛伊说："87%以上的人，也就是 1118 个人选择了穿浅褐色雨衣的那个人。"

因为某些原因，普通公众认为穿黑色雨衣的人是中下层阶级，上层社会的人应该穿浅褐色雨衣。

人们会根据你的衣着而立刻对你做出判断吗？当然会。你也会这么做。比如，一个穿工作靴的人很少被想象成为一位公司管理层候选人。

○每日对照表

事实一次次地证明，当男人和女人开始按照他们所期望的工作风格进行穿着的时候，他们很快就会被看成是那些工作的潜在的候选人。理论就是，当人们能"看到"的时候，他们就能够"做到"。

也许有人会问："工作的晋升是外表改变的结果还是坚定的奋斗目标和积极的自我形象的结果？"从现实来看，很少有人脱离对他们自尊的加强或对新目标的确定而单纯地改变自己的外在形象。

你的目标不是用来感动别人的，而是用来影响你自己的。当你为新的一天做准备的时候，额外花一会儿工夫检查检查你的仪容。问问你自己：

我的头发是否已经整理得够好？

我选的衣服是否适合今天穿？

衣服的颜色和款式是否适合今天的活动？

为什么这些小的细节如此重要？当你为自己的样子感觉骄傲和自信的时候，它就会在你遇到任何情况时转化成积极的行动。

一个简单的行为，比如擦你的鞋，能够对你的行为产生微妙的但却是深刻的影响。突然，你会对自己感觉良好，走路说话都会更有权威和自信。女人可以通过佩戴独特的珠宝首饰达到同样的效果。男人可以系漂亮的领带。

少许的名贵香水也许不是你遇到的每个人都会注意到，但是，你用了它，它会提高你的自尊。心理学家指出，在期望更具影响力和更被尊重的当事人中，个人价值越来越得到重视。在很多情况中，改善自己的唯一最有效的要素是改变衣着，以符合你所期望的形象。

多数人养成了一种特定的穿衣风格，从来不对自己的外表做必要的改变。你当然应该做你自己，但是，需要定期地对你如何与周围世界进行比较做一个评估。最快的方法是拿起一本当前的时尚杂志或新闻期刊，看看里面的广告。那上面的人是如何穿戴的？

发式发生了哪些变化？你不见得选择去模仿那些广告，但是对当前流行趋势的了解可以让你有更多的选择。

五、充分的表现欲

说话准确、流畅、生动，是衡量人的智谋力和表达力的基本标准，也是考核他是否具备职业竞争能力的重要标志。

更重要的是，语言能力是提高自信心的强心剂。一个人如果能把自己的想法或愿望清晰、明白地表达出来，那么他内心一定具有明确的目标和坚定的信心，同时他充满信心的话语也会感染对方，吸引对方的注意力，直到让人们相信，他的自信心对他人有着巨大的帮助。

所以，现在就开口吧，无论对方是一个人还是几个或一群人，试着把自己心里话说出来，别在意对方的反应甚至是嘲笑，只管自己说得是否清楚、干脆，是否把要说的话都说出来了。只要坚持不懈，一定会有收获，一定会感到自己的心里渐渐地充满自信的力量，说话的技巧也会大有长进。就从现在做起，否则你的自卑情结永远也打消不掉，那你就永远别想开口了。

〇不妨一试

1. 运用腹式呼吸，不要用胸式呼吸，这样声音才会有力。

2. 说话时把声调放低，这样听起来平稳、和谐，也更显得性感魅力十足。

3. 多说“我行”、“我可以”、“我能做的”、“我会做好的”之类有信心的话，你的感觉会变得更好，别人也会增加对你的信心。

4.说话时配合一些手势，眼睛看着对方，并面带微笑，这样可以增强语言的感染力。

5.每天与自己小声地交谈一番，问问自己的表现，说说明天要做些什么，这对你的自信心会产生积极和深刻的影响。

〇禁止通行

1.说话吞吞吐吐，结结巴巴，总带有“嗯”、“啊”、“这个”之类的赘词。

2.在话语中间插入一些“你知不知道”、“我对你说”这样的话，这样便打断了话语的连贯性。

3.说话高声大叫，把气氛搞得很紧张。

4.说话像开机关枪，毫不停顿，结果弄得接不上气，搞得对方很难受。

5.说话时总喜欢带几个外语词，更严重的是中文外文一块说，让人觉得有些卖弄。[①]

〇昂首挺胸走路

不但你的声音要充满自信，你的形体姿态也应充满自信。一个腰板笔直、衣着得体、生机勃勃的人和一个耷着肩膀、衣着邋遢、不苟言笑的人相比，哪个更受人尊重和欢迎呢？答案是不言自明的，而且形体的自信会强化自己的语言自信，也能帮助自己建立良好的自我感觉，更加满怀信心。

形体的自信是一种整体性效应，除了行为举止还包括面部神情、站立的姿势，目光的运用等。神情专注、面带微笑会让人觉得你是一个值得信赖的人，而神情茫然、愁眉苦脸只会让人退避三舍；与别人说话时挺胸直立，会显示出人格的尊严，也是尊重对方的表示，而靠着墙或桌子，颓然地面对别人，不光自己无精打采，对方也觉得索然寡味。谈话时适当地注视对方，间或转移一下视线，能使对方正常有效地进行下去；如果直愣愣地盯着对方，那是无理的行为；如果一眼都不看对方，那表示你一点自信都没有，说的话没有一点作用。

因此，消极的不正确的形体姿态会妨碍正常有效的人际交往，也不

① 《领导者的心理素质》。

利于自身的信心表达，只有充满自信的形体和语言，才会引人注意、受人尊重，进而达到成功的人际互动。

◎不但要做，而且要说

个人的生活空间往往表面风平浪静，内部却有急流险滩的竞争场所。那些只会埋头苦干不会表现自己的人常常遭人忽视，升迁加薪等好事从来轮不到他们头上，恐怕累死累活也是白忙乎。如果你工作出色又想有所回报，你的自信就显得尤为重要了。

该说出自己想法和意见的时候就该开口，该争取自己利益的地方就该争取，该说“不”的时候就说“不”。不必隐瞒自己的观点，要敢于自我表达，直截了当地说出自己想说的。结果呢，可能会出乎你的意外，你需要的都会得到满足，你的努力会很快地变成事业上的成就。

而那些缺乏自信不善言谈的人，往往会因为工作量越来越大而不堪重负，业绩下降或无法按时完成；即使工作有成就，上司也未必了解他的工作究竟有多出色，结果往往在加薪提升时，老板把他的名字忘得一干二净。

六、宽阔的胸怀

雨果名言如是说道：“世界上最宽广的是海洋，比海洋更广阔的是天空，比天空更广阔的是人的胸怀。”所谓胸怀，就是容得失的气度，用天下之才的智慧，得天下之利的收获，只有把生命的境界做大，才能把事业做大。

宽阔的胸怀有包容之心——对异己的包容，对陌生的包容，对不如己者的包容。宽阔的胸怀更要有克服忌妒之心。

忌妒心理是非常普遍的，可以说几乎人人都有，只是程度不同而已。产生忌妒是人与人之间进行比较的结果。一个人看到别人比自己强，或别人的家庭比自己家庭幸福，往往会心怀忌妒。忌妒的对象，常常是周围熟识的人，比如同事、朋友、邻居等。忌妒的类型有两种：一是直接忌妒，比如别人某些方面的能力比自己强；二是迁移忌妒，比如某人本来和同事很要好，但由于上司对同事更加偏爱，某人就开始忌恨那位同事。

一般说来，忌妒心理分三个层次。首先是原初层次，又叫似有似无层次。这一层次的忌妒心理往往深深地埋藏于人的内心，不容易被他人察觉。再发展就是浅层次。这时的忌妒已由无意识进入到有意识，开始表现出行动，如讽刺、疏远自己忌妒的对象，要手腕儿等等。严重的还有攻击、造谣中伤他人等等，目的是打击别人，抬高自己。忌妒发展到这个层次，就需要及时控制。最后是深层次。这时人的忌妒心理已经是一种变态的心理，表现为猖狂进攻、自杀或他杀等，导致的后果是非常严重的。

你必须要以宽阔的胸襟来抑制、克服忌妒他人的心理。正确的方式是在和周围的人进行比较时，要承认差异并努力进取，缩小差异；当忌妒心理刚刚出现时，既要承认他人的优点，正视他人的优势；希望他人进步，自己也有收获。这样能使他人快乐，自己也快乐。今后，你要尝试着这样去做：别人超过自己，我祝福他；别人不如自己，我帮助他；别人贬低自己，我原谅他。

七、愉悦的心情

你在运用智谋开创人生的过程中，定会遭遇无数的痛苦、悲伤及困苦，当然也有欢笑。当我们欢笑时，大多是人生道路上称心如意，其实，还有一个可以令你开怀的管道，那就是幽默。

中国人是比较不重视幽默的民族，从小到大的教育里，父母及老师都教导我们要“庄重”、“认真”；这主要是中国传统的礼教文化，强调“君子不重则不威，学则不固。主忠信，无友不如己者，过则勿弹改”。所以，在幽默的培养上，与西方社会比较起来就显得缺乏一些。美国人可以不在意别人骂他无赖、顽固、奸诈，但绝对无法忍受“没有幽默感”的批评，在他们的眼中，“没有幽默感”简直代表着做人失败，不受欢迎以及令人讨厌。美国麦克阿瑟将军为他儿子所写的祈祷文中，除了求神赐给儿子“坚强勇敢、心地善良、认清事实、接受磨炼”外，还祈求上苍赐给他“充分的幽默感”，由此可见，西方社会对幽默的重视。

幽默有许多神奇的力量，我国的幽默大师林语堂曾经说：“在第二次世界大战前，如果各国都派幽默高手来谈判，那就可以避免第二次世界大战的发生了；因为各国都在嘲笑自己国家的短处。”

幽默是一种智谋的表现，具有幽默感的人到处都受欢迎，可以化解许多人际的冲突或尴尬的情境，往往能使人怒气难生，化为豁达，亦可带给别人快乐，所以 Victor Borge 说："笑是两人间最短的距离。"

人生有许多无奈、愁苦与悲伤；在生活中，岂能尽如人意？但是，幽默却是雨过天晴、迎向阳光的人生态度。一个有幽默感的人，能有"乐观豁然"、"谈笑风生"的性格，以轻松的心情施展智谋，笑看天下古今愁、了却人间许多事。

八、坚毅的执著

智谋力是一种灵动的智慧，但这种灵动也有赖于你坚毅性格的支撑。执著不是傻等，而是运用智谋在获得一种改变的可能。

陈阿土是我国台湾省的农民，从来没有出过远门。攒了半辈子的钱，终于参加一个旅游团出了国。国外的一切都是非常新鲜的，关键是，陈阿土参加的是豪华团，一个人住一个标准间。这让他新奇不已。

早晨，服务生来敲门送早餐时大声说道："Good morning sir!"

陈阿土愣住了。这是什么意思呢？在自己的家乡，一般陌生的人见面都会问："您贵姓？"

于是陈阿土大声叫道："我叫陈阿土！"

如是这般，连着三天，都是那个服务生来敲门，每天都大声说："Good morning sir!"而陈阿土亦大声回答："我叫陈阿土！"

但他非常生气。这个服务生也太笨了，天天问自己叫什么，告诉他又记不住，很烦的。终于他忍不住去问导游，"Good morning sir!"是什么意思，导游告诉了他，天啊！真是丢脸死了。

陈阿土反复练习"Good morning sir!"这个词，以便能体面地应对服务生。第四天的早晨，服务生照常来敲门，门一开陈阿土就大声叫道："Good morning sir!"

与此同时，服务生叫的是："我是陈阿土！"[①]

这个故事告诉我们，智谋的运用过程，常常也是意志的较量。不是

① 《每天一个哲理故事》。

你影响他，就是他影响你，而我们要想成功，一定要培养自己智谋的影响力，只有影响力大的人才可能成为最强者。

九、持续的学习

古话有云："活到老，学到老。"但令人惊讶的是，很多年轻人在大学毕业之后，就不再学习了："我已学完了足以让我生存下去的所有知识。"这话完全错误，且不说你需要用学习来充实提升自己的智谋力，就是每天涌现的最新信息已足可把任何人淹没。

如果我们希望成为充满智慧而能干的人，就需要充分进行学习。学习从来不会停止，除非你打算脑袋空空地过完一生。

管理大师彼得·圣吉在《第五项修炼》中如是强调：1990 年以来，最成功的企业是"学习型组织"，因为企业唯一最持久的优势就是要有持久的能力，比对手学习得更快。但不得不做说明：学习没有快捷方式。一部提升你智谋力的书不可能提供所有的答案，但会激发你迈向持续的学习天地。只要起步，就有可能。

第四节　成功者的"思想食谱"

成功是如何谋取而来？吉姆·卡瑟卡特指出，成功是你生来具有的权利。成功并非一场竞赛，也不是一座难以逾越的高山。它其实只是你生来就具有的权利，它是你生活的本来面目。

当然，你必须为此而工作。甚至你不得不为此而培养一些新习惯。但是个人的成长——这个创造成功的自然而然的过程，绝非一场难以忍受的苦役。有个非常有趣的现象，如果你向任何一个拥有成功而幸福生活的人士询问："培养新能力，达到自己的最佳境界是一种什么样的感觉？"他们往往会稍加考虑，然后微笑着告诉你："那种感觉好极了！我无法想象以其他方式生活。"

当然，与那些为了成功而苦苦挣扎着的人们相比，那些各个领域中的顶尖人物对待生活的看法迥然不同。但这种区别不是因为智谋的差异，而是一种个人感观上的区别。

你可以每天记录你的愿望——自己所希望成为那种人的行为特点，通过这种方法来“培养自己的品质”，描绘出未来发展的图画。而且，对你所愿意成为的人的形象描绘越清晰，你就越可能过上你所希望的那种生活。这种方法可能是你将从事的影响最为深刻的训练之一。

爱默生曾经说过：“愿望就是寻求表达的可能性。”你的品质都通过你真实的愿望被表现出来。一旦你描绘出了自己希望成为的那种人的品质，你就能够把关注焦点转移到今天应该重视的领域，以便实现你明天的梦想。[①]

为了成长，你需要像一棵树一样，既伸展根须(以便感知到更多，得到更多营养)，又不断结出果实(拥有硕果累累的生活)。

一、思想食谱：你成长的发动机

伸展根须、结出硕果的愿望是一种有效的智谋之道，它通过你的行为来影响你的思想，再通过你的思想丰富你的行为。就像饮食疗法能够滋养你的体魄一样。

每个人都应该从事一份养活自己的工作。而一旦你养活别人，那么就有了同样目标的两份工作：家长和孩子都希望将来成为独立的、自由的成年人。

你应该养成这样的习惯——学习的习惯，人际交往的习惯，学校生活的习惯，日常卫生的习惯，作决断的习惯——只有你具备了这样的习惯，你才能够在自己生命的旅程中保全自己，正确抉择。

为了实现这个目标，当你培养成功习惯的时候，你可以制作一份“思想食谱卡片”来引领自己的成长。这个思想食谱是帮助你成为自己希望成为的那种人，达到你目标的工具。只要你开始去培养理想中的那种人

① 《成功是你与生俱来的权利》。

的品质，那么你自然就开始得到你想要得到的东西。

每天早晚各阅读一遍你的思想食谱卡片。

思想食谱卡片有三个重要部分。第一部分是你目前基本的目标——概要描述当前对你来说很有意义的目标。第二部分记下你正在发展的品质——5种你最想培养的品质，拥有了它们你才能成为自己希望成为的那种人。第三部分是每天至少采取的行动、行为——通过行动你可以克服惰性，开始成长。这些并非仅仅是你应该去达到的目标，而是使你养成所渴望的品质的行为明细表。

你的卡片的一侧是目标和品质。另一侧是每天至少应该采取的行为。在行为的一侧，列出8项目录：心态、身体、精神、情感、朋友、家庭、事业和经济。然后每项的旁边，列出为了在这方面取得进展应该采取的行为。要现实些，不要太苛刻地要求自己，或纵容自己。

二、每天不失败

如果自己发展了已经选择的品质，就会开始成为自己希望成为的那种人，实现自己的目标。这种做法跟很多人采取的方式相反，他们都是集中到单一的目标。但是你可以从两个方向达到目标。只要你归纳出了到底想成为哪一种人，然后分析出那种人将会达到的目标——那么你就会成为哪种人——这些目标会以副产品的形式被实现。

这里是在卡片上的最低日常行为。在心态这一条上，吉姆写道："每天不失败，每天阅读一本书中的一页。"吉姆的每日最低行为目标是为了让自己总能得到新信息，而不想一口吃个胖子；所以他选择了几本书去阅读，甚至还选择了几本平装书，以便可以撕下几页随身携带，确保完成阅读目标。过了一段时间，他的自觉性越来越强，在阅读方面吉姆提高了目标，从每天阅读一本书中的一页开始，已发展到可以每天阅读数页，最后达到原来阅读量的10倍。

三、思想食谱

吉姆目前的目标：

成为国内个人发展领域的专家。

吉姆正在发展的5个品质：

1.更具观察力：注意到更多的东西，从每项现存的资源当中学到东西；

2.健康、协调、敏捷的身体；

3.慷慨的性格：经常赞扬别人，与人为善；

4.乐观：总是寻找出路与解决问题的可能性；

5.朝气蓬勃：提升自己在专业能力和人格上的水准。

四、至少每天都要采取的行为

思想：读一页书；

身体：穿上旅行鞋，走出家门，走到街上；

精神：为自己的所得，感谢上苍；

情感：笑一次；

朋友：给自己所关心的朋友写封信或打个电话；

家庭：用10分钟的时间认真倾听一位家庭成员讲话；

事业：学习一个对自己事业有益处的新观念；

理财：坚持认真记录财务收支。

请注意，吉姆把对自己每日的要求设定得这么小，不可能完不成。它足以使你克服惰性。

在身体方面，为了健康，你需要经常散步。

在精神方面，吉姆写下了简单的目标：为所得到的保佑而每天感谢上苍。吉姆想让自己每天都稍微停顿下来一会儿，回顾自己得到的保佑并表达感谢。在每天结束的时候吉姆都会说："感谢你，上苍，为了这美好的一天。"然后回顾这一天当中发生的事情，找出美好的事情。吉姆总是努力去这样做，不论是多么小的事情，吉姆都不放过。

在情感方面，吉姆写道："吉姆每天都笑一次。"一天一次，吉姆会找到某种理由，某种刺激的事情，某种方法激发自己发笑的欲望。吉姆因此而改变了严肃、紧张的状态，日常生活变得有趣一些。

在朋友方面，吉姆写道："今天给一个自己所关心的人打个电话或写一封信。"在一些情况下，就写张便条，另一些情况下，则是一封信或是一张贺卡。但是这已经比他通常所做的多多了。这么做的结果是使吉姆关注他的朋友，生活因之而丰富了许多。现在，有了电子邮件，你更可能跟他们保持经常的联络。

在家庭方面，吉姆写道："今天要留出10分钟时间给每位家庭成员，跟他们进行一对一的谈话。倾听他们的诉说。"换句话说，吉姆要给他们专有的时间，专注于他们，听他们说，而不是自己说。很多父母每天跟孩子们谈话的时间少得可怜，很少跟孩子进行有意义的交谈。为了实现这一目标，吉姆每天跟自己的两个孩子谈话，提高了家庭成员之间沟通的质量。当然，吉姆常常跟他们交流更长的时间，但是这个10分钟的最低交流时间限制，吉姆对他们给予了特别关注。

在事业方面，吉姆写道："今天将学习一个有益于吉姆事业的新观念。"每天吉姆寻找某种方法来学习点什么——任何事情——不论简单或深奥。这一举动的滚雪球效应是巨大的。每周吉姆至少学到了五件新事物，通常在吉姆吃完早饭准备迎接新的一天的时候就开始了。

在财经方面，吉姆写道："要把今天的收支做出清晰的记录。"知道了钱的收支，使吉姆更加做到自我约束，因为"勤俭才能致富"。这一习惯使吉姆经常思考自己的财经状况，而且把理财做得比从前更好了。

尽管这些每天最低限度的行为不是构成实现一项伟大目标的全部计划，但是他们的确提供了每天所必需的最简单的推动——使自己开始向更大目标而努力，这使吉姆受益无穷。吉姆经常改变他的卡片，如果发现没有采取卡片上的行动，吉姆就再写进一种新的行为，不断地监测自己做了什么，避免了什么。吉姆不断地这样做，直到区分出如何最好地激励自己，并决定能使自己做什么。

你在相当多的事情上获得成功都是很自然的事情。记录下你所喜欢和厌恶的事情。研究你生活的风格，调整自己到便于发挥潜力的最佳状态。使用这里介绍的思想食谱来学习这一课。学习"培养你的品质"。

你未来成功的种子就存在于你自身，遍布于你四周。种子唯一的使命就是生根发芽，成长壮大，枝繁叶茂。它们沉睡于你的体内，而现在，成长的季节来到了。

第五节　智谋思维方式

智谋在于思维，通过思维展示出不同的力量。当然，在智谋的过程中，必须要避免一些内在的缺陷，才可能使你的谋略达到较完善的境地。

一、智之思谋

思维方式总的来说有如下两种：

1. 归纳法

这是从部分导向全部、从特定事例导向一般事例、以及从个人导向宇宙的推理过程，它是以经验和实证作为基础，并从基础上得出结论。

2. 演绎法

以一般性的逻辑假设为基础，得出特定结论的推理过程。

这两种推理方法之间有很大的不同，但二者可以一起运用。

例如每当你用石头打窗户的时候，只要石头不变，则窗户一定会被打破。反复几次用石头打窗户之后，你就可以归纳出一个结论，亦即玻璃是易碎的，而石头不会碎。从这个结论出发，你可进行演绎推理，将了解其他不易碎的东西（如棒球）也会打破玻璃，而石头也会打破其他易碎的东西。

但我们很可能一不小心就做出错误的推理，进而导出错误的结论。你必须严格地要求推理的正确性，也就是严格地要求自己要进行正确思考，必须审查你的推理结果，并找出其中的错误。除了审查你自己的思考过程之外，你还可以运用这两种的推理方式，审查别人的思考结果是否正确。

具体到智谋的思维过程中，我们可以采用张自廉介绍的一些思维方式来达到目的。

换位思维法。我们常以己方为基础进行思维，我方怎样行动，对方可能怎样行动，形成我变→敌变的思维模式。换位思维法是以对方为基础进行思维，使自己成为对方的“军师”。对方怎样行动，我方应该怎样行动，形成敌变→我变的思维模式。换位思维法并不排除以我方为基础的思维方法，需要两者结合起来，形成一个完整的思维链回路，即敌变→我变→敌变的循环往复的思维模式。过分强调单方面的作用，都可能使这一循环回路断链或阻塞。

逆向思维法。人们往往注重顺向思维，按照事件发生的先后顺序推测事物的发展。而逆向思维法是从事件发生的相反顺序推导事件的原因，根据原因推测结果，从因果联系中去发现问题。

局外思维法。作为局中人，你的思维总要受到格局的影响。中国有句古话：“当局者迷，旁观者清。”由于当事人对利害得失考虑太多，过分耗费心机，看问题反而糊涂，没有旁观者冷静、客观、看得清楚。局外思维法就是要跳出对局的圈子，站在更高层次上，把握双方的对抗规律，从而摸准对方的脉络，找到最佳的对局方法。局外思维法要注意处理好两个关系：一是站在局外思维与立足局内决策的关系。站在局外思维可以摆脱局限性，但又不能脱离实际，做出不切实际的决策。二是局外观察与局内权衡的关系。局外思维可以站在局外观察问题，但不能超脱局内利害得失来权衡决策。一个旁观者常常轻易发表意见，因为后果好坏与其没有直接的利害关系。因此，局外思维必须是在局外观察，在局内权衡定夺。

归真思维法。所谓归真思维法就是排除事物的表象干扰，抓住事物的本质特征，找出事物发展的根源，即先假定事件是某个谋略的本真表现（称为归真），尔后切真寻源，以源捕象，推导事件真伪的思维方法。

二、避免思维的缺点

人性中普遍存在着两个相反的特质，这两个特质都是正确思考的绊脚石。

第一个缺点是，轻信（不凭证据或只凭很少的证据就相信）是许多人的一大劣势。

正确思考者的脑子里永远有一个问号，你必须质疑企图影响正确思考的每一个人和每一件事，看清别人的优势，挑战自己的劣势。但这并不是对克服自身的劣势缺乏信心的表现。事实上，它是尊重客观事物的最佳表现，因为你已了解到你的思想，是从客观事物那得到唯一可由你完全控制的东西。而你正在珍惜这份福气。

少数正确的智谋家一直都被当作是人类的希望，因为他们在所做的事情上都扮演着先锋者的角色，充分施展了他们的优势。他们创造工业和商业，不断使科学技术和教育进步。

在克服自身劣势的过程中，如果你是一位智谋家，则你就是你情绪的主人而非奴隶。你不应给予任何人控制你思想的机会，你必须拒绝错误的倾向。一般人开始时，会拒绝某一项不正确的观念，但后来因为受到家人、朋友或同事的影响而改变初衷，进而接受此一观念。

一般人往往会接受那些一再出现在脑海中的观念（无论它是好的或是坏的，是正确的或者是错误的）。作为一位正确思考者，你可以充分利用这种人性特质，使你今天所思考的到了明天仍然反复出现，并进而接受这种再出现的思想，这正是明确目标和积极心态的力量的本质。

第二个人性的缺点，就是不相信他们不了解的事物。

当莱特兄弟宣布他们发明了一种会飞的机器，并且邀请记者亲自来看时，没有人接受他们的邀请。当马可尼宣布他发明了一种不需要电线就可以传递信息方法时，他的亲戚甚至把他送到精神病院去，他们还以为他失去理智了。

在调查清楚之前，就采取鄙视的态度，只会限制你的机会、应用的信心、热忱以及创造力。不要把质疑未经验证事情和认为任何事物都是不可能的两种态度混为一谈。正确思考的目的，在于帮助你了解新观念或不寻常的事情，而不是阻止你去调查它们。

请学会智谋——智谋是一个人唯一能完全控制的东西。因为你的思想会受到周围环境的影响，所以，你必须借用有利的心理习惯来控制这些影响因素，这种过程叫做“习惯控制”。

控制习惯的过程是不可思议的，它将你的智谋力转变成行动，但如果你没有这种习惯，或所学到的是不良习惯的话，则它可能会给你带来悲惨和失败，你要想成大事，须视你控制习惯的能力和品质而定。[1]

把你的智谋当成一张底片，底片会记录任何反映在它上面的事物，底片不会挑选应记录的对象，也无法控制焦距和曝光时间，而你，作为一位摄影师，有机会挑选所要记录的对象，决定影像焦距、光圈和快门。最后照片的品质就取决于你控制这些因素的技巧。

对于你心里那张底片而言，构图的主题就是你的明确目标。你按照你自己的抉择挑选画面，以你强烈的欲望挑选好的画面，并自行决定要让你的思想做多久的曝光。

很少有摄影师对于重要的镜头只拍照一次的。他们多半都照好几次，每一次都略微调整一下必须掌握的各项因素，以期照出最完美的画面。同样的，你不应只让你的智谋曝光一次，而应该每天都让你的智谋对准你心里那张明确目标的画面进行曝光。

久而久之，对明确目标的一再“曝光”会变成一种改变自我的习惯，一种经过控制的习惯，因为你是有意识地决定你行为的性质。

强烈欲望（发自你的情绪）的一再呈现，也会将明确目标的画面印在你的潜意识上，而你的潜意识将会不知不觉地经由智谋力，激发出你想达到目标的构想和计划。

但是这些构想不是那么简单就会出现的，你的潜意识不会自动地把一辆车放在你的车道上，也不会为你办理存款手续。正确的智谋要求以百折不挠的行动，应用这些构想和其他成大事原理。我们之所以强调，你必须每天都保持个人进取心，是因为你必须培养出处于控制之下的行动习惯。

刚开始时，行动可能需要你的心理控制，但是每当你行动一次，你的习惯控制能力就会有所增进，进而使得控制习惯的程序更为根深蒂固。你的热忱和你所应用的信心同样也会鞭策你，如果你能使行动变成处于控制中的习惯时，这两种特质都会有所增进。

工作变得不再辛苦，它就像你肚子饿时吃东西一样；你会发现周围

① 《高效能人士的七个习惯》。

开始出现能给你带来希望和勇气的新鲜事物，而其他人也会开始不必你开口要求，就乐意主动和你合作；你会因为付出行动而得到一些有助于你达到目标的意外机会，你的想象力会变得更加敏锐和敏捷，而且在长时间工作后，只会感到些许疲劳；你将会以希望和信心的角度来看这个世界。因为处于控制的行动习惯，已使你警觉到希望和信心的可能性，随着这些改变，你将也会改善生活的其他方面。

所以，智谋力可以支撑起人生。

第二章　推销自己

《史记·平原君列传》有记载，毛遂为平原君门下客。为秦王攻赵，赵使平原君求救于楚。赵选文武俱备者二十人同往，得十九人。毛遂自荐，夸其能，十九人皆目笑之。及至楚求兵，楚犹豫不决。毛遂按剑向楚王前曰："秦白起小竖子耳，一战而夺大王鄢郢(楚国都城)，再战而烧夷陵，三战而辱王之先人，此百姓之耻，楚之所怨，赵之所羞也。今求兵合纵，实为楚非为赵也。"楚王许之，遂与赵王歃血盟于堂下。平原君归，谓赵王曰："毛先生一至楚，使赵重于九鼎矣。"乃以遂为客卿，领兵与楚合纵以拒秦，大破秦于邯郸，封遂为上将。

我们赞叹毛遂当仁不让的过人胆识和才能为赵国立下汗马功劳。细想起来，毛遂自荐不正是推销自己的过程吗？你要想展示自己的智谋，就必须把自己推销出去；推销的过程也是智谋力的显示过程。

第一节　先向自己推销

这是个自我推销的时代，有智谋的人绝不会坐等天下掉馅饼。《吉尼斯世界纪录大全》的保持者，世界最伟大的推销员乔·吉拉德曾说："人们买走的不是产品而是我，乔·吉拉德。"你必须走出自我的一个封闭圈子，大胆地用计谋和技巧来推销展现自己。为此，在推销之前，你要先向自己进行推销。如果你自己都不能满意自己，还能让别人满意你吗？

一、认识自己

一般而言,容易推销的好商品都是真材实料,你的"料"在哪里呢?推销自己首先是正确认识自己。有以下几点要求:

1.自信心。这是做人做事的最基本的要求。要客观看待自己,公正看待他人。对此要找到自己的长处和不足,发扬自己的优点,改进自己的不足,不断充实自我,完善自我。自信的人,给自己自信,也给别人信心。

2.责任心。要有强烈的责任心。你要以自己的智谋为自己谋、为他人谋、为企业谋、为社会谋。要把自己的工作做得更好,以积极的心态对待,爱岗敬业,利国、利企、利己。

3.事业心。追求事业上的成功,是我们大多数人强烈的追求。然而,并非像你想象的那样都会成功,它需要坚强的意志、顽强的拼搏,不怕困难不畏挫折的精神。从另一个层面上讲,事业心,首先是对人生一种积极而健康的态度,是人的立身之本,也是企业拥有的宝贵财富。

总之,有了自信心,责任心,事业心,我们才能很好地推销自己,使我们不断迎接挑战。

学会推销自己是人生的一门艺术,能够提升人生的质量。

推销自己就是最大限度地发挥能量,为企业为社会多做贡献。

二、自尊自强

具有强烈自尊心的人更能得心应手地处理生活中的问题。他们富有灵活性,更可能具有创造性和勃勃雄心,更可能建立积极的工作关系,更愿意尊重他人,能更多地体验到生活中的乐趣。但是,如何建立自尊?

——智谋力与才华。"别怕推销自己,只要你认为你有才华!"这是戴尔·卡耐基说过的一句话,这句话可以用来激励、鼓励你前进。自尊自强不是盲目自恋,而是对自己才华和才智准确的认识。

——言行和谐一致。外在的言行与内心的感受相合时,人的行为是和谐的。一致是指人的行为发自自己的个性，而且合乎个人及有关组织的价值观念。如果你的言行不和谐一致，轻则引起他人的困惑，重则会失去他人的信任。你只有对他人表现真诚、坦诚不欺，才能在别人心目中赢得信赖。

——给自己安全感。在一个“安全”环境里，人们感到他们可以畅所欲言，不必担心受到嘲讽或谴责。人们有了安全感后，自然会变得好奇。要是失去安全感，他们就会心怀戒备，变得矜持、胆小、牢骚满腹。所有这些表现都不利于创造顶尖业绩。所以，你要放松自己的紧张心情，学会给自己创造一种更具安全感的心理环境和工作环境，以激发自己主动进取、机智地解决问题。

——表明个人的处事原则。你应该确定同别人交往的尺度，知道得体地提醒别人的过火行为并表明自己不能接受。任何过火行为都是不可接受的。每个人都有权制定自己的处事原则。当然，你要不卑不亢地表明自己的原则，以免伤害别人的人格或独断专行。

第二节 “收”、“放”自如

在现代职场中，你该如何才能正确地推销自己？收放之道需掌握。“收”在于避免树大招风，“放”却在于该出手时就出手，于最合适的时机充分展示自己的才华——当然不是野心。

一、收敛自己的野心

在办公室里大谈人生理想显然滑稽，打工就安心打工，雄心壮志回去和家人、朋友说。在公司里，要是你没事整天念叨“我要当老板，自己置办产业”，很容易被老板当成敌人，或被同事看作异己。如果你说“在公司我的水平至少够副总”或者“35 岁时我必须干到部门经理”，那你很容易把自己放在同事的对立面上。

因为野心人人都有，但是位子有限。你公开自己的进取心，就等于公开向公司里的同僚挑战。僧多粥少，树大招风，何苦被人处处提防，被同事或上司看成威胁。做人要低姿态一点，是自我保护的好方法。你的价值体现在做多少事上，在该表现时表现，不该表现时就算韬晦一点也没什么不好，能人能在做大事上，而不在大话上。

办公室里是闲话的滋生地。工作间歇，大家很愿意找些话题来放松一会儿，为了不让闲聊入侵隐私，最好有意围绕新闻、热点、影视作品谈天，避开个人问题，放得开而且无害。当然，一定时候也可以讲讲自己的生活，但要把握尺度。

二、学会“表现”自己

收敛自己的野心不等于埋没自己，不乱说话不等于不说话，一定要分场合。默默无闻、埋头苦干的人，往往得不到重用。一个有智有谋的员工，不仅会做事，而且还要会“表现”自己，才有机会脱颖而出。

1. 充分利用公司的会议，让上司和其他同事注意你

谈公司里的事情最好在比较适合、公开的场所，比如部门主管征询意见时，你不说就不妥，或者开讨论会时，该发言就不能闷着，老不说话老板以为你没主意。

但要想很好地表现自己，就一定要事先计划好你想说的和你要达到的目的，列出可能遇到的疑问和对策。开会时不要坐在会议室的角落里，要大声清晰地说出你的意见，善用眼神进行交流。

2. 主动亮出你的成绩

男人做一点工作就大张旗鼓让每个人知道，女人也不该默默无闻地做贡献。你可以帮助他人，但在年终工作评估时，自己绝对不要谦让。

3. 坦然面对变化

培养良好的心理素质，从日常工作和生活中锻炼自己，好的机会和坏的事情也许就发生在五分钟以后，如果你平时就有所准备，你的镇静对策会让老板和同事刮目相看。

4. 敢于实践

经验是一位老师,教导你之前先给了你考试,但患得患失只能令你停止不前。成功者多数是敢于把想法变成行动的人。

5. 尽量避免承担那些你不能直接控制的工作

如果项目中的主要或是关键人员不是向你汇报,而且你并未得到足够的授权,就不必自告奋勇地站出来。同事间的相互帮助不是用这种方式表现的,把有限的精力投入到那些能真正给你事业带来发展机会的工作中吧。[①]

第三节 应聘之谋

在信息时代的今天,要想在职场获得一席之地,推销自己就显得更为重要。当我们参加应聘推销自己时,要用自己的聪明大脑想一想,决定用什么样的方式达到最好的结果。善于推销自己,往往能收到事半功倍的效果。当然,推销自己不是去阿谀奉承,溜须拍马,而是要善于学习,勤于思考,讲究智谋。

一、推销技法

1. 寻找卖点

对求职应试者而言,你要找寻卖点,有哪些卖点是他们所不及的?有哪些优点是自己从未发现的?找寻卖点时可以参阅过去主管所打的成绩表,或询问自己的知心好友,在他们眼中你所具备的长处。如此追索出卖点,针对卖点特征思考包装手法,便完成初步的准备。应聘时,展现卖点的手法应有条不紊,言之有物并从创意上做到自成体系,以吸引对方的购买欲,希望更进一步了解你。对答如流是积极推销的基本要

① 《职场生存宝典》。

求。即使对方未问及自己的长处，也应适时把握机会展现，不要让主试者问一句你答一句，应该化被动为主动。

2. 逆向思维

郑小姐是某财经学院管理系的高材生，因相貌欠佳，找工作时总过不了面试关。经历一次又一次的打击，郑小姐不再相信所有的招聘广告，她决定主动上门专挑大公司推销自己。她走进一家化妆品公司，从"永芳"、"紫罗兰"等外国化妆品公司的成功一直说到国内"雅芳"、"霞飞"的推销妙计，侃侃道来，顺理成章，逻辑缜密。公司老总听后很兴奋，犹豫一下说："小姐，恕我直言，化妆品广告很大程度上是美人的广告——外观很重要。"郑小姐毫不自惭，她迎着老总的目光大胆进言："美人可以说这张脸是使用了你们的面霜的结果，丑女则可以说这张脸是没有用你们的面霜所致，殊途同归，你不认为后者更高明吗？"老总写了张纸条递给她："你去人事科报个到，先搞推销，试用你 3 个月。"郑小姐十分珍惜来之不易的工作，满腔热情地投入工作中，一个月下来，业绩显著。她现在已是该公司的副总经理。"在市场经济下，一个连自己都推销不出去的人，别人是不会聘你搞推销的。一个各方面素质都比较优秀的人，更应该学会推销自己。"

3. 面陈其"过"

有位女大毕业生，在参加宝洁公司主考官主持的最后一轮面试时，大胆指出该公司的不足，并用国外事例佐证，使对方不得不折服，结果她被首选聘用。面陈其"过"，之所以能胜于别的应聘者，不仅技巧新，而且表明：你已经在关心与研究该企业，并探索与该企业未来的发展；你想到该企业工作的态度是十分认真的，目标专一，而不是抱着"进了再说，不行拉倒"的心态随便试试看。另外，你说得令人信服，还表明你研究之深，水平很高。这些都有助于你应聘获得成功。但你应该注意的问题是面陈其"过"，态度必须诚恳，着眼于使对方做得更好，具有建设性，且实事求是，说到点子上，具有可行性。

4. 未聘先干

一著名外企预招聘高层管理人员，丰厚的薪水、优越的待遇吸引了众多高级人才前来应聘。令大家意外的是，最后胜出的却是一位只有大专学历也从来没有外企工作经历的“无名小卒”。在谈到何以制胜时，这位先生道出了他的“法宝”：“这家公司招聘广告一出来的时候，我就着手对该公司所有的产品作细致的市场调查，从市场份额、产品到竞争对手等各方面的情况都了解得清清楚楚，因而提出的建议和制定的规划也是最切实可行的。他没请我，我已为他工作了，他不请我又请谁呢？”用人单位最希望的往往就是招聘到的人能实实在在解决问题，出色地完成本职工作，它不需要更多的高深理论，也不需要夸夸其谈。学历、工作经验，都只能从侧面证明你有这个能力，但都不如拿出实实在在的方案来得直接。在应聘前下工夫对公司的情况做番调查，然后提出切实可行的解决方案，最能获得应聘单位的“芳心”。其次，没来单位就已开始“工作”了，很容易获得应聘单位的好感，他知道你是真心的、忠实的，在情感的天平上无疑会倾向于你。

5. 当仁不让

钢铁大享史威伯早年求职时，也曾跑断了腿。一日又硬着头皮进了钢铁公司，面对操纵去留决定权的关键人物开始了对话：“请坐！”其实没有椅子或凳子。这小小的陷阱迷惑了许多人，都说：“没关系(反正无椅可坐，落得谦恭)。”而他道声“谢谢”，然后不慌不忙去隔壁办公室借来一把椅子，再从容坐下。他的行动虽小，内涵博大。当仁不让意在求职时不卑不亢，落落大方。一名年轻人参加招聘面试，当他赶到时，已经有20多个求职者排在他的前面，他想，轮到他进行面试，不知要到何时。此外，到他面试时，招聘人员可能已经很累，有些不耐烦，或者心情不好，那样会使他求职成功的希望很小。怎么办？于是他写了一张小纸条，折好以后，很有礼貌地托正在面试老板的秘书小姐交给老板。老板看后大笑，原来纸条上这样写着：“老板，我现在排在第21位，请您在对我面试之前，不要作任何录用谁的决定。”结果，最后这名年轻人被录取了。

6. 留心观察

目前，某星级饭店招收员工，新的求职者是一样的试题：请到菜市场去看有没有土豆。有的人很快返回，报告：“有土豆。”有的人说：“好几个摊子在卖土豆，不会缺货。”有的人甚至嘀咕：“人事干部惯于不干人事，土豆有什么好看的。”而有个人的回话是：“有土豆，最好的一元贰角钱一斤，最差的伍角钱一斤，总量在一千公斤左右，这是离此地最近的某某路菜市场的行情。”这个人被录用了。成与败的差别很小，或许就在留意观察的一瞬间，正如那句古老的谚语：通往失败的路上，处处是错失了的机会，做好准备迎接幸运从前门进来的时候，别忽略了从后窗潜入的机会。所以你要做好观察。

7. 要有耐性

找工作是别人选你，不是你选别人——除非你已优秀到了那种层次。要能从众多竞争者中脱颖而出，就必须要能沉得住气，要有耐心与韧性。不要为自己一时表现不佳而惊慌失措，更不要为他人表现出众而信心不足。在推荐自己的过程中，善于控制自己的情绪，是一个人自我形象的重要表现方面。情绪无常，很容易给人留下不好的印象。为了控制自己开始亢奋的情绪，美国心理学家尤利斯提出了三条有趣的忠告："低声、慢语、挺胸”。

8. 恰如其分

推销是将自己商品化，你要恰到好处地给自己定价。现在许多人往往还未工作就开始谈条件，说薪水，容易引起招聘者的反感。但也绝不可将自己定位成廉价商品低价求售，如果自认是高品质的产品，就不必牺牲待遇降格以求。谈不拢大不了不卖，也不要自己贬身价让人看低。不管是便宜还是贵的商品，买主总希望它能靠得住。因此在推销自己时，一定要让对方有信得过的感觉。

9. 知难而退

推销自己有时不一定会成功。你在求职时，谈到一定程度，如果发现时机不对或者对方无兴趣，就要“三十六计，走为上策”。这时候，表现要冷静，自己找个台阶下，给人留下明理的印象。推销不成功，可能错在自己，比如，资格不够、业务不对口、过分挑剔或者智谋不足等；也可能错不在你，而是对方要求过高、性别歧视等。这时，你就要另找门路了。

二、求职信的计谋

求职信是自我描绘的立体画像，是走出求职的重要阶段，其目的同个人简历一样，主要是引起招聘者的注意争取面试机会。但同个人简历又略有不同，求职信是针对特定的个人而写，而简历的写作却是针对特定的工作岗位。求职信可以说是对简历的补充和概述。

让招聘者对你的信件过目难忘，或不忍释手；让人立刻明白并且相信你不是一位盲目的求职者，你所寻找的的确是一种机遇。求职信应当简洁明了，充满活力和趣味盎然。润色过的求职信应该能够准确迅速地回答下列问题：

1. 你为什么写信给我以及我为什么应当把你列为候选人？

2. 你拥有什么资质或价值能够使我从中受益？

3. 你还准备做什么来进一步推销自己？

求职信一般由三部分组成：开头、主体和结尾。

开头部分包括称呼和引言。称呼要恰当。引言的主要作用是尽量引起对方的兴趣，看完你的材料，并自然进入主题部分。开头要引人注目，说明应聘缘由和目的。

主体部分是求职信的重点。简明扼要并有针对性地概述自己的简历内容，突出自己的特点，并努力使自己的描述与所求职位要求一致，切勿夸大其辞或不着边际。主要包括：

1. 申请求职之背景；

2. 个人专业强项与技能优势；

3. 求职与事业发展动机与目的；

4. 其他一些在个人简历中不便陈述的内容。

结尾部分要做到令人回味。你要向对方致谢，感谢其花时间阅读你的材料，并考虑与你面谈；告诉对方你会在某某时间打电话询问材料是否安全抵达和安排时间面试事宜。把你想得到工作的迫切心情表达出来，请用人单位尽快答复你并给予面试的机会，语气要热情、诚恳、有礼貌。

常见的结束语有“此致、敬礼”、“顺颂商安”等。其下是你的签名，字迹不可潦草模糊。如果在联系方式中你没有署名，那么在你的签名下应该打印上你的名字，以确保对方能清晰辨认。

在求职信中，要避免出现的智谋缺陷在于：急病乱投医，无的放矢；

字迹潦草，书写脏乱；逻辑混乱，条理不清；自吹自擂，炫耀浮夸；虚弱怯懦，缺乏自信；滥用词句，哗众取宠；好高骛远，志大才疏；语言粗鲁，礼节欠缺；陈腔滥调，长篇大论；画蛇添足，东拉西扯；平庸乏味，形象陈旧；形式简陋，寄明信片。

应该说，许多人都不会一次求职成功，因此，对于不同的公司，你最好不要送上相同的求职信，哪怕小的改动也能体现出你的诚心。

求职信可用传统的信件寄交，也可郑重其事地专门送交；还可以利用电子邮件送达。通过电子邮件寄交时，最好记住，这些邮箱地址后面的是活生生的人。由于兼容性的问题，最好把求职信和简历写在邮件内，而不要做成附件，招聘者可能无法打开你的附件，如果打开了，也许不会再是精心设计的式样。《网络时代简历工具》(Cyberspace Resume Kit)的作者玛丽·纳米克(Mary Nemmich)和弗兰德·乔特(Fred Jandt)都说道："几乎我们访问过的所有简历网站和招聘者，都警告应聘者提交简历时，不要做成电子邮件的附件。"

三、给面试考官留下一个好印象

在面试中，你自身的才能和讲话的内容是第一要素，但要想在众多水平相当甚至比自己更强的竞争者中脱颖而出，就必须按有关礼仪法则行事。考官们也会因你说话的方式和举止得体而关注于你，判定你是否适合这个工作、能否和该公司融为一体。为此，在面试中应该注意以下一些要素：

1. 面试前不要喝酒，喝酒会使人脑筋迟钝，贪杯会使人丧失理智；也不要吃有异味的食物，如洋葱、蒜等食物，避免其味道影响考官。

2. 进入面试室后，如有可能要上前与考官握手，或者躬身说"上午(中午、下午)好"，平身后要微笑着直视考官的眼睛。面试结束后，也要与考官握手道别，对他们听取你的面试表示感谢。

3. 舒展而不拘谨地坐下，但不要使身子深陷在椅子里。就算是坐在柔软的椅子或沙发上，也尽可能坐在边缘，保证身体的笔直，避免给考官造成疏远或是安于享乐的感觉。

4.取出随身携带的笔和记事本，记录下整个面试过程中的要点，尤其要对细节问题感兴趣并给予重视。

5.不要贸然在面试中开玩笑，切忌插科打诨，以免给考官留下一个轻浮的印象。如果双方言谈甚欢，可以加上一二个简短笑话。

6.不要显得太随意。即便面试进行得非常顺利，也不要表现得太悠然自得。跷二郎腿、抽烟、嚼口香糖等行为都容易使考官觉得你吊儿郎当、不重视此次面试、对人不尊重。

7.不要乱拉关系。如果你的亲朋之中有人与该公司有联系，或者有些是权贵、名人，别自作聪明地把这些人都搬出来壮大声势。即使考官问及，也最好只轻描淡写地一语带过，否则容易让人认为你没有多少真本事。

8.如果在面试过程中，考官接到一个电话或有人来找。在等上一会儿后，你可以从自己的资料袋中拿出一篇材料阅读。这使你看上去很聪明，并且能体现出你的时间观念很强，考官也可以从容处理事务。

9.要有机智。针对考官问出的似与自身无关的问题，不可回避或回绝，这是不智的和不礼貌的行为，最好的办法是思考片刻后尽己所能、并尽可能与自己特长联系起来回答。

10.面试始终要表现出你的朝气和热情，不要轻易放弃努力。

第四节　用好名片

名片是自己也是他人的自我推销工具，也是友情的传递，是决然少不了的。

一、名片的正确做法

名片制作有讲究。横式名片，第一行顶格书写持片人的单位名称。第二行是持片人的姓名，用较大字号写在名片正中。有职务、职称或学衔，一般用小字标在姓名下右侧。第三行是持片人的详细地址以及电话、电报挂号、邮政编码、传真号码等。头一个字一般不能高于名片中的“姓”字。竖式名片，行序由右至左，字序从上到下，其他内容与横式相同。

名片文字要简洁、明确，排列要均匀，纸质要坚实，片面色调和图案要新颖素雅、协调，给人以魅力感。如常与外国人交往，也可用外文在背面写上与正面相同的内容。名片既然是公关人员的交际工具，使用时要讲究得当。当介绍人作介绍或宾客自我介绍之后，可将名片用双手递给对方，收取一方也应用双手接受，看后郑重放好，切不可放在手中摆弄。[①]

二、名片的使用场合

名片用得好，既恰到好处，又彬彬有礼，起到身份证和介绍信的作用，给人以方便，一举多得。使用名片的场合和方法有以下几种：

1. 初次会见朋友时使用。无论何种社交场合，双方握手寒暄之后，当对方问候“您好，您是……”，此时可从容地递上名片，稍稍点头为礼。当有人介绍“这位是××”时，被介绍的双方都会说：“认识您很高兴，请问先生在何处供职?”此刻最适宜递交名片。

2. 祝贺时使用。祝贺是熟悉的朋友，登门祝贺无需名片。一旦祝贺人因故不能及时赴贺，可将名片邮至表示祝贺。使用的方法是，在名片的姓名（被祝贺人）下写上“恭贺”，或“开业大吉”，另一行写上自己的名字，再另起一行写上单位名称。也可用相同的名片格式向陌生人祝贺喜庆，这样可使双方建立良好印象，有利于以后交往。

3. 收到别人赠礼后使用。收到别人赠礼，表示谢意，如写信太麻烦，可在名片的姓名下写“领”，另行顶格写上“谢”字，寄给对方；如退回赠礼，可在姓名下写“心领敬”另起一行顶格写“谢”字，随物送（寄）回。

三、名片的正确使用

送别人名片时，要事先握在手中，或者准备好放在易于拿出的地方，

① 《处事与礼仪》。

不能临时东翻西找。名片应从名片夹中抽出，名片夹应放在上衣胸口袋中，决不能放长裤口袋中，也不宜放在钱包中。

选择好送名片的时机。名片最好站着递给对方，如果自己坐着，对方走过来时，应站起，问候后再交换名片。

送名片的顺序：地位低的人或来访的人先送出名片。如果很多人，应先与主人或地位高的人交换；如果自己这边人多，就由地位高的人先向对方送出名片。在互不认识又没人从中介绍的情况下，可以先送名片，起自我介绍的作用。如果事先约好的交谈，或者有介绍人介入的场合，可以在告别时送给对方，以加深印象。

出示名片应严肃认真，不能像发传单一样。应用双手从对方看得到的方向递给对方。逢人就发名片会被人认为傻、土，没有诚意。

接受对方名片要毕恭毕敬，也要双手接。收到后要先仔细看一遍，碰到不认识的字，应请教对方，另外，也要确认一下对方的头衔。名片要妥善保存，不能随便放置，以示对人的尊重。

收到对方名片后，若是站着，应该将名片拿到齐胸的高度；若是坐着，应放在视线所及之处；若收到很多名片，应按照顺序放在桌上。

四、管好名片

如果把交换来的名片，平时散满整桌，该用的时候找不到，你真该学学别人是如何管理名片，并且增加商机了。

名片是工作人最重要的资产之一。尤其是对于业务工作者而言，做好名片管理，等于是建立自己的人际网络，也使自己的影响力能够有条理地扩展、延伸出去。

最传统的名片管理方式就是运用名片簿，并将名片信息输入计算机，用 Excel 的表格来管理，也等于是为名片提供备份，万一名片遗失，还有 Excel 里的档案可循。名片簿是最为基础的整理方式，其中的技巧不少。你可以依产业别、公司别、职务别、部门别的逻辑，层层管理名片簿。

例如，将电信业的名片归在同一本名片簿上，接着，同公司的名片放在一起。再来，从董事长、总经理开始摆，其后是秘书，并在各部门主管之后接着摆其部门的下属，如此一来，上下职务与部门之间的关系便一目了然，方便记忆。

如果客户升迁、跳槽，给你新名片，旧的名片你仍然要予以保留，不要因为拿到新名片了，就把旧名片丢掉。因为这是对方的一个工作轨迹，如果你熟悉对方待过哪些公司、担任过哪些职位，对方会觉得深受重视，因为你对他过去的工作经历很熟悉、很注意。

此外，当名片不断增加时，可采用活页式的名片簿，当名片有增有减时，无须挪动后面所有名片的位置，只要移动活页即可。

名片簿中若有极少联络的冷门名片，可以公司为类目另外归在一本名片簿或收起来。但是绝对不要丢掉冷门名片，因为这些冷门名片也是宝贵的数据库，日后万一有需要，可供查询。

为了避免无法立即记住对方姓名与职称的尴尬，你可依照自己每天的行程，留意今天将出席的场合和可能遇见的人，将自己的名片簿拿出来复习、回想一遍。在名片上也可留下记录，提醒自己什么时候、什么场合遇见这个人。

客户的感觉最为直接，如果客户认为见过一次面，你就记住他，他对你的感受将大为不同。面对这么多推销自己的人、这么激烈的市场竞争，客户之所以选择你和你的产品，一定是先喜欢上你的亲切感、你的用心。所以，想要在职场上脱颖而出，可以从你的名片管理开始做起。

第五节　击败低迷

你在推销自己的过程中可能遇到种种低迷状况，让我们来借鉴一下凯西的低迷市场推销术。凯西是美国北卡罗来纳州夏洛特市的奇可思女装店(Chico’s)的顶级销售员。奇可思女装店在全美有数百家分店。许多凯西服务过的顾客发现：她们原本只为买一条皮带而来，但最后却带着满满一袋子商品离开。

以下即为凯西能使顾客“带着满满一袋子商品离开”的技巧：

1. 击败冷遇

许多零售人员对顾客“我只是看看”等冷淡之语一筹莫展、无言而退，但凯西却继续热情主动地以“那么，请问您以前在我们这儿买过东西吗?”等问题，去获取向顾客介绍店内产品的机会。

她总是热衷于分析每一位顾客走进店内的原因。“如果一位顾客说‘我只是看看’，那么，你就应该想想什么是她想看的？什么能使她产生兴趣。”凯西说。

2. 为顾客着想

一旦顾客被激发起对某件商品的兴趣，凯西就开始在试衣间里以那种商品为基础，为顾客考虑和建议相关配套商品。而奇可思女装店的试衣间里不放镜子，这也为凯西以顾客为中心进行面对面的交流提供了机会。

她说：“我从不把自己仅当作一个店员，而总是认为自己是一个为顾客着想的着装顾问。”每次销售完成之后，凯西还要花额外的功夫记录下顾客的信息，然后打去电话或寄去一封手写的书信，以询问顾客的意见等。

3. 从不满意中看到更多机会

凯西还能从顾客的不满意中看到更多的销售机会。她仔细倾听和分析顾客的不满意之处，然后给出解决办法和建议——另外一种颜色、另外一种尺寸或另外一种款式的商品。

“如果顾客来我这儿买过一次东西，她们十有八九会再来，因为我总能帮助她们解决难题。”她说，“比如她们可能首先拒绝了我推荐的价值300美元的商品；然而我很快了解了顾客的不满意之处，然后再进行针对性的推荐，结果她们最后可能买了500美元的商品。”

迈克尔是SAS软件公司派驻纽约的市场经理。加入SAS公司后，迈克尔每年都超越了承销任务，年均销售高达250万美元，并赢得了如Sony和时代公司等知名客户。

以下是他在对企业销售中的秘诀：

1. 记住：对企业的销售工作关系到对方的职业

在企业对企业的销售中，一笔数百万美元的错误采购决定，也许会导致采购方的某位经理失业。这种担心在整个采购过程中浸透于采购方的潜意识里，成为对企业销售的一个巨大的潜在障碍。

迈克尔说："因此你必须坦诚地将采购方拉进整个销售过程，使他清楚你的业务将如何为他的公司创造价值或减少成本。否则你的业务从一开始就玩完了。"

2. 集中力量于第一季度的销售

"做对企业的销售，每一步业务进展都得征询客户意见，销售期相当长，或许几个月都不能完结一笔业务。"迈克尔说，"但每年的第一二个季度是所有企业效率最高的时期，所以你必须集中力量在第一个季度里，把所有关键性的销售环节完成，这样才能争取在对方的一个财务年度内了结所有的销售工作。"

3. 别卖需求，卖前景

在对企业销售的过程中，迈克尔都要分析这样的问题：这位客户的企业是如何创造利润的？什么对他们真正重要？从中何处是我的销售工作的切入点？

"企业客户不会关心你是否能完成销售任务，"迈克尔说，"他们只关注自己企业的发展方向。所以，你必须找到对方企业非买不可的原因：你的产品对他们的前景来说哪些方面是有帮助的。"

第六节　推销产品的艺术

尼克是联邦快递服务公司在俄克拉荷马城的高级业务经理。在他方圆 90 英里的"业务领地"上，他争取到了 500 多家小企业主固定客户，并荣获联邦快递的最高荣誉感销售奖"五星奖"[①]。

他的成功心得是：

1. 别说，去听

在销售过程中，尼克比其他销售人员说得少，而愿花费更多时间去

① 《低迷市场中的销售艺术》。

听客户讲。

对此，他解释道："为完成任务，很多销售人员喜欢对客户大谈特谈。事实上你必须按照客户的需求来完成销售。而倾听客户是如此基本的要求，以至于它被很多人忽略了。但它的确是尊重客户的第一步。"

2. 发展信任

尼克在与客户打交道的时候，总是直截了当、目的性非常强地问客户诸如此类的问题：你面临什么样的市场竞争？你想在哪些方面把企业做得更好？你可能会把我们的服务用于哪些方面？

这样做的目的是建立信任。"我把自己想象为客户的一名员工，而不仅仅是作为付我薪金的联邦快递公司的一名员工。"他说。

3. 制造差异

在销售中，尼克总是试图为每个客户发现这样一种答案：他们支出产生的效益在哪里？他说："现在人们想要的是解决方案。所以一旦你能给他们看到使他们的生意增长的办法，你就打开了销售的'芝麻之门'。"

不管针对的是哪种类型的客户，或销售的是什么样的产品，顶尖销售人员其实都有共同的特点。

杰出营销员的共性：

1. 创业家精神

把自己看作在一个企业里经营自己的事业，因此他们有强烈的内在驱动力、专注精神和组织观念。

2. 有一套严谨规范的操作流程

他们已总结出了适合自己的一套严谨规范的操作流程，以确保销售成功率的稳定性。而每次销售，他们都会努力去完成这种流程。

3. 专注于客户，而不是任务限额

最好的销售人员专注于顾客，因为一切营销工作实际上都是围绕客户产生。

4. 销售是解决方案

杰出的销售人员不把自己视为仅仅卖出一些"小玩意"，而是在销售一个能解决客户难题的清晰方案。

5. 能尽早找出驱动客户主动向前的“催化剂”

能让客户尽早看见他们“正在销售解决方案”的价值，杰出的销售人员能够尽早地找出驱动客户主动向前的“催化剂”。实际上，一次销售工作的结局，很可能在其早期就已确定了命运。

6. 不害怕创新

销售工作如同在为客户准备一场表演——你要与他们交流，去发现他们的期望，然后向他们展示你的价值；所以销售工作必须要有创新性。

7. 卓越的行动能力

今天杰出的销售人员，仍然出自于这些人之中：愿意走出去拜访客户，以理解客户的前景、需求与期望。而他们在这些行动中思维清晰，行为理智。

8. 方向清楚，知道什么时候该继续前行

杰出的销售人员不会浪费时间去钻“死胡同”，因为他们是使资源产生实效的专家。

9. 与发展潮流保持一致

他们和产品、顾客、趋势、竞争对手动向等保持一致。

10. 钟情于自己的工作

一流的营销员，仍然是那些痴情于工作的人。

第七节　推销中的沟通技法

美国专家阿克·卢斯伯格以善于推销自己著称，他总结了推销中的主要沟通技巧与手法。你将发现，在任何讲话之前，快速浏览一下这部分内容是很有效的。让我们从最紧迫的事情开始吧！[①]

1. 着意传递你的想法

你真心地说一声“早上好”与你在一段谈话前随便说一声“早上好”，

① 阿克·卢斯伯格《一生只做1件事：推销自己与总统顾问面对面》。

这二者是有很大区别的。需要不同的努力，刻意、着意地去努力。

2. 做你自己

对于观众来说，真正的你自己远远比那个你认为被期望的自己让人喜爱。仔细观察一个正在向一群成功的商界人士做演示的年轻人。他可能恰恰在做错误的事情——试图用他的成熟和职业给他们以印象，而不是清楚、简洁、简单地阐述自己的观点。进行良好的准备，自然地说，你就是给人印象最深刻的人。

3. 在合适、自然的情况下微笑

正如你不能撅着嘴或者扬起眉发脾气一样，如果你脸上带着真正、真诚、善意的微笑，你不会看起来愤怒、憎恨或受压迫。微笑是另一种表示真正友爱的奇妙信号。我们做得还很不够。

4. 在舒适、合适时做手势和姿势

在缩小你与观众间距离的方式中，手势、姿势起着特别的作用。没有什么能比不带触摸的拥抱更有效。姿势是讲话者的绘画工具。它显示和强调了你正在说的事情。它有很强的表现能力，应该将它留给描绘高度准确和动作性强的词句。舒展的面容与姿势是让观众接受与欣赏的最重要工具。

5. 以平静、随意的语调说话

这确实需要花工夫。当它变成习惯时，应该将注意力集中在这上面。大声说话只能适得其反。只有年轻人和他们的音乐才需要通过大声来取胜。否则，大声说话让人反感。平静的声音让人产生温柔、抚慰和满意的感觉。

6. 停顿

相信你的观众。如果你的停顿有效，他们会等你。停顿甚至有助于提高他们对你所传递信息的理解。直到你的思维高度清晰之后再动口。停顿给你自己一个机会去清楚地思考，以使你所说的话成为你能在那个时刻传递的最佳信息。

7. 静静地思考

没有什么比思考时出声更糟糕的了。“嗯”“嗯”……地不停，显露自己思考的过程很愚蠢。

8. 积极

每个人都更喜欢“我能做”的人，而不是“不，我做不到”的人。你可以因为给出积极的信息和态度而远离困境。否定、攻击的态度只能招致拒绝。

9. 自豪地说

骄傲自豪会让你的态度及讲话大为不同。想想这两种不同说法之间的差距：一种是“我很自豪地告诉大家”或者“我们的数字自己说话。我们是这个领域中最好的”。另一种相反的说法是“我们从来没有做过”或者“你没有拿到我们的数字”。

10. 做好最坏的准备

准备好冲突。当有人向你开火时，不要立刻反击。暂时停下来，直视你的对手，仔细考虑你的回答，给予积极的正面回答，而不是具有攻击性的拒绝性回答。几乎所有诘问或谴责都能转而对你有利。除非有这种可能的例外问题：“你是什么时候停止殴打你老婆的？”

11. 承认“我不知道”

这是是否诚实的一个重要分水岭。没有人期望你懂得所有事情。但是我们每个人都感到“我应该知道那个问题的答案”。于是，我们未加思索地脱口而出一个答案。当你不是真的知道时，任何答案都有可能是错误的或者成为谎言。

12. 承认“我不理解你的问题”

这是是否诚实的另一个关键。这比它听起来更难执行。人们认为如果他们承认不理解问题就会看起来大失光彩。但是，如果你给出了错误或不适当的回答，看起来就会更无光彩。

13. 无时无刻不记住你的观众

没有观众的讲话人就不是讲话人。如果观众喜欢他们看见的和听见的，理解你、同意你、信任并信服你，你就是赢家。

14. 保持目光交流

你来这里是为了你的观众。与他们谈话，参与到他们之中去。当你看着物品而不是看着人时，人们就会变得不关心你的讲话或者完全反感。在你往上看时，你看起来就像乞求上帝给点儿提示的卡片；在你往下看时，你看起来仿佛想从鞋子中找到帮助。不断变化的目光看起来躲躲闪闪，不是光明正大。偶尔的目光转移反映出恐惧和不确定性。强有力的目光交流显示自信和控制。

15. 集中在你知道的事情上

你知道很多信息。你需要的是时间，用来思考这些信息是什么，以及你怎样让它发挥最大的影响力。

16. 你就是专家

这就是你讲话的原因。你没有理由自觉地去讲一个知道很少、不足或根本不知道的主题，除非你被问到。在这种情况下，要拒绝多讲，承认那不是你的专长。

17. 组织材料

为你的观众带来准备好的、深思熟虑的东西。他们值得你付出努力。决定哪一种准备方式对你最适合：提纲、笔记或手稿。花时间正确地准备。

18. 大声练习

使用录音机、录像机或镜子，请朋友、同事帮助。这将帮助你监控自己，确保你使用这里学到的技巧，在讲台上拿出不凡的表现。

19. 使用简单的语言

不要模棱两可，不要支吾搪塞。在人群前甚至不要过于强调先后次序。

20. 使用短句

言简意赅让人记忆深刻。简短的句子清晰明确，容易理解。没人喜欢饶舌之人。

21. 简洁

如果你可以用5个字把问题说清楚，就不应该用50个字。有些句子是不能改进的，如“我爱你”、“他们赢了”、“这是个男孩”、“你被录用了”、“干得好”及“我会做的”。作为额外的好处，在写信、写提案和做备忘录时，要记住这些。简洁才有效果。

22. 剪辑自己

当你认为准备工作已经结束时，要剪辑，再剪辑。让观众回味你所讲的比让他们猜想你为什么不早结束半个小时要好得多。别让他们成为你讲话时的头号“瞌睡虫”。不要试图告诉他们你所知道的一切事情，他们不希望听到这些。

23. 练习目光交流的节奏

当你的眼睛盯着页面、地板或后墙时，你的嘴巴是不应该动的。当话语出口时，你的眼睛应该在观众身上。即使知道和理解这项重要原则的说话者也会发现，害怕失去位置、害怕暂停的坏习惯导致他们在说出一句话的末尾时向下看稿子，或者导致他们眼睛还向下时就说了下一句话的第一或第二个字。掌握这项技巧需要许多练习，因为我们多少年来在说话时都做错了。

24. 交流思想

最难逾越的陷阱之一是在有文字出现在你面前时停止阅读。从现在开始，不要试图从纸上逐字阅读，要交流思想。你的观众想听到你思想中的观点，而不是纸上的那些字。

25. 注意观众的信号

正像你所说的话和所做的事情都是传递给观众的信号，他们也无时不在向你传递信号。如果你发现失去了他们，一定不要痛苦。那只会使情况变得更糟糕。要保持平静。如果你离题太远，就赶紧折回来。如果你还在前半部分，就要更努力地集中面部表情和姿势，更努力地传递显示关爱的思想。不要加快速度，如果那样就死定了。应该告诉观众你想克服它。设法做得更精细些，更多地展示自己。请记住，没有人有权利丧失希望。一切都结束时，你有机会恢复，总结一下你为什么会失去他们的注意力。在你下次讲话时，这种事情就不会再次发生了。

第三章　把握先机

商海中搏击的人都知道，掌握先机便是成功的一半。最擅偷时间的就是“迟疑”，它还会偷去你口袋中的金钱。你得想得快一些，行动得快一些。然而，明快决定和草率决定是不同的，对于前者，你得尽快得到必要的信息，以协助你的决定。把握先机意味着你必须有清醒的头脑、敏锐的视角和必要的冲动。

第一节　认准关键

机会在哪里？机会无处不在。但机会的开始却可能并不明白，这需要你认准关键，始终不渝地坚持自己的正确目光。斯坦福大学是硅谷的母亲，在这里孕育了许多知识英雄。而硅谷最早的拓荒者中，两个大学生休利特和帕卡德几乎在一无所有的情况下，为世界性大公司惠普（HP）公司铺下了第一块基石。在 20 世纪 30 年代初，那些波及全球的大萧条的日子里，他们仍然相信自己发现的机遇，在暗淡中坚守着对美好明天的期待，用自己的智谋和青春去赌未来。

1931 年，斯坦福大学的两个大二学生，同时也是大学足球队板凳队员比尔·休利特和戴维·帕卡德成了彼此最要好的朋友，他们常常在一起交流切磋，经常争论学术前沿的一些问题。在大四的那一年，硅谷教父——著名无线电工程学教授弗雷德·特曼是他们的毕业论文的导师。在特曼教授的鼓励下，他们一起拟定了一份毕业后自己创业的计划。但大萧条的阴影使他们暂时无法实现自己的梦想，毕业后，帕卡德受雇于纽约州斯克内克塔迪的通用电气公司，参与军用无线电和真空管的研制工作；而休利特则前往马萨诸塞理工学院继续深造。

直到1937年8月23日，休利特和帕卡德在帕洛阿尔托重逢，他们在一起回顾过去的学子生涯和他们那时的梦想。几个彻夜的长谈，他们决定一定要实现他们当年的创业梦想，在举行了一次创业会议后，拟定出了《创业计划的工作纲要》。他们找到了他们当年的导师特曼教授，在他的支持下，休利特和帕卡德开始把创业计划付诸实施。他俩在帕洛阿托安德林大街367号租了一套公寓，并在公寓附近的汽车房里开了一个工作作坊。生产车间的设备则主要是帕卡德来从他服务的通用电气公司搞来的，因为该公司对雇员以象征性价格提供旧设备。他们在工作、学习之余设计了各种电子小玩意儿，如口琴自动调音器等；并承做特曼教授帮助揽来的一些零活。

这时，休利特提出了一个新的产品开发计划，在他的硕士学位论文《制造和评价一个可变频率振荡器》中，休利特提出了全新的变频振荡器的工作原理。按他的设计制造的振荡器，其适用条件比当时可以得到的同类产品要广泛得多，而价格只是同类产品价格的1/10。由于这种变频振荡器在工业上有着广泛的用途，休利特的振荡器有着极高的商业价值。眼光超人的特曼极力鼓励休利特与帕卡德合伙来开发这个产品。1939年初，休利特和帕卡德决定成立公司，并且打算以两人的姓氏作为公司的名称，以抛硬币的方式来决定谁的姓在先，于是休利特一帕卡德(HP)公司(即惠普公司)诞生了。休利特提供部分现金以购买工具和元件，帕卡德的投资则是他从通用电气带来的设备；特曼借给了他们538美元，并帮助他们从帕洛阿尔托银行得到了一笔1000美元的贷款，这就是他们的全部原始资本。在如此薄弱的基础上，他们开始为惠普公司奠定了第一块基石。

公司成立后的第一年处于艰难之中，有时他们自己都怀疑大旗还能扛多久。这时，特曼教授伸出了他热情援助的双手。他利用他在社会上卓著的声望，积极为他们奔走。在特曼教授的帮助下公司才得以继续生存下去。等他们的音频振荡器研制成功后，帕卡德很快为这个产品申请了专利。业内的专家们对这个产品给予了极高的评价，而这些来自权威人士的肯定极大地鼓舞了他俩的斗志。帕卡德将产品命名为300A，希望看到这个名字的人会认为这正是早就存在的系列产品中的一种。

为了让得到专家好评的产品迅速被市场承认，惠普公司在一家影响很大的商业杂志《电子学》上登出了广告，订单开始汹涌而来，利润迅速增加，公司的境况大为改观。为了宣传300A，帕卡德参加了在南加利福尼亚举办的一次正式的音频振荡器展览会。

在会上，他结识了一位沃尔·迪斯尼电影公司的音响工程师哈金斯。哈金斯正在为一部电影《幻想曲》准备一个声道，使他感到为难的是迪斯尼要求他模拟一只蜜蜂飞出荧屏，然后在剧场环绕，再重新回到荧屏的声响。这正是300A的用武之地。帕卡德敏锐地觉察到与迪斯尼的合作不仅会大大提高公司的知名度，同时也会带来长期可观的收益。他立即向哈金斯介绍了惠普的音频振荡器，极力向他证明只有他们的产品才能满足迪斯尼的要求。哈金斯不仅对300A印象深刻，而且它的主人帕卡德给他留下了一个值得信赖的商业伙伴的印象。

迪斯尼公司很快与惠普公司签订了合同，以每只71.50美元的价格购买了7只经过稍微改进的300B型音频振荡器。这一交易使惠普名声鹊起，许多公司开始向他们订购电子设备，迪斯尼公司也从此成为惠普的长期客户。到1939年底，惠普公司的销售额大增，没有债务。而且，新产品也已经打开了市场，公司有了一定的知名度，这一切令帕卡德兴奋不已。

1940年春，惠普公司开始扩大规模。帕卡德也开始认真思考公司未来发展的战略。他认为惠普公司产品的重点还不够突出，产品线过长，而深度不够；许多产品型号混乱，兼容性差，很容易被客户放弃而改用其他公司产品。帕卡德决定尽快使公司的产品形成系列化，从而使诸多公司成为惠普的终生用户。

不久，太平洋战争爆发了。休利特应征入伍，帕卡德独自承担了公司的重任。帕卡德深刻地认识到战争给公司带来了巨大的发展机遇，惠普公司作为电子产品的生产者，在对无线电、雷达、声呐以及航海、航空仪表等产品需求量激增的局面中占据了有利地位；战争的恶劣条件恰好是检验这些产品性能的大好时机，这对于战后公司的发展非常重要。帕卡德决心抓住这一历史机遇，让惠普公司真正腾飞起来。于是他对许多产品做了细致的改进,使之更能适应战争的需要。产品良好的性能使得美国军方的订单似雪片般飞来。惠普新产品不断增加,利润也节节上升。惠普建造了第一座公司大楼(称为 Redwood 大厦),它集办公、实验室及工厂于一体,建筑面积 10000 平方英尺(900 平方米左右),位于 PaloAlto 市 PageMill 路 395 号。

到第二次世界大战结束时,惠普公司已成长为一家拥有 200 万美元资产和 200 名员工的一家大公司了。而休利特在军队的经历也对惠普有巨大的帮助。在军队他负责调查太平洋部队信号设备的工作情况,后来又进入美国陆军特别参谋部工作,与美国军界有了广泛的接触并产生了一定的影响,这与战后惠普公司在军用品生产方面的骄人业绩不无关系。

20 世纪 50 年代是惠普的增长和成熟期。公司始终把先进的技术作为自己生存发展的立足点,掌握了很多电子业的领先技术并逐渐形成了自己的核心竞争力。1968 年,世界第一台台式科学计算器 HP9100A 在惠普问世。它是惠普今天高性能工作站产品线的前身。1972 年,惠普推出具有划时代意义的第一台个人计算器:HP—35 掌上科学计算器,从而一举将工程计算尺淘汰。1973 年,惠普小型通用计算机系统成为计算机界第一套数据分布式处理系统。到 80 年代,惠普凭其系列计算机产品而成为业界一家重要的厂商,其产品门类齐全。

1984 年,惠普的技术首次应用于喷墨打印机上。也是在同一年,推出公司最成功的单机产品:HP Laser Jet 激光打印机,并且直到现在,惠普的激光打印技术被业界视为标准。

时至今日,惠普已成为美国也是世界上知名的信息技术领导者之一,它的年营业额超过 400 亿美元。惠普成功的原因是多方面的,但有一点是肯定的,那就是他们抓住了成功的一瞬间,不再松手。

通过惠普的故事,我们可以学到什么?

一、要学会正确地提出问题

智谋思考过程的第一阶段是正确指出情况中的关键问题。每一个面临问题的人都自然会用自己的方式努力洞察问题的关键。在解决问题过程中，有效的方法是一开始就要以便于发现解答的方式列出问题。

举例来说，假设某一公司加班加点问题日益严重，导致利润下降。如果我们问：减少加班加点要解决哪些问题？将可能有如下的许多回答：

(1)在规定的工作时间内努力地工作；

(2)缩短午饭时间和喝咖啡休息时间。

邀请全体雇员来参加无缺点运动和质量控制小组，以便努力降低生产成本。提高产品质量的公司，就经常运用这种征求问题解答的方法。大家的意见被集中上来，经过筛选，最后被应用到工作改进中。但这种方法有内在的局限性，它没有指出问题的根本解决办法，而是头痛医头，脚痛医脚。

现在回到上面加班加点的问题上，假如我们设想要从根本上解决问题，那我们就会问：为了完成公司的所有任务，公司的劳动力是否充足？

这一问题的回答只能是“是”或“否”。为了得到肯定的回答，就需要作大量的分析，可能包括将该公司与同行业的公司进行比较，考察每一个雇员的劳动量和自动化程度，计算机化程度以及公司的经济效益的变化趋势。另一方面，在仔细研究了公司的销售记录、每个雇员的利润、直接人员和辅助人员之间的比例，并与其他公司进行比较之后，回答也可能改为否定的，即公司的现有人员并不充足，这就得到了问题的根本解答。解决的办法是，增加人员，应用通常的管理数据就能证明其有效性。如果公司采纳了这个办法，获得所希望的结果的可能性就会增加。用这种方法，理智的分析就可以取代感情的争论。

但是，并非只有这样的提问方式，才能解决问题。我们还可以这么提问：雇员的工作能力能适应他们的工作性质吗？

这个问题的提出与前一个问题一样，可以引申出可能解决问题的办法。如果回答是否定的，是指缺乏合适的人选，解决的办法将是培训雇员或是从其他地方招聘有才能的人。相反，如果回答是肯定的，这就意味经常加班加点的症结不是工作性质，而是工作量的问题。因此，解决问题的关键就不会是培训和招聘人才，而是增加劳动力。

如果正确地提出了以解决问题为目标的关键，并且所进行的分析也是正确的，那么即使是用不同的方式开始提问，用不同的途径来寻找解决问题的办法，最后的答案也会是一样的。在任何一种情况中，有关工作性质和工作量的提问都能导致讨论趋于问题的焦点，比较容易得到明确的结论。

强调正确地提出问题，无疑是很重要的。正如在许多建议箱中所看到的那样，训练有素并受过启发要提出正确问题的人，将不会提出一些含糊不清的建议。他们中会产生具体的实质性的意见。

由于抓不住关键性问题，现在太多的高级经理迫使他们自己和下属人员过分忧虑，担心他们的努力以失败或受挫而告终。只有重视和正确掌握关键性问题，才能形成以解决问题为目标的提问。清楚了解已经确定了的问题性质，能造成一种促使人们找到创造性结论的压力。如果关键性的问题未被确定或者问题还没有弄清，富有创造性的思想就不能得到充分发挥。因此，充分暴露问题的要点，换句话说，确定关键性问题，对发现解决问题的办法是至关重要的。在最初阶段，最重要的是通过研究来缩小关键性问题的范围。

二、问题的抽象过程

抽象过程的第一步是运用“脑力激荡术”和征求意见的方法，集中并详细列出公司与竞争对手相比的不利条件，然后将这些条件按它们的共同点归纳成几个要点。

第二步是将有共同特性的现象合并为一类，以每类为单位再次检查并问一下这一类提出了什么关键性问题。在寻找解决问题的办法之前，务必弄清问题产生的根源。这样，抽象过程能使我们看清关键问题并避免过分强调某一因素的重要性。

一旦抽象过程结束，我们必须确定下一步能找到解决问题的正确方法。当解决问题的办法原则上确定后，留待完成的任务就是如何拟订详细的行动计划。不管解决问题的办法是多么完美，到付诸实施以前，它是一点用处也没有的。许多公司的经理总想简化确定关键性问题和付诸实施之间的必要程序，跳过中间步骤，直接进行管理的改进计划和具体活动的组织。实际上，即便是最有才华的第一线的经理也不能只通过一个步骤就能使抽象计划变为行动。

三、关键因素分析

当资金、人力和时间像今天这样的珍贵时，把有限的资源集中在能决定企业获得成功的关键功能领域是至关重要的。仅仅像竞争对手那样调配资源不会产生竞争优势。如果你能确定你的工业部门成功的关键领域，并将资源的正确的组合调配给它们，你就可能使自己处于一个真正有竞争优势的地位。[①]

确定成功的关键因素并不总是很容易的。智谋家在处理过程中基本上有两种方法：一是尽可能富有想象力地剖析市场，确定市场的关键区隔；二是找出是什么因素使盈利公司不同于亏损公司，然后分析两者之间的区别。

1. 剖析市场

公司将市场分解成几个主要的区隔，作为集中分配主要资源的第一步。公司的产品由上到下地排列在左边的纵轴上。要注意的是，该公司不是将所有产品都看作同样的产品，而是把它们按大小进行分类。

排列在水平轴上的每一产品系列的不同顾客有其不同的特点。公司就能确定产品市场的各个区隔，并能辨认出哪一个区隔具有智谋上的重要性。下一步是为关键的市场区隔制定产品——市场智谋，并规定实施区隔智谋的职责。在制定了智谋和规定了实施职责后，公司对每个区隔进行经济论证，也就是计算所建议的智谋的资源需要，再把所需要的全部资源加在一起，最后根据公司可以利用的全部资源，修整重点区隔。

2. 找出成功者和失败者之间的差别

确认成功关键的比较创新的办法是找出成功者和失败者之间的差别，以及为什么。以日本铲车工业为例，从顾客的区隔构成来看，它与卡

① 《哈佛经理手册》。

车工业完全不同。占全部卡车销售额的70％的顾客集中在三个工业部门，而铲车的顾客则分散在各个工业部门，卡车的三大顾客购买的铲车不超过全部铲车销售额的30％。

现在假设，有一个制造卡车而且销路很好的公司，试图在销售铲车方面也获得成功。将发生什么呢？仅仅访问卡车三大主要顾客的公司推销员将发现卡车的顾客很少需要铲车。他们还往往会忽视另外70％的市场，因而能销出去的铲车将非常少。另一方面，如果一个拥有铲车销售网络的公司也用同样的方式去销售卡车则也不会成功。尽管他的销售网可能覆盖整个卡车市场，但却没有足够的力量重视三大主要顾客工业部门去赢得占统治地位的销售份额。

如果发现一个销售额很大的铲车公司采用一个完全以销售铲车为目的的销售网络，我们不应感到惊奇，一个既想销售卡车又想销售铲车的公司不可能成功。没有认识这一基本事实的公司会处于可能被知道这一成功关键的竞争对手所击败的危险境地。事实上，一个公司在认识这点后，应马上转向建立专门销售铲车的网络，争取挽救自己。

当然，不同的产业部门的成功关键因素位于不同的功能、不同的领域、不同的销售渠道等。不同的产业部门在盈利和获得市场份额方面的成功关键因素落在从原材料资源到顾客服务的不同的功能活动线上。例如，原料资源是铀工业的关键，因为低质矿需要很复杂的高成本的加工。由于铀的市场价格在不同的生产者之间没有什么变化，因此，选择铀的资源是最基本的，它决定每个生产者的利润。

相反，在纯碱工业部门，生产技术是关键因素。因为获得同样质量的纯碱，汞制做法的效益要比半渗透膜法高两倍以上。采用后一种方法的公司，无论做多大努力来减少额外成本，也不可能在利润竞争上获胜。因此，当纯碱生产厂选用半渗透膜技术时，等于已经承认在利润上败于竞争对手。

当然，也有例外，有时，国家政府的规定可能改变上述基本情况。例如，为了减少汞的污染，政府对经济上缺乏吸引力的技术给予优惠。

有关成功的关键因素的另一个有趣的例子是电梯行业。至少在日本，没有一个人有足够的耐心愿意在发生故障的电梯里等几个小时。因此，一旦有个公司决定进入这个行业，就自然有义务建立和维持一个费用昂贵的服务网络。可以说，这是一种固定的进入市场费用。服务成本是决定任何一个电梯公司利润率的关键因素。

3.仅确定成功的关键因素还不够

当智谋家全力以赴地寻找某个行业或企业获得成功的关键因素时，需要对从原料到产品售后服务的经营系统的全过程进行仔细的检查。

在经营人员心中，所有这些因素一般都是错综复杂地搅和在一起的，因此经营的每个阶段都并不是那么清楚。理清整个经营的模式是智谋家的首要任务。

但这并不等于说，总体智谋必须包括公司运行的每一阶段，从原材料到服务，都面面俱到。试图在管理过程的每一方面都取得决定性优势可能会使各种管理资源都过度紧张。幸运的是，实际上控制一两个关键阶段一般就足够建立起竞争优势的地位。

有趣的是，通向成功的最有效的捷径看来是较早地把主要资源集中到一个具有智谋影响的功能中，迅速跃入第一流的企业，这是真正切实可行的、有竞争力的。然后，利用这种较早的第一流的地位所产生的利润加强其他功能，使它们也领先于别的企业。当今所有产业部门的主导企业，毫无例外，都是从果断地应用以成功的关键因素为基础的智谋开始的。

相反，许多落后的企业，尽管他们的活动与他们成功的对手表面上有些相似，但由于他们或者没有完善已经找到成功的关键因素所依存的功能，或者虽然认识到了成功的关键因素，但缺乏充分开拓它们的彻底性和持久性，最后终于被其他对手所击败。

如果仅仅知道成功的关键在哪儿，不做有效的努力，预期的结果是不会自动出现的。智谋家必须有勇气去赌博、去冒险。这种赌博——即智谋决策犹如一个窄门，如果某个公司想在竞争领域、特别是在正面竞争中赢得优势，必须通过这个窄门。

如果你和一个具有相同能力的竞争对手进行竞争，在关键的功能领域做出有效的和持续的努力可能是能使你和竞争对手不同的唯一因素。丰田公司持续地在他的组织中根除浪费，日立公司在全公司范围内改善管理，这些都是在每一个企业经营领域中做得比其他企业好得多的典范。

第二节 信息制胜

如何才能把握先机？你必须要动用自己的智谋力，掌握一些深层次的信息，认清形势、了解对手或他人，不要被一些外表的现象所迷惑。最后再用自己的智谋把掌握的信息转化为机会。

一、信息即机会

今天的社会已进入信息时代，信息成为了机会的先声。

有三个人要被关进监狱三年，监狱长满足他们三个人，一人一个要求。

美国人爱抽雪茄，要了三箱雪茄。

法国人最浪漫，要一个美丽的女子相伴。

而犹太人说，他要一部与外界沟通的电话。

三年过后，第一个冲出来的是美国人，嘴里鼻孔里塞满了雪茄，大喊道："给我火，给我火！"原来他忘了要火了。

接着出来的是法国人。只见他手里抱着一个小孩子，美丽女子手里牵着一个小孩子，肚子里还怀着第三个。

最后出来的是犹太人，他紧紧握住监狱长的手说："这三年来我每天与外界联系，我的生意不但没有停顿，反而增长了200%，为了表示感谢，我送你一辆劳施莱斯！"

这个故事告诉我们，什么样的选择决定什么样的生活。今天的生活是由三年前我们的选择决定的，而今天我们的抉择将决定我们三年后的生活。我们要选择接触最新的信息，了解最新的趋势，从中把握最新的机会，更好地创造自己的将来。

二、善于观察

生活中，人们常说做事情要善于“察言观色”，善于评估客观形势。养成细致入微地观察他人及其身边事物的习惯是一项基本的智谋修炼。

诗人布瓦洛说过：“一个轻微的举动，就能泄露个中消息。虽然人人都有眼，却很少能够识破玄机。”（《诗的艺术》）

明眼人总是能够于一些细枝末节中，发现有用信息，他们的大脑总是处于高度警戒状态，绝不放过任何蛛丝马迹。

在《聊斋志异》中有这样一个故事：有一个富翁，很多人找他借钱做生意。一天，这个富翁骑马外出，路上有一个年轻人跟在马后面，富翁于是问这个年轻人想要干什么。这个年轻人说想向他借钱做生意，富翁答应了。

到了富翁家，正好桌子上有一些散钱，于是就借给年轻人。当这个年轻人熟练地将钱叠垒起来要走时，富翁突然拒绝借钱给他。

事后有人问其缘故，富翁说：“这个年轻人一定是个喜欢赌钱的赌徒，绝非良家子弟。刚才他叠钱时的技巧，已经暴露出他的身份了。”后来一调查，果然是这样。

在职场和商战乃至其他一些情况中，你应该了解外部信息与内部信息两大类：

外部信息包括：

市场行情、竞争状况、市场潜力、客户分布、政策法规等内容。

内部信息包括目标客户：

机构运作特点、人员职责状况、内部决策程序等内容。

以及相关人物的心理特点，如：

需求、爱好、想法、利益等内容。

对于外部信息与内部信息不厌其烦地挖掘与了解，是你打动他人必修的基本功课之一。

无论是外部信息还是内部信息，各种信息并不是孤立的、静止的，而是相互影响、相互联系的。

例如：

竞争激烈时，客户会变得更加挑剔、更加主观；

行业整顿时，客户会变得更加谨慎、更加保守；

客户内部权力调整时，商品采购会面临新的“洗牌”等等。

这时候，对于外部信息与内部信息的充分了解，就显得格外的重要。

实践中，外部信息与内部信息的获取，可以通过：

各种媒体、咨询机构、知情人员、亲自调查等多种途径来获得。

但是，由于商业信息的特殊性与敏感性，为了确保所获得的信息的真实性与可靠性，很多情况下，需要你做深入调查。这是一项复杂而又艰巨的工作，却有着极佳的效果。

例如，你忽然发现某客户原来与你是校友，那你就可以套近乎啦！如果不是，那也无妨，因为……

某公司经理 L 先生，通过各种渠道对于某客户 B 女士的相关背景了解很多。一次，L 先生的业务员陪同 B 女士来到公司总部参加学术研讨会。

闲聊中，L 先生说道：“我们虽然以前没有见过面，但我对于 B 女士已经神往很久了。”

接着，这位 L 先生将 B 女士的经历简单地回顾了一下，当说道“听说你以前是某大学的讲师”时，B 女士吃惊地说：“天哪！你怎么会知道？我们单位几乎没有人知道！”

L 先生微笑着说：“别说你们单位几乎没有人知道，就是我的业务员也不知道。”

那位业务员确实很惊讶，虽然他与 B 女士打交道有很长一段时间了，但是对于 B 女士的这段经历也是从未知晓。

果然，L 先生给 B 女士留下了极为深刻的印象，虽然只交往一次，但却有一种老朋友似的感觉。

临走时，B 女士对 L 先生说：“以后，有什么事情我就找你了。你真的很能干！”

后来，L 先生出差到那位客户的城市时，B 女士还专门请 L 先生喝茶。

三、试探和分析

在你所掌握的信息缺少时，你应该学会分析你所面对的人的心理——意图、观点、兴趣、智力、才能等方面的内容。

现代心理学分析起源于西方，距今已有 100 多年的历史了，早期主要是针对人物病态心理而展开的心理诊断与心理治疗手段。近几十年来，随着心理学在社会各领域的广泛运用，如今，心理分析已经超越了纯粹医学的范畴。

世界上最难了解的，就是人物的心理。

孔子说过，了解人物心理的困难程度超过跋山涉水，超过知天察地。

上天尚且有春、夏、秋、冬四季，早、晚、旦、暮四时可以考察，而人物的面貌、表情却非常丰富，内涵甚深，难以把握。

与他人打交道是一种心理互动的过程，如果不能够及时地把握对方的心理动态，就无法随机应变，采取有效的应对措施。

日常生活中，观察一个人喝醉酒时的行为方式，或观察一个人所结交的朋友等情况，都可以对于某人的个性、品质等形成一定的认识。

要了解对方的想法，可以策略性地刺激对方，令其做出种种反应，通过对于这些反应的细致观察与分析，反复地揣摩，就可以得出更为精确的认识。这时，要注重隐性策略的运用：即，在目标人物放松戒备、疏于防范的情况下，通过与相关主题似乎不相关的方向入手，来间接地获取信息。

比如：齐国王后死了，国王打算册立新的王后，于是交付给大臣们商议人选。大臣田婴想要了解齐王的心思，于是便献上十副耳环，其中有一副尤其精美。

第二天，田婴暗中了解这副精美的耳环戴在了哪位夫人的耳朵上，于是便建议齐王册立这位夫人为王后。齐王果然非常高兴，大臣田婴因此受到重用。

这种加“标记物”式的试探技术，非常巧妙，也非常有效，犹如钓鱼用的诱饵一样，可以轻松地获取信息。鱼喜美味，但不同的鱼，其口味、嗜好也各不相同，因此，准备不同的诱饵就可以钓到不同的鱼。

除了运用某些话题来试探目标对象外，亦可通过：事件、物品、时机等“标志物”来达到分析人物心理与了解相关信息的目的。

一位有经验的枪手，对于一把新枪，总是通过试射几枪来逐步校对准星的。对于复杂的人物心理，也要通过多种方式与途径来试探，才能够最终确定人物的真实心理。

曾创下世界寿险推销最高纪录20年未被打破的“推销之神”原一平，以其精彩的个人奋斗历程，向世人鲜明昭示：有志者，事竟成。他的成功的营销理念和实践已成为企业培训管理者、公关人员、寿险营销人员的生动教材。

幼年的原一平脾气暴躁、调皮捣蛋，加之叛逆顽劣的个性，人称“小太保”。因此，他在家乡难以立足。23岁，原一平只身到东京闯天下。27岁，他闯进了明治保险公司做一名“见习推销员”。历经巨大磨难，遭受无数失败，他凭着一股“永不服输”的精神，36岁时创下了全日本冠军的保险业绩。从45岁开始，他连续15年保持全日本寿险推销业绩的第一名，被尊称为“推销之神”。

寿险事业不仅使他成为亿万富翁，而且赢得了社会的普遍尊重。他一生还致力于人寿保险事业的建设，创办“全日本寿险推销员协会”，对寿险从业人员的业务素质和社会地位的提高做出了卓越贡献。因此，他荣获“四等旭日小绶勋章”。他还出版了被称为战后日本推销学经典之作的两部著作——《推销员之道》和《撼动人心的推销术》。

原一平曾发明了一个叫做“轮盘话术”的试探方法，就是通过话题的变换来了解人物的爱好兴趣。什么叫做“轮盘话术”呢？在与准客户谈话时，行销人员的话题就像旋转的轮盘一般，转换个不停，直到准客户对该话题发生兴趣为止。

举例来说，在与准客户见面后，通过不同类型的话题变换，并仔细观察准客户的反应，来探测出准客户的真实喜好。

例如，根据目标对象的：身份、地位、职业、性别、年龄等因素背景，来粗略忖度其可能的心理需求。

然后，不动声色地、有意无意地用与这些需求相关的话题来刺激对方，并且暗中观察对方应激后的反应。

——先谈时事问题，并观察对方的反应；

——如果对方没有反应，就更换生活话题；

——如果对方没有反应，就更换股票问题，等等，如此更换不已。

不过，探询与反探询是对立统一的矛盾，有城府的客户常常会谨慎地保护自己，这在商业谈判中会经常遇到。

有时候举行商业谈判时，真正有发言权的重要人物可能会隐身于某个不起眼的角落，而让其他地位不高的人坐在主要位置上，这样他就可以从旁边观察对手了。

公元前16世纪的夏商时期，有一个叫伊尹的智谋家，他为了探测夏朝的军事力量与号召力，于是向商汤（商王朝第一任国君）建议用抗贡的方式来试探夏朝的号召力。

夏桀（夏王朝最后一任国君）果然大怒，调集天下各诸侯国的军队讨伐商汤。

伊尹说：桀还有号召力，不宜与其对抗，赶快赔礼道歉，补送更加优厚的贡品，以息桀怒。

第二年商汤又抗贡，桀更加愤怒，又想调天下各诸侯国的军队来讨伐商汤，但很多诸侯国因连年用兵，劳民伤财，反对调动军队，最后夏桀只征集了三个诸侯国的军队攻打商汤。

伊尹说：桀已经没有号召力了，三个诸侯国的军队战斗力也不强，士气不高，可以对桀作战了。

于是商汤联合其他诸侯的军队，在山西安邑的鸣条诱敌出战，大败夏朝，建立了商王朝。

伊尹就是通过“抗贡”这一方式来探测夏桀的实力与影响力的，其原理是通过某种事件来试探的。

谈判中，拖延时间是屡试不爽的战术，通过种种理由而使谈判一拖再拖，最后令对方产生焦虑心理，往往容易暴露出真实的底牌。

大家都有过这样的经历：比如买一件衣服，价格谈到一个价位后就很难再谈下去了，这时候，如果你假意不买，转而到其他档口看衣服，过了一会儿，那个卖服装的很可能会过来再与你洽谈，这样反复几次，价格往往会便宜许多。

如果试探方向正确，对方的反应就会很积极：

——犹如拿木柴点火，肯定是干燥处先燃，潮湿处后燃；

——向平地倒水，水会向潮湿的地方流动更快些。

因此：

——如果试探的方式符合人物类型，对方怎么会没有明确的反应呢？

——如果试探的内容符合人物需求，对方怎么会不表现出来欲望呢？

实践证明，从人物的个性类型以及内心需求等方面入手，常常可以获得准确而又快捷的分析判断。

原一平曾总结出一个“家庭的味道”七元素：

——门前打扫的清洁程度；

——院子的清理程度；

——进门处各种鞋子的摆放情况；

——纸窗的张贴方式与破落状况；

——家具情况；

——从屋里传出来的声音；

——整个家庭的气氛。

从这七方面，可以了解：

——此户人家是严谨型的还是松散型的；

——此户人家的经济状况；

——家庭的文化情况；

——家庭中是否有病人；

——如果经济良好，对寿险感兴趣的情况；

——如果目前经济状况不好，那么未来的发展走势分析，等等。

畅销书《心理神探》的作者，美国联邦调查局行为科学调查支持科原科长约翰·道格拉斯，就是电影《沉默的羔羊》中特工杰克·克劳福德的原型，由道格拉斯所开创的“罪犯侧写”就是从犯罪现场分析来入手，最后提出罪犯的有关信息供办案人员参考。

当然，在与他人实际交往过程中，你不一定要把以上的方法一一使用。你只要掌握了一两个实用的方法，可能就会带来不一样的结果。

四、巧用信息

信息运用之妙，在于利用具体环境中的矛盾，制造迷雾，借用对手的力量，实现己方的预定目标。战场上可以付出最小的代价去获取胜利，商场上可以借用别人的科技信息、成果去实现己方的开拓市场计划。

香港富华公司订有几百种商报，综合各类服装市场信息。他们的业务员常常利用这种信息，给商场的经理进行灌输，探求商场的进货心理，及时提供货源。

商品的价格，往往是买方转手给第三方赚取利润大小的结果决定的，当买方获知第三方可以出某种价格购此类商品时，他就故意利用卖方还不熟悉底价的情形，向卖方压低价格购买此类商品。为了达到目的，业务人员往往通过各种渠道认识对方的经理，投其所好，揣摩他们进货的要求，了解对方商品的底价。

有一次，富华公司得知对方进了大批"绅士流"名牌服装，对于抛出的价格，公司内部有两种意见争执不下。富华公司了解到某地正急需这种牌号的服装，但却派员到对方商场散布信息，说新加坡某厂正往港口运来大批这类服装，市场很快就会出现供大于求的状况。卖方的市场就会缩小，这个商场的业务员也曾经在商报上看过这条信息，于是持低价出售意见的一派占了上风，商场很快就以较低的价格把这批服装卖给了富华公司。富华公司仅用3天时间，就以较高的价格转卖给外地一家急需货的商场，轻而易举地赚了一笔利润。

第三节　行动的勇气

人的自由在于人的主动性，人的主动性在于向多种可能性敞开。假如你不尝试什么，你就不会真正知道自己是什么，也不会知道自己到底要什么。所以有这样一句名言倒是很值得一记：举枪——射击——瞄准。毋惮初难，毋恃久安，先做了再说。一切生机全从行动中来，从动态发展中来。人常常抱怨自己缺少机会，记住，运动乃机会之母。

一、当机立断

华裔电脑名人王安博士，声称影响他一生的最大的教训，发生在他六岁之时。

有一天，王安外出玩耍。路经一棵大树的时候。突然有什么东西掉在他的头上。他伸手一抓，原来是个鸟巢。他怕鸟粪弄脏了衣服，于是赶紧用手拨开。

鸟巢掉在了地上，从里面滚出了一只嗷嗷待哺的小麻雀。他很喜欢它，决定把它带回去喂养，于是连鸟巢一起带回了家。

王安回到家，走到门口，忽然想起妈妈不允许他在家里养小动物。所以，他轻轻地把小麻雀放在门后，匆忙走进室内，请求妈妈的允许。

在他的苦苦哀求下，妈妈破例答应了儿子的请求。王安兴奋地跑到门后，不料，小麻雀已经不见了。一只黑猫正在那里意犹未尽地擦拭着嘴巴。王安为此伤心了好久。

从这件事，王安得到了一个很大的教训：只要是自己认为对的事情，绝不可优柔寡断，必须马上付诸行动。不能做决定的人，固然没有做错事的机会，但也失去了成功的机运。

日本日立公司为了扩大企业规模，发展生产，投入了大量资金，购买新建厂房建筑材料，新添置一些设备。这时，正赶上了上世纪 60 年代初整个日本经济萧条时期，现有产品滞销，卖不出去，扩大企业规模就可想而知了。面对这一严峻情况，日立公司有两条路可供选择：一条路是继续投资，另一条路停止投资施工。日立公司经过大家认真讨论、分析、研究，最后，果断决定走后一条路，停止投资实行战略目标转移，把资金投放到其他效益方面，积蓄财力，待机发展。经过实践证明，日立公司的决策是正确的。从 1962 年开始，日本三大电器公司中的东芝和三菱的营业额都有明显下降，但是日立则一直到1964年仍在继续上升。进入60年代后半期，一个新的经营繁荣时期来到了，蓄势已久的日立不失时机地积极投资，1967年投入了102亿日元，1968年上升到160亿日元，1969年上半年就突破了千亿大关，达1220亿日元。从效益上看，1966年到1970年，5年内销售额提高了1.7倍，利润提高了1.8倍。

二、有智有谋还要勇

你不仅应是智谋家，还要是有谋略的冒险家。在生意场中，只要看准机会，就要敢于决策，“大胆下注”。成功的老板，常常会发动果敢的变革或投资行动，有时几乎是以公司命运作赌注。这些行动风险极高，有些是在公司发轫期想要巩固自己的市场地位时采取的。美国安全克伦公司总裁唐纳·布伦曼决心要使自己的公司成为全国性公司。他在18个月的时间里，在全国各地开辟了100多条新线路，借以抢先占有全国的市场。另一个相似的例子是，美国共同医疗系统公司的首脑詹姆·麦卡勒，他在公司创立的头两年，敢于投入资本额的90%在电脑系统方面，以巩固公司和最大客户的关系，进而建立和形成对其他客户提供优质服务的能力。

也有一些智谋家是在发展的十字路口上，冒险下决心，改变方向。美国企业家迪米屈·狄埃拜洛夫为了促进本公司有更大的发展，投巨资吞并了合众水质公司，确立了米利坡公司在材料分离技术方面为全美最大厂商的地位。还有一个生动的例子：美国契尔登公司的鲍伯·契尔登总裁，他在1965年到1966年间投下850万美元，进行信用档案资料的全面电脑化。当时这家公司的年营业额与之比较起来实在很小，鲍伯愿意赌一下，因为他知道这项投资可以极大地扩充资料处理能力，使得任何一家竞争对手都无法匹敌。鲍伯的赌注终于赚回来了。客户对该公司的能力给予很高的评价，公司的收益急剧上升。20世纪80年代初期，契尔登又一次在系统方面投入一大笔资金，花费450万美元用于程序的重新设计，大大提高了客户取得资料和操作的能力。现在契尔登已成全美的消费者随时保持最新信息资料的最大档案管理机构。

第四节 有计划的行动

大胆下注并不等于蛮干。对于成功的智谋者来说,敢冒风险的前提是明了胜算的大小。调查表明,那些敢于大胆下注的成功者在决定采取冒险行动之前,无不是经过慎重的调查分析,确定周密的行动方案(计划)以及与之配套的应变计划。约翰·肯尼迪指出,有计划地采取行动会承担风险和代价,但是,它远远小于舒适无为所造成的长久的风险和代价。

1891 年春天,当 29 岁的威廉·里格利离开费城老家,来到芝加哥时,他不会想到,他将在此赢得世人瞩目,并改变整个家族的命运。① 在这个美国第二大城市,里格利除了随身携带的 32 美元之外一无所有,能够给他带来好运的只有多年的销售经验和对未来的无限激情。

里格利在芝加哥的第一个工作是销售父亲生产的肥皂。为了让店主们乐于进货,里格利经常附送一些发酵粉。一段时间后,里格利发现店主们对发酵粉更感兴趣,索性不再卖父亲的肥皂,专门销售发酵粉。1892 年的一天,里格利突然想到可以再试试以前的推销办法,便尝试每销售一罐发酵粉,给店主赠送两包口香糖。当时口香糖还是新东西,许多店主甚至愿意花钱买口香糖,而不买发酵粉。里格利敏锐地感到口香糖将是一个很好的生意,于是开始销售口香糖。与其他经销商不同的是,里格利用自己名字作为品牌。此后,里格利公司成为专门生产和销售口香糖的公司。

那时,美国已有至少十几家企业在做口香糖生意,但很明显,这个行业仍处于待开发阶段。里格利不仅能够把握消费者的需求,还善于说服他们。在那个年代,商业文化并不发达,市场营销的理论和实践还处于较低的水平。里格利坚信广告和促销的力量,并成为这些活动的倡导者

① 《箭牌:家族的复兴》。

和实践者。在大规模的营销活动下，里格利公司生产的口香糖赢得了越来越多的消费者。1893 年，里格利公司独创性地推出了果汁味（“黄箭”）和留兰香味（“白箭”）口香糖，旋即风靡市场。1919 年，威廉·里格利公司公开上市，成为世界最大的口香糖生产商。

产业大亨的新角色并未改变里格利暴发户的本性。在继续壮大口香糖业务的同时，里格利开始了多方位的巨额投资。他喜欢棒球，便购买俱乐部和大型运动场；他喜欢一个城市，便在其中大兴土木，建设自己的不动产——仅在旅游度假城市长滩，他就拥有 40 多栋房产；他和妻子向往卡特丽纳岛，就干脆买下了整个岛，不仅把它开发成世界级的旅游胜地，还在其中开采矿物。为了引人注目，他修建的里格利大厦如宫殿般庄严、雄伟，至今仍是芝加哥的标志性建筑之一，包括里格利公司在内的很多大公司总部就设在其中。

可以说，里格利不仅自己达到人生光辉的顶峰，还给家族带来了空前的荣耀和可观的遗产——即使在他去世 70 年后，他的曾孙依然富有——小里格利在 2003 年《福布斯》全球富人榜中排名第 94 位，身价 35 亿美元。

老里格利给家族留下的最大的遗产，就是里格利公司。从 1919 年上市至今，公司的控制权一直掌握在里格利家族手中。公司最高领导人是“世袭”的，到今天小威廉·里格利（他与曾祖父同名）已是第四代了，他目前仍以 30％左右的股份控制着公司。然而，在小里格利 1999 年执掌大权之前，公司基本上没有创新可言。漫长的几十年里，里格利公司只推出过几种新产品，在全球市场的主打产品仍是 100 多年前老里格利所开发的品种。2002 年，表现不错的里格利公司年收入为 27.5 亿美元，而与它同年上市的可口可乐公司的同期销售额几乎是它的 10 倍。在外界眼里，里格利公司是一个内向、保守的家族企业——没有创新精神，很少举债，很少接受新闻采访，不关心华尔街的批评和责问。老里格利传下来的“家族管理”，甚至成为媒体评价里格利公司时经常用到的绝妙的讽刺。

“我感觉我在带着一个 19 世纪末的企业努力追赶 21 世纪。”小里格利这样评价他的公司。几年前，因父亲突然病逝，35 岁的小里格利出任公司董事长兼首席执行官。此前，他已在里格利公司工作了10多年，主要负责国际市场拓展。

小里格利毕业于杜克大学，并在著名的沃顿商学院学过管理学课程。在执掌家族企业的同时，他还担任了多家公司的总裁、董事，并成为美国西北大学的董事会成员。有学识、有能力、有气魄，使小里格利成为家族复兴的希望。

“我们已经变得闭关自守，并且自以为是，根本没有真正为消费者着想。”小里格利甫一上任，便欲进行大刀阔斧的改革。

小里格利认为公司急需一些新鲜的血液，于是他打破了公司长期以来封闭的用人传统，开始四处寻找经营人才。他从吉列公司聘来了罗纳德·沃特斯出任公司高级副总裁兼首席财务官，从宝洁公司挖来彼得·海姆斯戴德和嘉里·麦考拉两位一流营销高手作为公司的高级副总裁。这样，“从人的角度来说，公司此时比以往任何时候都强大。”

紧接着，小里格利对产品开始进行大规模的调整，主要分为三个方面，即老产品维护、品牌延伸和全新业务。

对于“绿箭”、“白箭”和“黄箭”等传统产品，公司保持了其百年不变的口味，并且使味道在咀嚼过程中持续时间更长久，同时，通过更换为流行式样的包装、加大广告和营销力度来推广它们。

近几年无糖香口胶市场发展迅速，但里格利公司十几年来只有“益达”一个无糖品牌，这给竞争对手以可乘之机。小里格利推出了Orbit和Eclipse等品牌来应对，使市场份额提高了20%。

面对市场细分化的趋势，小里格利加大了“功能型口香糖”的开发力度，推出了一系列能够给消费者带来附加利益的品种，如具有润喉、通鼻、洁齿等功能的口香糖。其中，Orbit White洁齿口香糖的推出，则开了口香糖企业跨行业合作之先河。这个产品与宝洁公司合作生产，其中用了佳洁士牙膏的口腔护理技术。

另一项具有标志性意义的举动是，小里格利在2000年专门成立了一个卫生保健部，集合众多专家来研究具有医疗功效的口香糖。这被很多人称为创举。2001年4月，这个部门推出了它的第一个产品——防酸口香糖Surpass，这种口香糖对于防止胃酸灼烧感具有速效。不过，让小里格利遗憾的是，产品未获得市场认可，他认为这个产品“过于超前”。公司决定从2003年3月28日起停止出货。

虽然在创新中有失败，但小里格利的努力也带来了回报——目前新产品销售额占了里格利公司销售总额的23%，2002年销售额提高了14%，达到27.5亿美元，利润增加了11%，超过4亿美元。这意味着小里格利的产品结构调整已有成效。

小里格利的能量还不止于此，他已经不满足于“世界最大的口香糖生产商”这一位置了。他有更大的野心。

小里格利开始把业务拓展到其他领域，这是以前的领导人没有尝试过的。2001年，他从德国一家糖果企业购入了薄荷糖业务，同年，在全国范围内招聘具有产品开发经验的工程师、化学专家等人才，帮助公司开发耐嚼糖果、薄荷糖以及巧克力。随后公司推出的非口香糖产品 Eclipse Flash 取得了很大的成功，它口感清新、强烈，上市后甚至掀起了一股流行风潮。而在2002年夏天，小里格利更是让世界媒体注目。

2002年7月，美国最大的巧克力和糖果企业好时公司宣布公开出售所有业务，引得国际食品巨头雀巢、吉百利和卡夫等公司展开争购战，由于这项并购案涉及金额超过100亿美元，因而引起全世界媒体争相报道。小里格利不仅决定参与其中，并且势在必得，他以125亿美元的天价与好时达成了协议。这个出价比雀巢公司的115亿美元还高，而当时雀巢一年的销售额是里格利公司的20倍。因此，小里格利的这项举动给外界一个强烈的震撼，彻底改变了公司保守和低调的形象。虽然最终由于好时公司持股人内部的原因，使其停止了出售，但小里格利还是轰动一时。

为什么小里格利如此重视对好时公司的并购呢？这是因为它对于里格利公司来说具有格外重要的智谋意义。如果一旦成功收购，里格利公司将立即成为美国第一大糖果企业，将直接与雀巢、玛氏和吉百利等糖果巨头争雄世界市场。最关键的是，凭借这次兼并，里格利公司可以在最短时间内调整自己的业务结构，这符合小里格利对公司发展智谋的设计。因此，虽然很多投资者和批评家指责里格利的行动过于草率和冒险——在刚刚打算改革的阶段就做出这么大的动作，但这并未改变小里格利的决心。时至今日，小里格利仍然对未能收购好时耿耿于怀。“我对于收购好时公司是非常慎重的，我们召开了十几次高层会议，做了大量的、周密细致的分析决策。我们不是去找个机会花这120多亿美元，我们是为了达到公司发展目标而进行的一次智谋并购，它绝对是受益颇丰的”。他一再给公司股东做出解释，并且表示，如果好时公司再次出售的话，里格利的大门仍会为它而开。

里格利公司丧失了一个好的机会，但是它的竞争对手却没有。2002年12月，在争购好时公司未果后，吉百利以42亿美元收购了里格利在美国的最大的竞争对手——亚当斯公司，一跃成为全球第二大口香糖生产商，同时，也成为全球糖果业新的霸主。这一变化对里格利公司是一个不小的打击。一方面，这使得吉百利在口香糖领域全球的市场占有率将达26%，给里格利的31%形成挑战之势。另一方面，吉百利的产品结构布局也是小里格利想方设法想要达到的，结果却被吉百利抢了先。

当然，竞争不一定是坏事。比起在口香糖市场的偏居一隅，与世界最大的糖果企业展开竞争才能使里格利公司焕发生机，走向新的辉煌。2003年3月11日，里格利公司第100个年会在芝加哥召开。小里格利在会上向股东保证，他会通过开发新市场、新产品以及巩固老产品等方式来继续保持在全球的领先地位。同时，他也会继续关注适合兼并的企业，因为它们不仅会增加公司的收入，还将带动公司的业务结构调整。“如果有合适的购并对象，我们决不会裹足不前。”小里格利的计划是，在2006年之前使年销售收入翻番，达到50亿美元。

小里格利将带着里格利公司振翅飞翔。如果他的曾祖父在天有灵，一定会倍感欣慰的。

第五节　最危险的就是不采取行动

对于渴望提升自己智谋的你来讲，最大的危险不是冒险，而是在机会面前犹豫不决，痛失良机。弗雷德·史密斯经常被人们渲染为当代成就最大的企业家之一。尽管他当之无愧，可是围绕着他的经历也流传一些类似传说的故事。他被描写为一面在不屈不挠地追求自己的理想，一面又几乎甘冒令人惊讶的风险的人物。史密斯挺身而出，与坚如磐石的美国邮政总局较量；他有一次去夜总会赌博，利用赢来的钱发放一次迫在眉睫的工资。这些都是经常提到的他鲁莽冒失的典型事例。

但是，考虑到史密斯有经验、有技术，以及当时美国运输交通业发生变动的背景，他似乎并不是轻率行事，也不是完全听任命运摆布的。这样说并不是要贬低他的成就，恰好相反，这正是要去赞扬他所赖以成功的执著精神。联邦快递公司的成功经历提示我们，许多最优秀的企业家的突出之点在于判断、控制或缩小风险，而不仅仅是甘冒风险。

弗雷德·史密斯是一个善于捕捉机会的人，这就是说在别人还没有觉察的时候能看出机会。联邦快递公司色彩鲜艳的喷气机满载着急件飞越大陆，这个富有魅力的景象并没有能够掩盖一个基本事实，即史密斯是在从事运输业，这是历史上最古老而变化最多的行业之一。韦尔斯一法戈公司的亨利·韦尔斯利用了19世纪中叶新运输工具出现的机会，首创了他横贯大陆的快递系统。亨利·福特看到许多人渴望在郊区居住的苗头，于是推出价格低廉的汽车。史密斯同他们一样，看出新技术、人口移动以及由此所形成的需要所提供的机会。

对想要成为企业家的人来说，在茫茫的商业荒原里是没有现成的道路可走的。可是史密斯却大不一样，现在回顾起来，他的道路好像是比较明确的。他的家庭和运输业有着密切的联系。一位祖辈当过江轮的船长。他父亲创办了“迪克西灵提长途汽车公司”，后来又同他哥哥开办了非常成功的专做南方菜的联号饭馆“托德酒家”。他父亲弗雷德·里克于1948年去世，饭馆于1961年以2200万美元出售，部分款项用于他第一次投机生意的本钱。

小弗雷德在校成绩优异，但又同样爱好课外活动。15岁时他开办了一家唱片公司，现在依然存在。不久他又学会了飞机驾驶。1962年，他进入耶鲁大学，攻读经济学和政治科学。他在学习方面表现不太突出，而对社会生活更感兴趣，曾经担任校园唱片节目播音员。此外，他还报名参加了海军陆战队后备役军官训练班。史密斯对飞行的兴趣继续增长，促使他恢复了耶鲁飞行俱乐部，并以飞行为题，进行了最富于独创性的学术工作。

这就是他大学三年级的学期论文。论文分析当时的运输服务，并提示说，对一个运输药品、电子元件等“非常重要、时间紧迫”的货物公司来说，可能存在一个市场。史密斯知道，目前的邮局、铁路快递和飞虎航空公司之类的邮递者都很少把包裹直接送到目的地。包裹“在送到目的地之前，总是从一个城市送到一个城市，由这家航空公司转到另一家航空公司”，这不仅浪费金钱，而且浪费时间，造成这种现象的唯一原因就是由于它们使用航空邮递或快件邮递。不仅如此，“如果包裹在到达最后目的地之前必须依靠另一家航空公司的话，第一家负责运送的航空公司对包裹就没有控制权。”

史密斯的教授对这篇论文未予重视。他承认说，也许论据还有些说服力，但是联邦条例不会接受这样的服务方法，即使条例问题得以解决，由于势力强大、财力充足的航空公司的竞争，仍会使得这些设想难以实行，论文最后评分为“C”。

教授的评价对他的影响不大，他无意继续他的学业或利用他的学术经历。1966 年他毕业后被海军陆战队任命为中尉，在越南服役两期。1969 年他退役后，即根据飞机的爱好，开始了他在商业界的事业。

他开始的第一步是购买阿肯色航空销售公司的控制股权。这是一家以小石城为总部的公司，从事涡螺旋桨飞机和喷气飞机的维修服务。公司售价 100 万美元，它长期亏损，前途明显渺茫。史密斯了解了全部情况后，一开始就改变了经营方针，使公司成为购买和出售废旧喷气飞机的情报交流所。结果取得成功，使史密斯的营业收入增加至 900 万美元，两年内获利 25 万美元。

在此期间，史密斯在仔细考虑建立一个公司的设想，能够连夜快递小包裹。这样的服务市场是否真的存在？在这个领域里已经有好几家公司，埃默里航空运输公司和飞虎航空公司是其中最大的两家，而且都是在第二次世界大战后不久开业的。每家公司在 1969 年的收入都有 1 亿美元。但是史密斯认为他能提供更好的和更为可靠的服务，他不能理解为什么有些人没有利用这种形势。此外，难道会像他的教授所说，联邦法律和条例会阻挠它的存在吗?

史密斯委托两家咨询公司对局势进行研究。他从公司的报告中得知,社会对目前的运输服务极度不满。客户声称传递不稳定,经常迟到,而且一般不太可靠。这就是说,如果一个公司能在全国某一个地区接受小型包裹,然后有效率地、毫无阻碍地在短时间内递送到另一地区,这个公司就会有市场。客户确实愿意为可靠的传递支付额外费用。

除此之外,全部空运的60%以上是在25个最大市场之间进行的,小型紧急递送的80%却是在这些最大市场之外的和地方之间进行的。经常的情况是,较小地点的发货人和收货人必须等待定时的运输工具来接收并传递寄往边远地点的包裹。有时,工厂和研究机构不位于中心的城市并且有快速传递的紧急需要,所以这就迫切需要这样的传递服务。

史密斯或是其他的什么人有可能提供这样的保证吗?一份报告指出,10家国内商业航空公司中就有9家的班机在晚间10时至第二天上午8时停留在地面上。这就是说,从深夜到清晨期间的空中航线是不拥挤的,起飞和降落相对来说都会顺利,前景都是令人兴奋的。建立一个能够提供连夜递运公司的想法,不仅是令人兴奋的,而且考虑到史密斯对飞行的爱好,也是令人感兴趣的。

史密斯了解了这些情况后,即着手筹集资金来创办这样一个公司。到这时候,他才知道在他以前别人没有干的一个原因,是资本需要量大,而且潜在的投资家对这种设想的疑虑也较多。史密斯进行了一次重大的赌博,投入了他的全部资金800多万美元。这种风险投资一定给予一些投资家以极其深刻的印象,相继也投入了4000万美元,几家感兴趣的银行拿出同等数目的款项,使总额达到9000万美元,这是美国商业史上单项投资最多的一次。

史密斯为这家公司取名为"联邦快递公司",于1971年6月1日在小石城旧址正式成立,大幅标语悬挂在办公室,上面写着"欢迎客户光临"。公司第一批订货是购买飞机。[1] 因为其机体较小,容易获得民用航空局全国运输的执照,公司一次订购33架,得到约25%的折扣优惠。

---

① 《联邦快递创始人——弗雷德·史密斯》。

史密斯同时吸取了老对手的经验，决定效仿联合包裹公司，把包裹重量定为75磅，包裹体积也有限制，这样可减轻装卸劳动。除此之外，公司还采取了其他公司采用的大家所熟知的“中心分拣”系统，包裹都送到中央机场，分拣后再送到最后目的地，由公司负责送货到户。史密斯一度考虑利用小石城为中心，但后来决定在孟菲斯，因为后者有好的条件和充足的设备。

史密斯办公室自始至终都会收到专题研究的报告，同时发出征求客户的信件。有一段时期，公司拿出纯利的10%从事宣传介绍工作。他宣称“本运输公司的运载工具以每小时550公里的速度运行。在我国经济中正出现一个崭新的社会，本公司能完美无缺地承担其后勤工作。这个社会的建设不再围绕着汽车和钢铁工业，而是围绕着电子学、光学和医学的尖端技术。联邦快递公司所要的正是运送支援这些行业的物品”。

开始时，公司提供三种服务：保证当夜传递，第二天运到的降价传递和“专项传递”。专项传递是指公司传递能够装入用马尼拉大页纸特制信封内的任何物品，并一律收费5美元。

公司为了树立一个突出的形象，使用了大量资金。公司的卡车和飞机都鲜明地用橙、紫和白色油漆。在各大报刊载整页广告，电视上安排30秒钟的广告，强调公司“绝对地、确定地负责当夜”传递包裹并宣扬竞争对手提供服务的不足之处，这样做不仅是为了吸引客户，也是为了在可能的投资家心中建立一个良好的形象，因为公司一直需要有人不断投资。史密斯在宣传上使用巨资的意图时说：“我是在购买为吸引资本所需要的信用。”

公司于1973年4月17日开始营业，在22个城市开展业务。不出所料，公司开始出现亏损，史密斯极力争取更多的资金，并设法安慰那些越来越心存疑虑的投资者。一年以后，公司因技术方法拖欠债务，史密斯卖掉自己的私人飞机以助还债。另一次，他把在拉斯维加斯赌桌上玩二十点纸牌游戏赢来的27000美元用来支付职工的工资。有关早期公司职工自我牺牲和别具一格的轶事数不胜数。如：送货人可以抵押自己的手表来购买汽油；当执法官来查扣鹰式飞机时，职工把飞机藏起来。

可说的远远不只这些，公司在筹款以扩大规模方面遇到困难。可是没有预料到的事态发展却帮助了史密斯。公司成立的时代，航空运输正在迅速发展。航空运输工业总收入1970年为72亿美元，1972年为112亿美元，1977年跃至199亿美元。一些主要的运输公司严重地缺少运载工具，所以集中力量在主要城市开展业务，而放弃了许多小城市的运输业务。结果是，这些公司不能再为自己原来的小型货物客户提供服务，从而为联邦快递公司填补空缺铺平道路。除此之外，1974年，联合包裹公司发生了一次长时间的罢工，接着，对手REA快递公司倒闭，为联邦快递公司提供了新的机会。

公司在整个1975年继续亏损，但是到年末，情况越来越明显地开始出现了好转的趋势。公司在1976年营业额为1.09亿美元，纯收入为810万美元。

当时，每一件事好像都对公司有利。公司业务发展的同时，有关管制的条例已开始取消。1977年通过的法律条款允许公司经营较大的飞机的业务。史密斯迅速从别的航空公司购买了半旧的波音727飞机100架，大大地扩充了公司的实力。这一年公司营业收入为1.6亿美元，赢利为2000万。这足以使史密斯第一次向社会发售股票。1978年4月发行了1075000股，每股3美元。

到1980年，公司营业额为5.9亿美元，赢利接近6000万，每股上涨至24美元，史密斯及其支持者发了一笔大财；这时他的事业在商学院作为当代企业家事迹的典型事例进行分析研究。

那些把他冒险事迹的过分简单化的人应该深思史密斯自己的一段话。他说："在某种程度上把企业家与赌徒等同起来，我认为是不幸的。我根本不这样看，行动常常并不是最危险的道路，最危险的道路是不采取行动。"

第六节　保持长久的领先

一旦你投身某个领域，就应该努力做到该领域的领头羊；如果你到了某一个新的岗位，就应该努力成为公司最瞩目的焦点。但要做到一时的领先并不难，难在保持你的领先地位。

如果有人问：如今美国有哪些世界级的巨型企业？可以说，不用动脑子人们就能说出很多。但如果再问：美国哪几家企业名列世界前茅的时间能持续100年？道琼斯30种工业股价指数1896年设立以来，首批入选而至今未名落孙山者，又有几家？答案恐怕就只有通用电气一家了。美国《财富》杂志1900年列举了12家最有名的公司，通用电气名列其中。100多年过去了，许许多多的公司来的来，去的去，惟独通用电气英雄不倒，近年还连续位居《财富》"全美最受推崇公司"排行榜的首位。

一、各个行业都想领先世界

通用电气的成功的确是个奇迹。自1892年创立以来，它已经发展成为一家多元化的全球性企业集团，集技术、制造和服务业为一体，致力于在其所经营的每个行业取得全球领先地位。其旗下拥有飞机发动机、动力系统、金融服务、医疗设备等业务集团，业务遍及全球100多个国家和地区，职员数十万。如果单独排名，至少有9个业务集团同样可名列全球500强。

更让人惊异的是，近年美国经济疲软，可通用电气却成绩不凡。促使通用电气创造奇迹的有多种多样的原因，但其中最引人瞩目的是：一位管理天才、三条商业模式、四大发展智谋。

二、创造神话的韦尔奇

说到通用电气，不能不提到传奇人物杰克·韦尔奇。这位被誉为"世纪经理"、"全球第一CEO"、"美国当代最成功、最伟大的企业家"的智谋家，其实个子矮小（1.73米），还有点口吃。1935年11月19日，韦尔奇生于马萨诸塞州萨兰姆市，1957年获得马萨诸塞州大学化学工程学士学位，1960年获得伊利诺斯大学化学工程博士学位。1960年，韦尔奇加入通用电气（GE）塑胶事业部。1971年底，韦尔奇成为GE化学与冶金事业部总经理。1979年8月成为通用公司副董事长。1981年4月,年仅45岁的韦尔奇成为通用电气公司历史上最年轻的董事长和首席执行官。

从1981年至2001年,韦尔奇担任通用电气董事长兼首席执行官长达20年,创造了一个令人难以置信的神话。1981年他当上公司一把手之后,旋即大刀阔斧地进行改革。为了让公司产品"数一数二"(即"不做世界第一,就做世界第二"),他不是砍削生产线,就是大量裁员。不称职的员工,不论职位高低,一律走人,留下来的员工也都诚惶诚恐,拼命工作。他的"不近人情"让员工恨得直咬牙,甚至背地里表示,要"狠狠地揍上他一顿"。但韦尔奇看准了公司的发展方向,在淘汰旧业务的同时又不断增加新的品种。经营管理上他更是力排众议,倡导"无边界行为、群策群力"等管理理念,对公司官僚体制进行了全面的整顿,创立了"坚持诚信、注重业绩、渴望变革"的新风,领导了全球企业管理的潮流。

韦尔奇认为,不断改变自己,改变公司,是这个时代的两大挑战。主管们一定要改变自己。他们必须学习新技能,使他们自己更称职,并跟上时代的快速发展。[1] 杰克·韦尔奇就是个人和公司的变化大师。他从不坐着不动,他所领导的企业也一样。《华尔街日报》说:"韦尔奇可以花一天时间参观一家工厂,跳上一架飞机,小睡几个钟头,然后再重新开始工作;在这段时间,他也许会停在爱达荷的太阳巷,就像他自己所说的那样,'疯狂地滑五天的雪'。"

充沛的精力是做重大工作的必备条件。若认为韦尔奇成功的秘密只在于工作量是一种错误。精力充沛的意思并非跑得更快或是工作更努力。每一个人都可以一天工作16个小时,这个世界上充满了努力工作、为了目前工作置未来的健康和家庭生活于不顾的主管。但如何分配时间和如何激励别人是更为重要的。数量不再是竞争的优势,质量才是最重要的。

把效率提高到最大,比把工时拖到最长要好得多。菲尔·贺格森估计,传统的经理人大约只用到他们真正能力的40%。他们花10%的时

① 《韦尔其的成功之道》。

间非常有效率地做重要的事,用 30%的时间取得可靠性以使那 10%确实有效,剩下的时间都花在做不重要的或未必会产生他们所期待的结果的事情上。

经常和集中做重要的事才是聪明地工作,韦尔奇正是这样。韦尔奇式聪明地工作有几个特点:

第一,每一天都不一样,每一天都是挑战。韦尔奇喜欢问:“谁没新点子了?”他常说:“如果你从来没有过新点子,不如辞职。我们每天起床,都有一大堆的机会。如果你经营一家资产达 700 亿美元的公司,你会做很多的错事,而可以加以改善的事情简直是不计其数。我们要改善的事情随着时间愈来愈多,而不会减少。”以这种非常积极的态度来看,什么事都可以改善和解决,而且这种态度确实有效。

第二,剥掉外层。领导人必须不断地向更深处挖掘。他们必须剥掉外层而寻求问题的本质。主管要不断找问题来解决,然后再寻找另外一个问题。韦尔奇受过工程师的训练,他拥有打破沙锅问到底的精神。

第三,热爱你的工作。如果你真的觉得你的工作很重要,这对你的工作是有帮助的。你的工作必须让你感到重要,否则为什么韦尔奇在做过三次手术之后还要继续为通用工作?为什么艾斯纳在心脏病发作之后还是继续主管迪斯尼?对于这些领导者而言,金钱的激励是有限的。亿万富翁不太关心薪水是否会准时入账;并非他们认为金钱的报酬不重要,只是其眼界已经超越了狭隘的金钱。

第四,好好生活。韦尔奇有一次说:“我花了足够多个钟头才把这件事做好。”他不是那些不断号称每天工作 23 小时,只睡 5 秒钟的主管。当然,嘴上不说并不表示他没花很多时间工作;只不过,长时间工作没什么了不起而已。不过韦尔奇除了通用之外,还是有他自己的生活的——一种很平凡的生活;对他这样一个有钱有势的人来说,可说是相当平静的生活。这听起来似乎有点奇怪,可他就是这样,真是精明之极!

20 年间,通用电气一直保持两位数的增长,市值从 1981 年的 120 亿美元增加到 2001 年的 5000 多亿美元。值得称道的是,这位管理天才还不恋栈,在威望如日中天之际,于 2001 年 9 月正式退休。他退休之后,专心写自传。《杰克:内心独白》出版之前,他就已拿到预付稿酬 700

万美元。

三、多元化经营模式分散了风险

美国经济衰退及“9・11”恐怖袭击事件，使得通用电气也遇到种种难题，但它仍然能驱凶避险，保持了稳定而高速的发展态势。2001年9月7日接任公司董事长兼首席执行官的杰夫・伊梅尔特总结说，公司之所以能趟过“9・11”后出现的险滩，最重要的是该公司的商业模式发挥了作用。

第一是业务多元化。包括GE飞机发动机、医疗系统、金融服务等在内的多元化业务给通用电气创造了不断发展的机会。“尽管有时我们的有些业务做得不好，但总体是好的。比如说‘9・11’事件对我们的飞机发动机业务产生了很大影响，因为全球的航空业受到了重创，但我们的医疗系统、金融服务则弥补了不足。所以我们的整体业务在经济状况不好的情况下仍然能保持增长。”

第二是良好的运营机制。“危机发生的当天，我就跟员工交流，对公司业务进行相应调整，并就未来发展作了一些决定。能作出这些决定，很大程度上靠的是我们的实时数据库。我们有实时数据来衡量业务，并立即做出相应对策。”

第三是优秀的人才。“在那样的时刻，我们靠的是人才，靠他们作出决定。尤其是在危机时刻，人才起了非常重要的作用”。

四、严把质量关

行之有效的商业模式使通用电气逢凶化吉，而长期发展依赖的还是韦尔奇时代创立起来的不凡智谋。

一是“全球化”。韦尔奇执掌公司帅印时，先后通过600多次购并行动，将通用电气产品、服务打入了国际市场，实现了跨国经营。不仅如此，他还在生产资源、管理标准和招揽人才等各方面都实行了全球化，从而使通用电气成为地地道道的全球化多面体。

二是“六西格玛”。这一概念本来不是韦尔奇的创造，是他从摩托罗拉公司的质量管理标准中借用来的。据说，这个允许瑕疵率不超过百万分之六的质量管理标准，当时的名气还比不上通用电气自己百万分之四的标准。但“六西格玛”是一套成熟的管理方式，韦尔奇十分重视这块“他山之石”，并将其运用得炉火纯青。

三是“产品服务”。通用电气最早是以第二产业为主的公司，韦尔奇起初提倡的也只是保证售后服务。可随着服务业的兴起，通用电气不断向第三产业发展，实现了从工业产品向服务业产品的“无缝过渡”。目前在通用电气的总收入中，服务、金融和保险等部门已成为企业的支柱。

四是“数字化”。20 世纪 90 年代中期以来，互联网的优势逐渐显现，这随即引起了通用电气的注意。该公司是美国最早创办电子商务系统的大公司之一。只是由于公司内外各方面的阻力，通用电气没能建立起最早、最大、最灵活的电子商务系统。1999 年底，韦尔奇曾在一次讲话中强调，“电子商务是公司必须重视的‘第一、第二、第三、第四’位的工作”。这位商业奇才看得就是准。时下，通用电气的网站已全面运行，既节约了大量成本，也赢来了丰厚的销售额。

通用电气的发展史是一个不断创造高潮的故事，也是足以令你效法的智谋蓝本。

第四章　随机应变

前面一章谈到了把握先机，但必须要看到，变化是不变的唯一之道。在你的生活中，充满了种种不可知的因素；在未来的前景中，隐藏着种种不可测的突然。那么，如何来把握变化的机会，这就要求你随机应变。

第一节　曲线运动

曲线运动是随机会的变化而进行的一种变化，其过程是曲折的，但“曲径通幽”，目标仍然不变。

一、决定目标

迈克是一家信封公司的老板，有一次去拜访一位顾客。那个经理一看他就说：迈克先生，你不要来了。我知道你很有名，我知道你很成功，很有钱，但我们公司绝对不可能和你下信封的订单。因为我们公司的老板和另一信封老板是25年的深交，我们25年以前就和他们定了。并且你也不用再来拜访我，因为有43家信封公司的老板曾拜访过我三年，所以迈克先生我建议你不要浪费你的时间。①

迈克先生有的是办法，独特的方法。有一次他发现这家公司采购经理的儿子很喜欢打冰球，又知道他儿子的崇拜偶像是洛杉矶一个退役的全世界最伟大的球星，后来发现这个经理的儿子出车祸住在医院。这时

① 《成功的十大步骤》。

迈克觉得机会来了,他去买了一根球杆让球星签名。

他来到医院,这个人的儿子问他你是谁,他说我是迈克,我给你送礼物。你为什么给我送礼物?因为我知道你喜欢冰球,你也崇拜这个球星,这是一根他亲自签名的球杆。这个小孩兴奋得脚也不疼了,要下床来。这时迈克说我的工作结束了。父亲来医院发现他的儿子好兴奋,原来垂头丧气,面无表情,现在整个人都变了。他问儿子怎么回事,儿子说刚才有一个叫迈克的人送给了我一根球杆,还有球星签名。

结果是可想而知,这个采购经理和迈克签了400万美金的订单。信封是便宜的东西,他竟下了这么大的订单。显然,成功有不同的方法,有不同的思维模式,世界上没有卖不掉的产品,只有不会卖的人。

二、分散投资

分散是一种多曲线的智谋,分散不是目的,而集中才是目的——即把财富向自己集中,并且最大可能地减少风险。世界首富比尔·盖茨就是这样做的。

比尔·盖茨的资产包括两大部分:微软公司股票,个人户头和两大基金。由于盖茨敛财的速度快得惊人——据说仅用13年就积累了堪称世界上最庞大的私人资产——美国的传媒就常常不由自主地将他神化。然而,他究竟有什么投资秘方?美国《财富》杂志在采访了盖茨的投资经理曼克尔·拉逊后披露,实际上盖茨进行的就是分散风险投资谋略。

比尔·盖茨拥有股票和债券,进行房地产的投资,同时还有货币、商品和对公司的直接投资。拉逊透露,其实盖茨的投资取向十分保守,这在他的两个基金和个人资产管理方面都有反映。

据悉,盖茨把两个基金的绝大部分资金都投在了政府债券上。在他除股票以外的个人资产中,美国政府和各大公司的债券所占比例高达70%,而其余部分的50%直接贷给了私人公司,10%投到了其他股票上,5%则投在了商品和房地产上。

看来,盖茨对个人资产的投资分配原则十分简单:重心倾向于风险较小的政府债券。他为何如此看重政府债券呢?拉逊分析说,盖茨可能觉得自己90%多的资产已集中在一家公司(即他自己的微软公司)的股票上了,由此他理所当然地加大了其余资产对风险极小的债券投资。

第二节　难得糊涂

难得糊涂,是郑板桥的传世名言,也许不亚于孔子的《论语》。后人将“难得糊涂”制成条幅,悬于文人雅士的书斋、乡野村夫的居室,挂到珠光宝气的酒楼饭店、穷乡僻壤的快餐小店,书于权贵政客的办公室、明星大腕的会客厅……这是一种时尚潮流。这种时尚潮流,我们在今天的街市上是可以随处遇到的。“难得糊涂”的精髓在于面对变化的情况,以一种宁静的心态面对。值得注意的是,难得糊涂不是不作为,而是在难得的智谋中把握可能到来的机会。

一、难得糊涂中的精明

对郑板桥的“难得糊涂”,后人有着五花八门的注释。其中数官场的注释最为玄妙。台湾的柏杨对这种玄妙就有自己独到的注释。

柏杨在《买西瓜学》中说:“郑先生的难得糊涂学精义,在于他并不否定聪明,你别看那些高官贵爵一个个脑满肠肥,却无一不是绝顶聪明之人。也必须有绝顶的聪明,才能装恰到好处的糊涂。如果他根本没有聪明,跟猪一样,有啥可取的?如果他的聪明成分不够,装起糊涂来不能恰到好处,也不会有啥前途。于是一切二抓学问,从此而出。”这倒使人忽然明白过来,原来那些官场中权贵的糊涂是装出来的。

柏杨在文章中讲了一个笑话,他说:柏杨忽然有了生杀大权,一天,他叫你去买一块钱的西瓜,并面授机宜:“你出得大门,往南走,约二里处,有一个老太婆在那里卖瓜,一块钱一斤,快去快回。”你听了他的面授机宜之后,心中不禁大笑:“这个混蛋,往南走三千里也没有卖西瓜的。”心里笑归笑,你的嘴脸却很严肃,对柏杨敬如神明,一直往南去,头也不扭地走了一个小时，然后垂头丧气回来，见了柏杨，立刻面色苍白，气喘如牛，作愤怒而又害怕之状，说："南边没有卖西瓜的，我的腿都跑断啦。"柏杨大怒："混蛋。"你说："是是是。"柏杨仍大怒："王八蛋。"你说："是是是。"这时候你汗流浃背，以示恐慌，双膝发抖，以示紧张。柏杨瞧在眼里，乐在心里："你往北找了吗？"你说："没有。"柏杨曰："为什么？"你说："你老人家没叫我往北。"柏杨大骂："简直是猪，存心把朕气死，你还有资格做官？锦衣卫，拿了。"于是你诚惶诚恐，如丧考妣。柏杨虽叫锦衣卫把你"拿了"，但请放心，他的盛怒平息，仔细一想："此人不过脑筋不灵活罢了，这种一根筋的人最忠贞可靠。"说不定马上就派你当军机大臣。

"头也不扭"，就是郑板桥"难得糊涂学"里重要的一章，你不扭头，是表示你听话。如果你官技不高，认为柏杨不就是买西瓜吗？往北往南都一样，于是你往北买那又便宜又好的西瓜，柏杨当然对你大加称赞，说不定立刻就升你当吏部侍郎。可是，夜深人静的时候，他心里想："此人能干固然能干，但太有脑筋，能判断，而有脑筋能判断，就是一种危险。"想到这里，打了一个冷颤。好啦，不用多久，就有一个人抓住你的小辫子一摔，你就得从官场上滚蛋。

柏杨说："凡享大福的，都是精通'难得糊涂学'的官，以秦桧先生而论，很多人虽然不肯明言，但心里恐怕都有此一念，当秦桧要比当岳飞容易得多，也舒服得多。北伐不北伐、'二圣'还不还、小民水深火热不水深火热，关俺屁事？尤其是所谓'二圣'，当儿子当弟弟的赵构先生巴不得他们都被砍头，秦桧先生又何必念念不忘？"

二、学会沉住气

难得糊涂是一种智谋，智在沉住气，只有沉住气才能有所谋。譬如，为什么我的股票总是在价格最低的时候被自己愚蠢地抛出？对于许多股民都曾有过的这种扪心自问。美国特拉华投资管理公司总裁兼 CEO 贺察宇（charlesE. Haldeman，Jr.）给出了一个答案：这是投资眼光短，心理承受能力又差的结果。

特拉华公司是美国位居前 10 位的资产管理公司，拥有 800 亿美元的管理资产，主要面向个人和机构投资者提供全面的产品和技术服务。其看法正是难得糊涂。

为什么你持有股票的价格稍有下跌就会给你带来足够大的心理压力。因为股民不是专家，你每天都盯着这一两支股票看，而股市又天天有变化，因此一有风吹草动你就受不了。这就可以解释为什么有人觉得投资不动产心理压力要小一些。其实投资不动产与投资股票的涨跌风险是一样的，只是不动产不像股票有股市，你不天天看，心里就觉得好受些。

所以，在一些变化的情况面前，最好不要把全身心投入其中，只为稍许的变动就产生大喜大悲。你所要保持的，是远离变化中心的"糊涂"里的智谋。

三、在冷静中发现机会

今天已成为中国网络业一面大旗的张朝阳就是在一种等待中保持平静，在生活多元化和各种观念冲撞的过程中，发现了自己的价值取向和机会。

"很小的时候，我就在等待大事发生。"张朝阳如是说。1978 年来到了。"那是科学的春天，又恢复了高考制度，杨振宁、陈景润是那个年代的偶像。""我的理想是关在只有一盏小煤油灯的屋子里解数学题，一整天只吃一个冷馒头——当然，那个时候我的确喜欢物理，它对世界做出解释。"这是张朝阳回忆自己大学前的身影。17 岁，他考上清华大学物理系，在那里度过了 5 年。

"被伤着了。"他说，"学物理的人非常纯洁，所以竞争才格外残酷。不停地比，比谁的作业先完成，谁学习的时间最长……整个小社会只提供给你一种可能性，所以……我的成绩一直是前三名，可是得不到第一名时的感觉……就去游冬泳，那水真是刺骨……每天绕着圆明园跑五六公里……就是想证明我是可以的。"

22 岁时，他考上李政道奖学金，"心里就松下来了，在清华最后一年我过着东游西荡的生活，我的任务完成了，证明自己了。那时候，我什么都无所谓了,去不去美国……甚至,当时死了,也无所谓。"

在麻省理工大学读物理学博士时,张朝阳开始恣意地、甚至有些放肆地享受他的青春。"我在银行里从没有存款。买车,而且一定是敞篷车,开车路过商店时要来个急停调头,进去买一副墨镜戴上。……穿衣服一定要穿POLO,甚至……"①他眼光闪动,饱含笑意,"我梳过Ponytail(马尾)。那时我希望过cool的生活"。

在决定经商之前,张朝阳早已放弃了诺贝尔物理学家的梦想,他喜欢活在众人的眼光下,"你可能看100万次电视才会看到一次杨振宁的面孔",所以他在1996年时听到华裔科学家崔琦获诺贝尔物理奖时"没有一丝震动"。

张朝阳当时居然有想当好莱坞明星的梦想。"布鲁斯·威利斯不过是调酒师出身,对不对?我后来真的去广告公司拍过一个广告。还想能像迈克尔·杰克逊那样跳舞——跳自己发明的别具一格的舞。"有一次,他给一位朋友打电话,说咱们组建一支乐队吧。那位朋友说他现在正在国内做生意呢,反问了张一句:说你还玩乐队?这是什么时候了?从那以后,张朝阳像开窍一样,"开始入世了"。"我看着美国社会里华人的处境,就像漆黑的夜里几道手电筒发出的光,道路是有限的。"

人真的很多不可逆转的选择就要开始了,很多门会轻轻地锁上,轻微的"咔嗒"声要几年后才能听到。

张朝阳从来都不忌讳跟别人说到"想当年"的事情:

当年,他拎着两个箱子从美国回到了北京,就在北京的某家麦当劳里,他有了成立网站的念头,随手就把这个改变他一生的设想写在了餐巾纸上。他说:"我至今还保留着这张纸巾。"

接着,6年前的10月下旬,他筹到了第一笔资金,他的"搜狐"就在一个很小的写字间里成立了。

接下来的艰苦卓绝,也许是张朝阳没有预料到的:费劲的融资上市,消费者难以捉摸,股价低于1美元的危机,烧钱时面对股东的困难……一路走过来,用他的话说,就是:"经过了血与火的洗礼,我们终于升华

① 《张朝阳:不知道为什么而奋斗》。

了，已经实现初步目标。”

抛开了时尚青年做派的张朝阳开始学会商业社会的游戏规则。在国内几大门户网站中间，搜狐的企业秀就是张朝阳的个人秀，大家都记得张朝阳忙得像明星一样宣传和作秀。不过这符合他在美国留学时学到的要酷的性格。

他经常跟身边的人说，要学美国的“形”，用中国的“神”。所以，他回国之后还保留着不少在美国时候的习惯。特别是饮食方面，比如每天不变的面包咖啡的西式早餐，喜欢穿休闲运动装，喜欢溜冰、爬山、泡吧，还喜欢跳拉丁舞，话语当中不时夹杂着英文单词。他仍保留着读小说的习惯，最喜爱的是《约翰·克利斯朵夫》和张承志的《北方的河》，曾骑自行车去看后者书中写过的永定河。可以想见英雄主义和浪漫主义的气息怎样浸淫了一个人孤独内省的年轻时代。

提到美国，张朝阳总用一种又爱又恨的语调说：“在美国的时候，我是很不满意的，因为在那里，外人始终融不进去；就像你站在外星人的角度来看地球。”他说自己回来之后没有失望过，一分钟也没有，很长时间沉浸在特别兴奋的状态里，看到远山的景致，跟一个出租车司机报出地名，就像吃久了没有加沙拉酱的卷心菜，忽然吃到好吃的川菜一样有滋有味极了。那种在亚文化里生活的麻木和冷漠逐渐被暖过来了。他慢慢地能欣赏中国人在自己的生活里完整的热情、支持和依靠，明白一个人必须活在自己的文化里才能快乐。

2002年10月22日，搜狐向媒体亮出了他们第三季度的财政业绩报告，显示公司连续九个季度实现双位数季度收入增长。

张朝阳说他是一个对数字很敏感的人，上面的数字确实让他很兴奋。刚刚给董事会汇报过情况，心情好得不得了，就在办公室里吹开了口哨。

回顾过去走的路，张朝阳说：“我们在国内做互联网公司，就像盲人摸象一样。首先摸到了象腿，然后往上摸到了它的身体、尾巴，一步一步地，我们才知道整头象的相貌。”

事实上，张朝阳已经把搜狐定位为成功的公司了。张朝阳的目标是把搜狐打造成为像联想、微软那样销售规模上亿甚至几十亿的伟大公司。

就在张朝阳很有资本“炫耀”的时候,他却跟媒体朋友说:“我是一个诚惶诚恐的人,当我知道搜狐盈利的消息时,我第一个念头就是回顾这些年来走过的路。”

张朝阳用那难得糊涂的智谋获得了冷静的思考,即使在开始盈利时也没有冲昏头脑。那么,你在变化的机会面前,又该作如何想呢?

四、欲速则不达

有一个小孩在草地上发现了一个蛹。他把蛹捡起来带回家,要看看蛹是怎样羽化为蝴蝶。

过了几天,蛹上出现了一道小裂缝,里面的蝴蝶挣扎了好几个小时,身体似乎被什么东西卡住了,一直出不来。①

小孩子看着于心不忍,心想;我必须助它一臂之力。于是,他拿起剪刀把蛹剪开,帮助蝴蝶脱蛹而出。可是,这只蝴蝶的身躯臃肿,翅膀干瘪,根本飞不起来,不久就死去了。

从这个故事里,我们可以体会到“揠苗助长”、“欲速则不达”的真谛。瓜熟蒂落,水到渠成,蝴蝶必得在蛹中痛苦挣扎,直到它的双翅强壮了,才会破蛹而去。

人何尝不是如此呢,煎熬、磨炼、挫折、挣扎,这些都是成长的必经的过程。难得糊涂,也就难在于很多人在这些困苦面前无法以平静心态待之,急于冲出现状。急于成功的人,别忘了一句哲人的名言:人生必须背负重担,一步一步慢慢地走、稳稳地走,总有一天,你会发现自己是走得最远的人。

第三节　行动前的思考

如何才能更有效地做到随机应变?有智谋力的你不妨静观其变。

---

① 《50 个 MBA》。

在做出自己的决策前，再思考一下前因后果，再果断决策。

一、是不是自己忘了某个环节

一天，动物园管理员发现袋鼠从笼子里跑出来了，于是开会讨论，一致认为是笼子的高度过低。所以他们决定将笼子的高度由原来的 10 米加高到 20 米。结果第二天他们发现袋鼠还是跑到外面去了，所以他们又决定再将高度加高到 30 米。[①]

没想到隔天居然又看到袋鼠全跑到外面了，于是管理员们大为紧张，决定一不做二不休，将笼子的高度加高到 100 米。

长颈鹿和几只袋鼠们在闲聊，“你们看，这些人会不会再继续加高你们的笼子？”长颈鹿问。“很难说。”袋鼠说：“如果他们再继续忘记关门的话！”

如果没有对变化的环境做出充分的观察和思考，就草率地做出行动，往往是于事无补的。

二、认识自己的环境

你的行动不是单方的，在行动的前后，你都可以影响或者借助周围他人的力量。为此，你必须在行动前认真思考：你和他的行动是否真的对你有利。

让我们来看一则寓言。因为狮子的力量大，而野驴跑得很快，狮子野驴便合作一起狩猎。有了丰收后，狮子把猎物分成三等分，说：“因为我是万兽之王，所以要第一份；我帮你狩猎，所以我要第二份；如果你还不快逃走，第三份就会成为使你丧命的原因了。”

三、准备后的行动

行动前的思考是智谋的准备过程，而在准备后你必须果断迈出自己

① 《袋鼠与笼子》。

的脚步，否则再好的智谋也是一种空想。

小A在合资公司做白领，觉得自己满腔抱负没有得到上司的赏识，经常想：如果有一天能见到老总，有机会展示一下自己的才干就好了！

小A的同事小B，也有同样的想法。他更进一步，去打听老总上下班的时间，算好他大概会在何时进电梯，他也在这个时候去坐电梯，希望能遇到老总，有机会可以打个招呼。

他们的同事小C更进一步。他详细了解老总的奋斗历程，弄清老总毕业的学校，人际风格，关心的问题，精心设计了几句简单却有分量的开场白，在算好的时间去乘坐电梯。跟老总打过几次招呼后，他终于有一天跟老总长谈了一次，不久就争取到了更好的职位。

愚者错失机会，智者善抓机会，成功者创造机会。机会只给准备好的人，这准备二字，并非说说而已。

第四节　应对变化的新情况

环境和市场是瞬息万变的，你要以自己的智谋，用变化的视角和心态洞察先机，来应对市场的变化。西尔斯公司正是这样灵活应变的典型，其百年“迭变”充分显示出变化之道的妙用。

百年老店西尔斯(Sears)公司是美国，也是世界最大的私人零售企业。它的下属子公司遍布美国、加拿大、英国、巴西等30多个国家和地区，年销售额高达300多亿美元，是美国最赚钱的公司之一，其发展稳定就连美国通用汽车公司也望尘莫及。

一、创始人：“变”出邮购商品目录

西尔斯公司的创建人叫理查德·W·西尔斯。他原来是美国明尼苏达州北雷德伍德火车站的工作人员。1886年，23岁的西尔斯在一次偶然的机会里，听说当地有个珠宝商有批镀金的怀表要处理。他就东借

西借筹集了一笔钱买下这批怀表，然后以每只净赚2美元的价格转卖给车站的其他人。这次买卖，使他尝到甜头，一下子赚到几百美元。他干脆辞去火车站的工作，开了一家钟表店，并以自己的名字命名为“西尔斯钟表公司”。[①]

一开始，西尔斯就把他的主要销售对象放在农民身上。那时，美国农民购买东西大都是到当地普通商店。这些商店效率低、价格高、品种少。因此，如果有一些价廉物美的商品送下乡，就大受农民的欢迎。西尔斯从转手买卖怀表中得到启发，便四处打听，专门收购一些因积压或欠债而遭扣押的商品。一些商品价格非常低廉，只是因款式不合城里人需要才积压，但对农民来说，式样并不过时。果然，这些积压商品在乡下成了旺销货。

久而久之，西尔斯对农村市场有了更清楚的认识：这是个很特别的市场。当时美国农村比较落后，交通不便，农民的需要与城镇消费者又不相同；农民购买力虽不高，总体上却是一个巨大的市场，要开拓这个市场，非采取一套有针对性的经营方式不可。首先是组织生产和提供符合农村需要的商品。其次是要做到价格适合，供应稳定，产品耐用，还要克服交通不便的困难，准时付货，建立良好的商业信誉。

西尔斯左思右想，也没想出什么好办法。突然，窗外传来熟悉的火车鸣叫声，他想起在火车站工作时，每天都有大量的邮寄包裹通过火车运送。“对了！”他兴奋地拍了一下大腿：如果我利用这不断扩大的铁路网，经营邮购商品业务，向散居在各地的与世隔绝的农民发送邮购目录，邮售各种日用品，不就能解决农民们的信息不灵、与城市相隔太远的难题了吗？

1888年，第一张西尔斯邮购商品目录问世了。不过第一张目录上只有手表等少数几种商品。他的公司设在芝加哥市，随着铁路的开通，芝加哥已发展成经济中心，成了农民向往的大都市，因此公司推荐的邮购商品颇受农民欢迎。不久，第一批邮购的汇款单就寄到公司所在地。西尔斯的这一招果真特灵。他又寄出第二张、第三张邮购目录。

---

① 《商业巨擘西尔斯》。

到了1894年,西尔斯公司的邮购商品目录已经有厚厚的507页了,经营的商品五花八门,什么都有,当然,公司名称也由"钟表公司"改为"西尔斯公司"了。在"目录"的封面上,醒目地写着"世界上最便宜的商品,我们的贸易遍布全球"这两句标准而又吸引人的广告语言。邮购的汇款单像雪花一样飞来。西尔斯确实赚了不少钱。可惜,面对到手的一叠一叠的钞票,他不思进取,不去考虑如何进一步提高服务质量和管理水平,而是考虑如何从每一份汇款单中榨取更多的油水。

鼠目寸光使他的业务量锐减,公司濒临破产,他不得不把公司卖给芝加哥的一个服装商米利雅斯·洛森沃尔德。

二、接手人:首推"保证满意,否则退款"

从1895年起,洛森沃尔德主持和经营西尔斯公司。他接受前任教训,不再光把两眼盯在营业额上,而是想尽办法给客户提供方便,让顾客满意。他针对当时市场的特点,大胆创新,别出心裁地推出一套发展邮购业务的新举措:印发邮购产品手册,并由此建立邮购工厂。从本世纪初起,洛森沃尔德便在西尔斯公司总部所在地芝加哥成立了邮购工厂,采用标准的流水作业方式生产物美价廉的商品,使西尔斯公司开始成为工贸一体化的正规企业。

为了取得农民的信任,公司以"农民之友"为号召,制定了"保证满意,否则退款"的销售政策,定期印发货真价实的邮购商品手册。手册中所列邮购商品事先都经过深入的调查研究,均系农民所需产品,从生产工具到衣袜鞋帽、锅碗瓢盆,一应俱全。洛森沃尔德建立了高效的组织管理系统,让管理人员既有应有的权力,又担负起明确的责任。他的经营原则是既要物美又要价廉,真正做到成本尽量降低,售价最便宜,薄利多销,此外品质要保持最好的。"如不满意,原款退还",使农民消除了害怕上当的心理,不仅使西尔斯闯出了响当当的名声,而且把长期以来买方提心吊胆的情况转变为卖方谨慎从事的局面。这些独到的创见和做法,给农民极大的便利,赢得了他们的信任。

西尔斯公司与各主要制造商还建立起了一种与其说是购买,不如说是代理的特殊关系，从而保证了质高价廉的商品源源不断提供给消费者。洛森沃尔德的经营战略迅速扩大，1900年西尔斯的营业额仅110万美元，10年后增长为6100万美元，再过10年到了1920年，已增长到了2.45亿美元。因此，西尔斯公司的业务蒸蒸日上，发展迅猛。洛森沃尔德这一套管理办法为西尔斯的进一步发展奠定了基础。

三、伍德：建新型城郊购物中心和进行连锁经营

20世纪20年代中期，一个名叫伍德的退役将军加入西尔斯公司，并接任公司的经理。伍德早年在西点军校学习，毕业以后到菲律宾服役，又到巴拿马参加当地的开发计划。第一次世界大战晋升为将军，主持军需物资的供给、采购及运输，得到过联邦政府勋章。这时市场已出现了新变化：农民有了汽车，进城买东西非常方便，不再和城市隔离了。伍德在进入西尔斯之前就做好了调查分析，早已成竹在胸。他针对当时美国市场的变化，尤其是农村市场的变化，采取了新的经营策略，紧随市场变化而变化。他一方面继续抓好邮购商业，另一方面，则以更大力量着重发展门市零售——零售商店，扩大服务对象，同时为城市居民和农村消费者服务。从1925～1929年，西尔斯陆续开设了324家零售店铺，到1931年，零售营业额已经超出过去邮购销售的营业额。

1926年，西尔斯公司在城郊建立了第一家零售商店，把原来以邮购为主改变为以经营百货零售商店为主，并努力满足驱车而来的农民和城里中等收入阶层居民的需要。为此，公司经营的商品范围进一步扩大，除日常生活用品外，还增加了厨房用具、电冰箱等各种电器。

零售业务需要大量的管理人员，而前一阶段成功的邮购业务，并没有也不可能为公司培养商店管理人才。伍德在他任公司经理的头十几年时间里，对提拔、挑选、培养人员的工作，抓得紧而又紧。这种重视培养人才的作风，西尔斯公司一直延续至今，成为西尔斯公司不断发展，不断成功的重要因素。另外，邮购业务是高度集中的，不多的邮购业务即可供应全国，而遍布纵横几千里美国大陆上的零售商店，却不能事事均由总公司领导亲躬，必须有更有效、更合理的管理层次，各地区商店的独

立经营和公司的统一领导，又是缺一不可。既要实现中央集中采购，又要多店铺分散销售，因此伍德采用了采购部门的集权管理与销售部门分权管理相结合的新的经营组织。1948 年西尔斯公司的最高管理机关是董事长、负责商品的副董事长，负责人事的副董事长以及负责计划与控制的五人小组与各地域事业部长（副董事长）组成的联合管理机构。

经过销售和管理制度改革后，西尔斯公司的工作效率迅速提高。与此同时，伍德还实施了一系列重大改革措施，其中最重要的就是连锁经营体系。连锁商店是在同一资本下经营性质相同的店铺的综合体，它们挂同样招牌，用同一店名，陈列和装潢形式也基本相同，经营的商品类别大体一致。连锁商店因其规模巨大，可以统一进货（进价可大大降低）统一宣传（巨额广告费分摊到每一店铺的费用又很小），在激烈的商业竞争中必然处于有利地位。西尔斯连锁商店不仅在美国本土上获得很大发展，其触角还延伸到加拿大和欧洲。

20 世纪 50 年代初期，西尔斯公司又首创了新型城郊型购物中心。融商业、服务业、娱乐业为一体的购物中心，甚受世人欢迎，很快遍及美国。郊区型购物中心的出现，不仅是商业设施上的一大改革，而且对美国消费者的购物习惯、生活方式甚至城市面貌的形成都产生了很大的影响。伍德于 1954 年退休。在他任职的近 30 年里，他是西尔斯公司的绝对统治者。西尔斯在他的苦心经营下，已确立了现代商业企业的雏形。

四、集体智能把握市场脉搏

伍德之后，西尔斯公司延续了由他所设立的管理机制，由一个主席、一个总裁和一个执行副总裁集体领导，而且 5～7 年就换上新一任领导。人事的定期变动使西尔斯的经营方式也随之变化，从而使西尔斯公司始终保持活力，能随着美国人口构成和家庭模式的变化而及时采取相应的经营策略。公司特别注重了解美国的家庭，并不断地分析和研究美国家庭未来的变化会有什么新的要求，然后设计和生产相应的产品。

在 20 世纪六七十年代，年轻知识分子的家庭逐渐支配了美国市场，他们的需求和消费量增长最快。西尔斯公司敏锐地看到这一市场新变化，迅即推出相应的措施，以适应年轻人对教育、保健、旅游及财务咨询和业务辅导等方面的新的要求。公司经营的范围也在不断扩大，除提供厨房用具一类商品外，同时又是世界上最大的钻石商和美国最大的书商之一，甚至是一个艺术品的大买家和大卖家。

由于西尔斯公司坚持以市场为中心、顾客至上的经营方针，公司发展异常迅猛。到 20 世纪 70 年代初期，公司在美国和世界各地的零售商店已发展到 2000 多家，年销售额达 200 多亿美元，成了世界上最大的以零售为主的现代化商业企业。它还投资于 31 个公司，这些公司生产和供应的产品占西尔斯销售额的 28% 左右。

五、特林："跟上时代，着眼未来"

20 世纪 70 年代中期爆发的一场严重经济危机，使当时在经营上过分侧重为上流社会服务的西尔斯公司受到巨大冲击。它在美国零售市场上所占的比重下降，从 1967 年的 9.3% 下降到 70 年代末的 8.2%，年销售额也下跌到 200 亿美元，西尔斯公司的财务面临空前的困难。

就在西尔斯陷入困境的严重关头，在西尔斯工作 32 年之久的特林，受命于危难之中，在 1979 年当上了西尔斯公司的董事长兼总经理。

特林上任后的第一项措施，就是对公司的组织进行大刀阔斧的整顿。他认为，要改变西尔斯以老大自居、不求进取的状态，使它跟上时代的步伐，一定要大胆地提拔那些比较年轻、有开创精神、不怕承担风险的人。他首先把一位年仅 46 岁的地区分公司经理布伦南提到分管全公司商品销售的重要岗位上，全权负责重组公司商品部。接着，又让 55 岁以上、工作无多大起色的经理人员提前退休，让有干劲、有志向的年轻人来接替。这样，仅在 1980 年，公司商品部就有 1500 名经理人员提早退休。

与此同时，特林坚决把国内外那些经营不善的商店和子公司统统关闭、变卖，不管它开办有多久，也不管它是否是新创办的。从 1979 年到 1982 年，西尔斯关闭的商店就有 200 家左右，连 1925 年开业的赫赫有名的芝加哥劳代尔区零售商店也不能幸免。经过这番整顿，公司变得更加精干有力了。

特林深知，顾客的信任是无价之宝，是商业企业取得成功的生命线。因而，他在总结前人经验的基础上，提出了一系列争取顾客信任的措施。

为了及时准确地了解顾客的要求，特林领导西尔斯公司设立了美国规模最大的居民需求调研部。每天公司营业结束后，分设在全国各地的销售网点必须在当天晚上，把当日销售的商品的种类、品名、数量、花色、厂牌名称和价格等，用电子计算机统计出来，电报总公司。调研部收到各销售网点的报告后，立即对上述各种情况进行分类统计，并据此对市场销售趋势和顾客的爱好进行分析，对货物的增减提出建议。第二天早上，7点刚过，当西尔斯公司的决策者走进办公室，打开计算机终端的显示屏时，他们想知道的东西都呈现在眼前，从而能迅速地做出正确的决策。

要赢得顾客的信任，就要有值得顾客信任的商品。为了确保商品质量，西尔斯专门选派366名采购员和302名技术员，到供应西尔斯公司产品的生产线进行监督。供应商的产品必须符合西尔斯公司的产品检验标准，为此，特林专门在西尔斯大厦设立产品实验室。产品实验室拥有138名工程师和技术人员，每年对大约1万种产品进行测试。为了检验床垫的耐用程度，他们用重达225磅的木制圆筒在床垫上滚10万次；为了检验皮靴的耐穿性能，他们将皮靴在水池里浸泡或是穿在自动行走机上检验数小时；为了保证抽水马桶的可靠性，他们让它连续工作10万次，每次1分钟。每样商品检验合格了，才准许摆上柜台出售。

即便这样，仍难以避免有个别不符合质量要求的商品被卖出去。因此，为彻底消除消费者的顾虑，西尔斯重申创办初期提出的“保证满意，否则退款”的口号，并增添了新的内容：对退回来的东西从不争论，收回任何原因退回来的商品。

这样一来，个别顾客偶尔也会滥用这一制度，如把磨得不像样的鞋退回来，把已用了6个月的泡沫材料家具拿来退……但西尔斯仍毫无怨言，微笑地收下。因为他们相信：在生活节奏明显加快的今天，这类顾客毕竟是极少数。而且，他们这样的服务，会使这些顾客去买其他不会退回的商品。更重要的是，此举为西尔斯赢得了用金钱也买不到的良好声誉。

特林在公司的经营上提出一个响亮的口号:“跟上时代,着眼未来。”西尔斯公司历史悠久,许多零售商店坐落在老商业区,随着时代的变化,其中不少店铺的建筑结构和内部设施,与现代工业生产出的新型商品很不相称,以致难以吸引更多的顾客。为了改变这种状况,特林批准了布伦南提出的“未来的商店”的计划,决定投资17亿美元,对600家商店进行装修改建,并新建62家现代化商场。这些“未来的商店”,采用协调的颜色、柔和的灯光和美丽的天花板装饰,商店里建有更多的陈放货物的侧廊,商品按现代人的生活方式和习惯排列,陈列得更为得体显眼。

时装模特儿穿着世界著名的时装公司生产的时装,亭亭玉立,凝视着顾客。为了方便自选购物,商品标签上印着更为详细的商品介绍,还配备有新的现金收入记录机系统,结账时间从平均3分钟缩短到1分半钟。总之,“未来的商店”为顾客提供了更为舒适的环境和更为周到的服务,以吸引顾客到西尔斯商店消费更多的金钱。

曾为西尔斯立过汗马功劳的邮购业务,也随着时代的前进而进一步完善。西尔斯的邮购对象面向全国,邮售的商品目录已增加到1000多项,并在全国各地设立了2383个利用商品目录进行销售的中心。

特林不仅把目光停留在传统的商品上,而且努力扩大经营范围,使公司向多元化经营的方向发展,从而大大提高了公司抗风险的能力。1981年,西尔斯大胆地介入金融服务业,花巨额资金买下两家金融公司,成立西尔斯金融服务部,经营提供信贷和销售股票的业务。由于经济实力强大,它深得顾客信任,仅1983年,就获利7亿美元。此后,特林又制定扩展金融服务的大胆战略:把公司的信用卡变为借记卡,这样就能自动从储蓄账户上扣除购买商品的价款。此外,西尔斯还成立了“西尔斯通讯网公司”,提供长途电话服务,使用电话的顾客的电话费,可以在每个月西尔斯开给他们的账单内支付。

经过特林几年的苦心经营,西尔斯冲出了困境。西尔斯重展世界头号商业企业的雄姿,生意兴隆,利润上升。1983年,它的营业额达到近360亿美元,超过了杜邦、通用电气、海湾石油等美国大公司,仅次于国际商用机器公司和德士古公司,居美国第三位。在1.28亿美国成年人中,每4人中就有3人到西尔斯公司的商店购物,有6300万人持有西尔斯的信用卡，每人每年平均到西尔斯购买500美元物品。西尔斯这家历经百年沧桑的老店成了美国人心中最理想的购物天堂。

六、布吉克：减员增效

商场中难有永远的成功者，1983年的西尔斯公司在创造了一个历史新高后，却随即走入了一个低谷。1984年起，营业额年增长率只相当于美国商业零售总额平均增长率的一半，1986年西尔斯公司的总营业额只有270多亿美元，获利比上一年减少18.7%。

1987年元旦，西尔斯公司再次发生重大人事变动，西尔斯公司的加拿大分公司经理麦克尔·布吉克担任公司总经理，而加拿大分公司在西尔斯集团中仅属支流，所以布吉克的升职堪称为破格提拔。

布吉克上任后不久，就仔细分析了西尔斯走下坡路的原因。① 布吉克认为就公司内部而言，主要有以下三个方面的问题：一是商品储运手段老化，设备陈旧，技术落后，使公司的商品储运费用竟占了总销售额的8%，而与西尔斯类似的美国其他商业公司的此项比例还不到3%。二是经营方式呆板，不够灵活，跟不上形势的发展。西尔斯连锁店过去采取的是"平均的美国人"的特点，各分店经营方式及至商品类别，陈列形态力求统一，其优点是便于管理，但随着美国人消费习惯的变化，上述经营方式明显落伍。三是公司总部官僚习气严重，偏于守旧。

布吉克找到问题的症结之后，于1987年就对此进行了大刀阔斧的改革，他把分布在美国各地的12个大型商品仓库砍掉了5个，解雇了5700名仓库冗员，保留下来的仓库运输队伍，也加以整顿，物流系统力求合理化、科学化和高效化，并按地区和市场要求建立专门商店或柜台。

布吉克不负众望，在采取一系列措施之后，西尔斯公司当年就摆脱了困境，再次走上了兴旺发展之路。1987年营业额达480多亿美元，比1986年增长了77.8%；1989年公司总营业额已达539亿美元，比1986年增长了差不多一倍。业务范围也迅速扩大，连汽车服务、家具租赁、住

① 《世界上最大的私人零售企业——西尔斯》。

房维修和扩建也囊括手中。据统计,美国人日常的商品消费,西尔斯控制了8.8%,7个美国家庭中,至少有一个使用的是西尔斯的信用卡。

七、马丁尼兹:把"小零售"做成"大买卖"

西尔斯公司并没有因为它是当今世界上最大的百货公司而一帆风顺。转眼到了1992年,西尔斯公司又一次遭遇严重危机:亏损39亿美元,著名的西尔斯塔楼也更换了主人,支撑西尔斯的几个主要金融部门——Allstate保险公司、Coldwell银行家地产以及Discover信用卡都已濒临破产的边缘。当时的西尔斯百货店里不但品种单一,而且都是陈年旧货,门庭冷落的状况让人心生怜悯。

这时,原本就职于赛克斯公司的亚瑟·马丁尼兹,一位与富商名流们并肩行走在纽约第五大街的高级经理人入主西尔斯属下的商品零售公司,并决定了西尔斯公司今后的发展。

为了制止局势的恶化,马丁尼兹来不及多想就立刻关闭了113家经营不善的百货商店,裁减了5万名西尔斯员工。他甚至终止了西尔斯的批发业务,尽管这一业务曾经是西尔斯发展的源泉。接着,马丁尼兹亲自接管了西尔斯的百货业,并重新为西尔斯的百货店进行定位——面向美国中年妇女。于是,西尔斯百货店的走廊里挂满了各种时髦的女装,门前也张贴出女性味十足的广告——"我们比你想象得更温柔。"

这一招果然奏效,西尔斯这只快要灭绝的"恐龙"(1993年《财富》给IBM、通用汽车、西尔斯三家公司的封号)终于重现往日威风。1996年,西尔斯年营业额高达382亿美元。利润增长的原因并不是由于缩减开支,更主要的是因为西尔斯百货店在每种商品市场都占据了可观的市场份额。1995年马丁尼兹出任了西尔斯的执行总裁。从此,西尔斯的股票就一路扶摇直上,其火爆走势让可口可乐、迪斯尼这些曾被马丁尼兹视为典范的老牌劲旅都相形见绌。马丁尼兹说:"直到现在,我们才有权思考西尔斯的下一步发展。"

西尔斯的复兴并没有给马丁尼兹带来多大兴奋,他说:"'复兴'只是财政上的复苏。当你把一家出轨的公司重新带回到赛道上,你的任务就完成了。但‘转型’则蕴含着更深刻的内涵。你得改变公司的基础框架，学习使用新的经营方法。更重要的是你得让你的员工去适应新的工作环境，要让他们敢于冒险和创新。一个成功的企业家必须有勇气承认变化，得先学会适应这种转变，然后设法在新领域中再次领先。”

1997 年，西尔斯制订了与往年截然不同的发展计划，在计划开办的 380 家商店中只有 22 家是百货店，其他 358 家都是独立经营的专卖店，出售工具和汽车配件等。马丁尼兹解释这一做法时说：“我不想把西尔斯建成一家大百货商店。”但这并不意味着西尔斯要放弃百货销售，西尔斯的 821 家百货店已遍布美国各大城市的主要商业购物街。这么做的主要原因是“一旦我们在百货业遇到麻烦，我们不至于无路可退”，马丁尼兹说。

西尔斯的目标曾经是“价格适中的百货零售公司”，然而西尔斯的新目标已改变为“消费服务业的一面旗帜”，马丁尼兹决心摒弃过去的那种狭隘的“零售模式”，而要像可口可乐、迪斯尼和通用电气那样做“大买卖”。

在西尔斯开展的 200 万人的市场调查中，有一个问题是不变的：“您认为西尔斯有资格进入哪些领域？”在征得顾客“同意”的前提下，西尔斯开始了五金、家电和汽车配件的销售。事实上，西尔斯在 10 年前就有开办五金店的计划，但由于遭到百货店经理们的反对而被迫放弃。这一回，西尔斯却要把五金业作为西尔斯发展最强劲的引擎，尤其是家庭仓库（Home Depot）的五金销售取得成功后，西尔斯的这一决心就更加坚定了。当马丁尼兹发现加利福尼亚州的一家五金连锁店生意异常火爆时，他立即把它收归自己的名下。这家名叫果园供应（Orchard Supply）的五金店由于具有尊重顾客，敢于革新的企业文化而成为西尔斯横扫五金业的“铁甲战车”。

在五金业站稳脚跟后，西尔斯又把目光投向经销业，如德克萨斯州的 Eagle Pass 和明尼苏达州的 Thief River Falls，这些经销店已成为西尔斯增长最快的零销单元。1993 年，西尔斯关闭了遍布美国乡村的 2200 家批发店，这些批发店不仅耗费了大量资金而且盈利微薄。几年来，马丁尼兹一直在尝试通过各种方式保持西尔斯在美国乡村的大众品牌形象，开设经销店不失为一种最佳选择。

这种小型的经销店几乎不需要西尔斯的投资，只需花上 1 万美元就可以把西尔斯的蓝色标志印到经销店的大门上。不过，西尔斯对这些经销店没有所有权和经营权，它所要做的只是提供货源、制作广告和控制价格。商店的运作资金及证券股票都由当地的经销商负责，他们从营业收入中提取经办费，其余的货款都交还给西尔斯。

西尔斯还有一支"快速反应部队"——西尔斯家庭服务部。这是一支由上千名服务队员和运载卡车组成的强大兵团。从家电维修到病虫防治，他们几乎无所不能。依靠为顾客安装洗衣机、翻新厨房壁橱或是修补屋檐，西尔斯家庭服务部每年的营业额已达 30 亿美元。西尔斯家庭服务中心的广告语是："别问我们能做什么，告诉我们您想做什么。"这支"特种部队"在多个不同领域同时出击，为西尔斯开辟一个拥有成百上千亿美元消费潜力的巨大市场。

与其说马丁尼兹改变了西尔斯，不如说他改变了西尔斯的人。曾在西尔斯任职 32 年的现任执行副总裁比尔·萨特尔说："过去西尔斯的管理层大多是'近亲繁殖'，而亚瑟做的最重要的一件事就是为我们带来了各个领域的专家能手。"

马丁尼兹任用的多数高级主管在步入西尔斯以前都从未涉足过零售业。西尔斯的执行副总裁盖斯·潘哥尼斯曾是一家三星级饭店经理，海湾战争期间曾参与策划过美军的物资供给，他现在是西尔斯的后勤主管。[①] 行政主管拉丹·鲁兹来自巴克斯特国际医疗器械公司，他同时也是西尔斯非官方的文化部长。49 岁的市场营销主管约翰·科斯特罗是马丁尼兹的品牌布道士，经他宣传的商品无一例外地受到了顾客的青睐，他的名言是："你的对手也许能盗用你的经营策略，但他们却偷不走你的品牌。"

当西尔斯信贷卡业务部的主管简·汤普森申请要转到西尔斯汽车轮胎及配件部时，马丁尼兹却让这位女强人到家庭服务部去。他说："汤普森对家庭服务业一无所知，但我知道她会从市场的角度出发来看待她

① 《谁是最好的管理者》。

的新工作。西尔斯有很多杰出的管理者，但我需要有人从外面看进来，那也许会是另一种感觉。”正是这另一种感觉，使汤普森把家庭服务部做成美国最大的家庭服务中心。

当西尔斯把触角伸向越来越多的新领域时，企业发展的道路也日渐崎岖。马丁尼兹告诫部下：“尽管我们已取得了转型变革的胜利，但我们不能有片刻停息，因为我们目前的制胜策略很快就会被新的形势所淘汰。”

正因为此，在新的经营方式出现时，西尔斯公司及时把握，他们与另一零售业巨头家乐福(Carrefour SA)组建了一个基于因特网的供应交易所，并允许零售商及其供应商进行网上交易，从而大大地减少了交易成本。几乎可以预见的是，只要市场在变，西尔斯也会变，其辉煌还会继续下去。

八、应变的不变之道

西尔斯在变化莫测的市场中屡次遇到危险境地，但却都能很快走出困境，通向成功，这不是偶然，不妨让我们来看看其有哪些不变的应变之道。

——品牌运营。这是资本运营的一种重要方式，是指利用品牌的独立价值，也就是在社会上享有的信誉支配其他社会上的产品资源，使资本包括品牌自身都得到增值。根据这一原理，一些知名流通企业都有自有的品牌，西尔斯公司90％以上的商品都以自己的品牌销售。

——对本业的执著。在一般人的心目中，零售业无非就是做买卖，你买我卖，如此而已。但事实上，成功的零售业企业会在自己的领域琢磨出新的东西来，这就要求其领袖必须有坚忍的意志、灵敏的头脑和现代化的管理。而在西尔斯的背后，更凝聚着几代经营者敏锐的眼光、辛勤的汗水和卓越的管理技巧。

——随机应变。从1886年至今的百余年间，西尔斯公司经历了美国社会生活的几次大变革。它虽在采用尖端技术领域并无令人瞩目的贡献，但却跟上了潮流，在稳定中增长和发展，对美国消费者的购物及生活方式，都产生了很大影响，并成为美国经营最成功和最赚钱的企业之一，以致它在西方商业界享有“零售业科学院”之誉。归纳起来，西尔斯公司成功的主要经验是：决不墨守成规，随形势变化而变化。

第五节　变者有术

随机应变的“变”不是漫无边际地变化，事实上，变化的主动权有时不在你的手中，你所做的应该是随市场而动，而不是自己的盲目行动。

一、看陨落的名牌

十年前，盖普勒公司曾经来中国做过一项调查，调查得出了一个惊人结论：“未来五年，中国现有的企业品牌中有80%将会面临死亡的命运。”

这个恐怖的预言，人们觉得有哗众取宠的味道。然而，回首过去，我们惊奇地发现，这个预言已实现大半。

宝洁公司是最早进入中国并实现本土化的跨国企业，市场份额从鼎盛时的65%掉到了37%；而轰轰烈烈的旭日升，曾冠霸中国茶饮料市场，占据高达70%的市场份额，如今，它在哪里？太阳神、巨人、飞龙、三株、爱多，一个个曾经如日中天的品牌，无一例外地都走向了衰败。

它们曾在中国市场风风火火、轰轰烈烈，曾摇起中国民族资本复兴之路的大旗，然而，好景不长，由于战略上种种失误，使他们跌入了万丈深渊，从此一蹶不振，品牌价值消失殆尽！为此，《财经时报》曾排出中国10大陨落名牌排行榜，以警示后来者！

①旭日升

②小鸭

③秦池

④活力28

⑤爱多

⑥巨人集团

⑦三株

⑧乐华电子

⑨太阳神

⑩春都

这些品牌:万家乐、飞龙、牡丹、雪花、万燕、美加净、孔府家酒、乐百氏等都曾经在中国市场叱咤风云,但现在它们大多已从人们眼中失踪了;有些还在市场的罅缝中苦苦挣扎,但对消费者来说也消失得无影无踪。

1.一石击起千层浪

2004年2月至4月,"山东小鸭集团寻求战略合作伙伴"的产权出让公告一直挂在济南产权交易所的网站上。

2004年年初,ST小鸭发布了一则公告:宣布ST小鸭的重组方案获股东大会通过,公司注册名称由"山东小鸭电器股份有限公司"变更为"中国重型汽车集团济南卡车股份有限公司"。在股市上跌跌撞撞了4年之后,小鸭电器原大股东山东小鸭集团成为首家告别股市的家电企业。

曾经荣获"中国驰名商标"的"小鸭",在产品市场也遭遇重创。来自赛诺家电零售监测的信息显示,高档洗衣机市场份额大部分被国际品牌占领,包括小鸭在内的国产领导品牌的占有率逐年下降。

与"小鸭"的经历类似,从中国"名牌"榜上"消失"的还有:旭日升、三株、活力28、秦池、春都、太阳神、巨人集团、乐华电子等。

名牌的"消失"或衰退,让人想起一句古诗:众里寻他千百度,蓦然回首,那人却在,灯火阑珊处。

2.不善变化的结果——内忧加外患

分析其原因,无怪乎两种状况:内忧,外患。

"外患"更多表现在名牌企业的合并重组。比如,1996年,活力28集团公司与德国美洁时合资,"活力28"被雪藏7年。中国日用化学工业研究院教授、中国日化信息中心副总编辑罗希权分析说:"将中国的知名品牌买过去弃之不用,以达到消灭竞争对手的目的,是外资公司的惯常做法。”原来有相当市场占有率的北京熊猫、天津加酶等知名品牌洗衣粉也被外资公司以同样的手段扼杀。

“内忧”则被看作是管理的失败。管理大师西奥多·莱维特称之谓:营销短视症。在莱维特看来,增长受到威胁并出现减缓或停滞的状况,其原因都不是因为市场饱和了,而是因为管理的失败。

为了弄清名牌“消失”背后的阴影,《财经时报》重新追踪了三个案例:小鸭陨落、旭日升之痛、中华牙膏起死回生。该刊走访了不少战略、管理、品牌及营销方面的专业人士,如国务院发展研究中心市场经济研究所市场咨询中心主任陆刃波,战略规划与品牌营销顾问刘威(knew way),brand insight 品牌管理(上海)有限公司董事、品牌策略专家何晓,厦门基业长青营销顾问有限公司董事、总经理兼首席顾问游昌乔,北京华盛时代广告有限公司总经理、著名品牌营销专家李光斗,正一堂策略机构首席品牌顾问赵一鹤、Interbred 品牌咨询公司资深顾问许雷平、深圳润迅品牌推广部高级经理乔运生等。

关于名牌的“消失”,各种声音错综复杂,但是,在多方查询之后,该刊得出的是一个更清晰的声音,那就是:“内忧”大于“外患”。这种“内忧”是不能随机应变的结果。

3. 三大内忧

——从战术到智谋上的缺失。品牌营销顾问刘威认为,“各领风骚两三年”,不正常的原因在于品牌管理缺位。具体而言有两大层面:在集团智谋层面,缺少明确的品牌使命,不具备品牌组合的管理能力,对品牌组合成长路线缺乏周密规划,品牌组合的协同效应作用不够,没有建立品牌聚焦型组织,业务流程不以品牌为导向,品牌业绩管理体系残缺是主要问题;在智谋经营单位品牌管理层面,缺乏科学。

——盲目多元化。为了最大限度地发挥品牌效应,于是无节制地进行品牌延伸。厦门基业长青营销顾问有限公司董事、总经理游昌乔把春都作为一个典型案例来分析,春都曾以会“跳舞的火腿肠”红遍大半个中国。但在经营上取得一定业绩后,春都为了取得更快的发展,在发展养殖、饲料加工、包装等传统项目的同时,闪电出击,先后在医药、茶饮料、房地产等多个经营项目上投巨资,并跨地区、跨行业收购兼并十多家扭亏无望的企业，走上了一条一体化与多元化同时并举的发展道路。由于企业投资的经营项目繁杂，相互间又不关联，结果背上了沉重的包袱，走上了下坡路。

——激进变革引发公司治理崩塌。除了旭日升的激进变革之痛外，另一个激进变革失败的案例是乐华。游昌乔认为，直接导致乐华兵败的就是一场暴风骤雨般的“渠道改革”。乐华改革的主题就是“砍掉分公司，实行代理制”。这场冒进的渠道变革，造成此后半年乐华彩电销售收入大幅锐减，并引发债务等系列危机。

二、适时调整

在变化的世界面前，你所要做的是以敏锐的洞察力加上自身的智谋力，做出最合时宜的判断。诺基亚(Nokia)是一个适时进行战术演变的例子。数字本身就能说明问题。1984 年，芬兰赫尔辛基 OY 诺基亚公司(OY Nokia AB)60%的收入来源于造纸、橡胶、化学药品、塑料、重型机电设备和电缆生产。1994 年，集团 5.8 亿美元的净收入中有 86%来自电信设备和消费电子产品的销售。

诺基亚现在是欧洲三大领先的电视接收器生产商之一。它在国际电信联盟列出的前 20 名电信设备公司中名列前茅。

尤其是最近五年，诺基亚已经奠定了自己在移动通讯方面的领先地位。该公司自称在生产袖珍数字和模拟移动电话、复杂的中央交换机系统、地面通讯系统以及与之配套的无线电发射机和接收机方面数一数二。

但是，出于典型的芬兰式谦虚传统，该公司避而不谈它的成就有什么特殊之处。公司总裁兼行政总监奥利拉(Jorma Olila)总是说，他们并没什么“宏伟计划”，公司特性的变化是“为了实现公司一致认可的战略目标而逐步实施的战术演变”。

奥利拉承认，除了某些管理培训外，公司从不外聘顾问来帮助实现公司在文化和生产标准方面的重要转变。[①] 管理培训也只是因为诺基亚

① 《欧洲的最佳管理之道》。

认定它的业务是设计、制造和销售产品,而不是为了需要一个培训部。

诺基亚的演变是20世纪70年代后期,几乎是悄悄开始的。当时公司正进行一个工程项目,建造一个覆盖芬兰、瑞典、挪威、丹麦和冰岛等所有北欧国家的蜂窝式电话网络。项目顺利成功后,诺基亚就此建立了为北欧电信网生产移动电话和发射机的工厂。

20世纪80年代,诺基亚购进了芬兰的电视生产商所罗拉公司(Solora)、飞力公司(Finlux)和卢克索公司(Luxor),德国的消费电子组件公司洛伦茨标准电气股份公司(Stanard Electrik Lorenz),芬兰的移动电话制造厂摩比拉公司(Mobira)和英国的泰克风公司(Technophone)以及坦迪公司(Tandy Corp.)在美国和韩国的移动电话工厂等专业企业,从此公司的变革步伐不断加快。

奥利拉1992年就任总裁兼行政总监后,这种变革出现了重大突破。此前他一直管理诺基亚的移动电话公司。公司的高级经理说,他的任命预示着公司从一个多种经营的企业集团向单一经营的电信集团转变的开始。

奥利拉只是说,这种转变完全是根据电信市场有增长最快的潜力这一估计做出的。他补充道:"这一决策反映了公司全体员工的心愿和公司长期积蓄的能力。"

如果说公司内部曾有变革阻力的话,外界人并不知情。不过,这种转变确实曾重组了诺基亚的管理机构。其目的是为了使结构扁平化以缩短遇到问题时做出反应的时间,同时简化决策过程。公司的业务组从1990年的6个下降到目前的3个。

三、不断革新

1878年10月,美国著名的发明家托马斯·爱迪生建立了爱迪生电灯公司,1879年,爱迪生电灯公司与爱迪生的另外几个公司合并,组建了爱迪生电力照明公司,1880年,公司生产的白炽灯正式上市出售,1900年,GE商标完成注册。

在通用电气的发展历程中,爱迪生不断创业和革新的优良传统得到了很好的贯彻。在美国,GE 建立了第一个用于基础研究的工业实验室,率先将多学科小组的研究方法用于工业研究。

韦尔奇的管理思想和实践应该说和 GE 的革新精神是一脉相承的。上任伊始,韦尔奇说:"我最大的挑战将是如何用最多的资金投入到最赚钱的业务,同时避免错误的投资。"①

根据这一思想,GE 把高技术性和技术服务性业务确定为核心业务。在随之而来的改革中,公司只保留那些可能在全球市场上居第一或第二位的业务部门,其余的一律被整顿、关闭或卖掉。

与 GE 相似,可口可乐也是一个老字号但永葆活力的品牌。一是长期的企业形象目标的确立和实现,是其成为世界最有价值品牌的基本战略。二是优秀的企业制度建设和文化传统是其长盛不衰的重要保证。可口可乐创造过许多大胆的制度和优秀的传统,如装瓶特许权制度、独具特色的联营制度、控制家族继承制等。三是巧妙、大手笔的营销策略使公司不断开发出新的增长点。四是永远的进取精神,是可口可乐长期成功的源源不断的动力。可口可乐虽然现在仍然位居世界最有价值品牌的领头羊位置,但却从不满足现状。正是这种孜孜以求的进取心,使得可口可乐在新的挑战面前永不言败。

第六节　面对危机

在市场经济条件下,处于动态环境中的个人和企业,危机是不可避免的,关键在于如何积极应对、妥善处理。

一、成功应对危机——美国强生公司泰诺药片中毒事件

美国强生公司因成功处理泰诺药片中毒事件赢得了公众和舆论的

① 《百年老店的秘密》。

广泛同情，在危机处理历史中被传为佳话。[1]

1982年9月，美国芝加哥地区发生有人服用含氰化物的泰诺药片中毒死亡的严重事故，一开始死亡人数只有3人，后来却传说全美各地死亡人数高达250人。其影响迅速扩散到全国各地，调查显示有94％的消费者知道泰诺中毒事件。

事件发生后，在首席执行官吉姆·博克(Jim Burke)的领导下，强生公司迅速采取了一系列有效措施。首先，强生公司立即抽调大批人员对所有药片进行检验。经过公司各部门的联合调查，在全部800万片药剂的检验中，发现所有受污染的药片只源于一批药，总计不超过75片，并且全部在芝加哥地区，不会对全美其他地区有丝毫影响，而最终的死亡人数也确定为7人。但强生公司仍然按照公司最高危机方案原则，即“在遇到危机时，公司应首先考虑公众和消费者利益”，不惜花巨资在最短时间内向各大药店收回了所有的数百万瓶这种药，并花50万美元向有关的医生、医院和经销商发出警报。

对此《华尔街日报》报道说：“强生公司选择了一种自己承担巨大损失而使他人免受伤害的做法。如果昧着良心干，强生将会遇到很大的麻烦。”泰诺案例成功的关键是因为强生公司有一个“做最坏打算的应对危机方案”。该计划的重点是首先考虑公众和消费者利益，这一信条最终拯救了强生公司的信誉。

事故发生前，泰诺在美国成人止痛药市场中占有35％的份额，年销售额高达4.5亿美元，占强生公司总利润的15％。事故发生后，泰诺的市场份额曾一度下降。当强生公司得知事态已稳定，并且向药片投毒的疯子已被拘留时，并没有将产品马上投入市场。当时美国政府和芝加哥等地的地方政府正在制定新的药品安全法，要求药品生产企业采用“无污染包装”。强生公司看准了这一机会，立即率先响应新规定，结果在价值12亿美元的止痛片市场上挤走了它的竞争对手，仅用5个月的时间就夺回了原市场份额的70％。

强生处理这一危机的做法成功地向公众传达了企业的社会责任感，

---

① 《危机处理的启迪》。

受到了消费者的欢迎和认可。强生还因此获得了美国公关协会颁发的银钻奖。原本一场“灭顶之灾”竟然奇迹般地为强生迎来了更高的声誉，这归功于强生在应对危机中高超的智谋。

二、不完全成功的应对——比利时和法国可口可乐中毒事件

1999年6月9日，比利时120人(其中有40人是学生)在饮用可口可乐之后发生中毒，呕吐、头昏眼花及头痛，法国也有80人出现同样症状。[①] 已经拥有上百年历史的可口可乐公司遭遇了历史上罕见的重大危机。在现代传媒十分发达的今天，企业发生的危机可以在很短的时间内迅速而广泛地传播，其负面作用可想而知。

可口可乐公司立即着手调查中毒原因、中毒人数，同时部分收回某些品牌的可口可乐产品，包括可口可乐、芬达和雪碧。一周后中毒原因基本查清，比利时的中毒事件是在安特卫普的工厂发现包装瓶内有二氧化碳，法国的中毒事件是因为敦刻尔克工厂的杀真菌剂洒在了储藏室的木托盘上而造成的污染。

但问题是，从一开始，这一事件就由美国亚特兰大的公司总部来负责对外沟通。近一个星期，亚特兰大公司总部得到的消息都是因为气味不好而引起的呕吐及其他不良反应，公司认为这对公众健康没有任何危险，因而并没有启动应对危机方案，只是在公司网站上粘贴了一份相关报道，报道中充斥着没人看得懂的专业词汇，也没有任何一个公司高层管理人员出面表示对此事及中毒者的关切。此举触怒了公众，结果，消费者认为可口可乐公司没有人情味。

很快消费者不再购买可口可乐软饮料，而且比利时和法国政府还坚持要求可口可乐公司收回所有产品。公司这才意识到问题的严重性，事发之后10天，可口可乐公司董事会主席和首席执行官道格拉斯·伊维斯特从美国赶到比利时首都布鲁塞尔举行记者招待会，并随后展开了强大的宣传攻势。

---

① 《雷区——企业不得不面对的危机公关》。

然而遗憾的是，可口可乐公司只同意收回部分产品，拒绝收回全部产品。最大的失误是没有让比利时和法国的分公司管理层充分参与该事件的沟通并且及时做出反应。公司总部的负责人员根本不知道就在事发前几天，比利时发生了一系列肉类、蛋类及其他日常生活产品中发现了致癌物质的事件，比利时政府因此受到公众批评，正在诚惶诚恐地急于向全体选民表明政府对食品安全问题非常重视，可口可乐事件正好撞在枪口上，迫使其收回全部产品正是政府表现的好机会。而在法国，政府同样急于表明对食品安全问题的关心，并紧跟比利时政府采取了相应措施。在这起事件中，政府扮演了白脸，而可口可乐公司无疑是黑脸。

可口可乐公司因为这一错误措施，使企业形象和品牌信誉受到打击，其无形资产遭贬值，企业的生存和发展一度受到冲击：

①1999 年底公司宣布利润减少 31%；

②危机发生时没能借助媒体取得大众的信任，公司不得不花巨资做危机后的广告宣传和行销活动；

③竞争对手抓住这一机会填补了可口可乐此时货架的空白，并向可口可乐公司 49%的市场份额挑战；

④可口可乐公司总损失达到 1.3 亿美元，几乎是最初预计的两倍；

⑤全球共裁员 5200 人；

⑥董事会主席兼首席执行官道格拉斯·伊维斯特被迫辞职(新CEO 对公司进行重组时不再延用总公司负责制，而将“全球思维，本地执行”的座右铭纳入企业管理理念)；

⑦危机后可口可乐公司主要的宣传活动目的都是要“重振公司声誉”。

真是难以相信，世界上最有价值的品牌在危机发生后没有能成功地保护其最有价值的资产——品牌，正是所谓的“总公司更知道”综合征使可口可乐公司采取了完全不恰当的反应。因为一个庞大的国际公司就像章鱼一样，所有的运作都分布在各地的“触角”顶端。要使这样一个庞大而错综复杂的机制发挥效力，章鱼的中心必须训练并使触角顶端的管理层有效发挥作用，采取适当措施，做出正确的应对，因为他们最了解当地的情况。

随着可口可乐公司公关宣传的深入和扩展,可口可乐的形象开始逐步地恢复。比利时的一家报纸评价说,可口可乐虽然为此付出了代价,却终于赢得了消费者的信任。

三、在危机面前的完全不成功——埃克森公司瓦尔迪兹号油轮漏油事件

事件发生在 1989 年 3 月 24 日,埃克森公司瓦尔迪兹号(The Exxon Valdez)油轮搁浅并泄出 267000 桶共 1100 万加仑的油,油污进入阿拉斯加威廉王子海峡,此次意外是美国有史以来最严重的漏油事件。

当时,人们的第一反应是震惊,因为这种灾难性事故在技术如此发达、人们如此关注环保的情况下发生,对所有人来讲都是难以接受的。但是,人们也知道没有哪个行业不存在风险。如果公司能够采取合适的行动并及时向公众沟通事故处理情况,就会赢得人们的理解。当时公众急于知道:

①公司是否尝试并阻止事故蔓延?

②公司早该预料到可能会发生这种事故,现在是否尽可能快地采取了可能的补救措施?

③公司对发生的事故是否很在意?

埃克森既没有做好上述三点,也没有采取合适的措施来表示对事态的关注,例如派高层人员亲临现场、指定负责善后的人员,并向公众沟通事件的原委、公司的解决办法以及表示遗憾、情感沟通等等。

①发生了什么事;

②我们在做什么;

③对所发生事故的感受。

人们的期待随即转化为愤怒,进而引发了对其产品的联合抵制、股份被迫出售以及很多苛刻的限制和惩罚。

很多批评家严厉指责埃克森公司主席劳伦斯·洛尔听到大批原油泄漏事故后没有乘坐首次航班前往阿拉斯加,而面对公众他也没有说明危机的严重性。埃克森的应对危机还存在其他问题:在知晓危机的本质

之后，洛尔先生应在24小时内在纽约建立应对危机指挥中心作为收集信息并进行甄选的中央智囊团；还应该建立政府联络办公室，以简要传达公司所做的努力，并要求政府支持。

洛尔先生应尽快在纽约建立新闻中心作为公司权威报告、简报及动态报告的交换中心，这样做将保证公司对外口径一致，避免自相矛盾。纽约的交换中心每天至少有两次简报对目前动态进行说明，至少有一份每日简报由洛尔先生亲自负责。另一份应是通过通信卫星转播的、由美国埃克森、埃克森运输队领导参加的记者招待会。

埃克森·瓦尔迪兹号油轮搁浅事故的发生更加强调生意中难免出现危机，而公司必须在发生事故前具有适当的应对危机计划。有远见的主管知道应对危机必须作为公司的纪律严格执行。

埃克森有应对危机计划，吹嘘说原油泄漏在5个小时内就将得到控制，但其最大的问题是这项计划从未被试验过。当油轮船体裂开时，两天过去了还未见公司采取计划中的根本措施。如果埃克森公司以前曾做过危机模拟试验的话，并使全体船员熟知危机情况的严酷性和重要性，计划本身的缺点在真正的危机发生之前就应该被发现了。

如果及时得以掌控和修正，埃克森的计划或许能够实现其允诺的5个小时内解决问题，原油就不会那样汩汩地流，就不会污染阿拉斯加纯净的海水。

因为埃克森的计划没经过验证，其行动反应的时间就显得太慢了，因此在危机发生的第一时间并没有掌握第一手材料。公司被事件发生的迅速程度和严重程度吓呆了。公司迟迟没有采取合适的措施来表示对事态的关注，使社会公众的期待转化为愤怒，进而引发了对其产品的联合抵制，导致公司股份被迫出售。

阿拉斯加灾难的教训在于：接受危机是不可避免的事实，并有针对性地早做准备；试验并修正公司的应对危机计划；当不可抗力发生时，迅速负起责任。

CEO必须决定该说什么，决定怎样做才有效，在做表面文章和采取实际行动之间、在感知和现实之间保持平衡。他必须以最快的速度让公众知道他正在负责，知道应对危机过程和公司本身已控制了局面。上述内容埃克森公司都没有做到。

四、如何处理个人危机

一般提到应对危机，就想到公司的危机上，事实上，个人的危机处理，更是影响自身的大事。

恐怕没有人会说："我就是这样的孬种。"然而，我们却常常在危机面前拼命打退堂鼓，为了恐惧失败而不敢尝试成功。以华裔花样滑冰高手关颖珊在赢得 2000 年世界花样滑冰冠军时的精彩表现为例：她一心想赢得第一名，然而在最后一场比赛前，她的总积分只排名第三位，在最后的自选曲项目上，她选择了突破，而不是少出错[①]。在 4 分钟的长曲中，结合了最高难度的三周跳，并且还大胆地连跳了两次。她可能败得很难看，但是她成功了。她的名言是："因为我不想等到失败，才后悔自己有潜力没发挥。"就因为这样的韧性，在 2001 年里，她又打破记者们说她"单数年不会赢"的预言，再次赢得了冠军杯。

你如何在"危"难之中把握"机"会是很重要的。至少需注意以下几点：

①该告诉的人一定要告诉，不该告诉的人则一句不讲。在遇到个人危机时，顶头上司和直属部下，因业务关系一定要把真相告诉他们。

②要回答的问题先想好答案。

③对他人伸出的援助之手，要坦然接受，同事愿意代劳的则让其代劳。

④在面临个人危机的时候，工作表现要更好一点，会给人留下特别深刻的印象。

⑤在感情上需要别人同情和安慰，可以向自己的父母以至向自己的另一半倾诉，既发泄心头的压抑，也可以从他们那里获得建议或鼓励。但千万不能找同事诉苦，公私分明，不要给人禁不起风浪的印象。

⑥事情过后一定要表示感谢。礼多人不怪，还不只是礼貌，更为重

① 《避免失败人生的八个思考角度》。

要的是公关。遇到个人危机虽属不幸，但处理得好，也可能是个好机会。

五、面对危机时应该避免的五种现象

当危机来临，你在应对危机的过程中应力戒五种现象。

一戒认识不足，危机意识缺乏。须知，你在走向成功的过程中，任何侥幸心理都有可能误了大事，认为自己或企业不会发生危机本身就是最大的潜在危机。比尔·盖茨曾说："微软距离破产永远只有 180 天。"显示出高度的危机意识。

二戒反应迟缓，工作作风拖沓。危机事件的发生具有突发性，且在资讯高度发达的今天，发生的危机可以在短时间内迅速而广泛地传播。如果你反应滞后、应对不力，危机产生的负面影响将越来越大，个人或企业极有可能面临灭顶之灾。因此，解决危机犹如救火，初期火势较小，宜及时反应，全力扑灭，不使蔓延；否则，火势渐猛，一旦燃成漫天大火，往往回天无力，铸成大错。

三戒被动应战，工作态度消极。危机事件一经曝光，你和企业将成为众矢之的。此时，如果态度消极，漠然置之，极有可能伤害消费者和当事人的情感，甚而引发更大隐患。因此，当危机来临，不论危机的责任在何方，都应态度积极，主动承担责任，妥善处理危机。尤其在情况尚未查明，而社会公众反映强烈之时，更应高姿态地做出负责任的承诺，以迅速消除影响。要积极与政府部门合作，争取政府部门的支持；积极与新闻媒体沟通，争取新闻媒体的理解；积极与消费者交换意见，减少消费者的不满和抱怨。

四戒缺乏诚意，漠视公众利益。无论危机发生的原因是什么，受害的始终是社会和公众的利益。因此，要把公众的利益放在首位，更多地关注消费者的利益而不是自身的短期利益，要善待消费者，对社会公众真诚相待，站在受害者的立场上处理问题。在与公众见面听取意见时，尽量让公众倾吐不满，发泄情感。尤其在公众生气发怒时，更应保持镇定，礼貌相待。这种与公众的心灵沟通，可以化敌对为合作，有助于事件的顺利解决。

五戒机械应对,处理方式呆板。危机将自身推向风口浪尖,处理时间太长就会大伤元气,应以在最短时间内平息危机为处理的最高宗旨。因此,在处理过程中不能机械呆板,而应灵活机动,注意权衡利弊得失,随时调整处理策略,力求迅速解决危机,降低损失。即使理在我方,也不可得理不饶人,而应积极寻求解决问题之方案。

第五章 小处是真

智谋力无所不在，大则纵横驰骋，睥睨天下；小则精打细算，见微知著。在你提升智谋力的过程中，注意小处是极为重要的。小处其实不小，往往能以浓缩的形式展示你的智谋。

第一节 注意细节

注意细节在于这是一个智谋细化的社会和时代，你如果注意了细节，也就注意到了许多制胜之道。

一、这是一个细节时代

“把每一件简单的事做好就是不简单；把每一件平凡的事做好就是不平凡。”

如果让你的手下去送货，你必须考虑 5 个细节，必须打 7 个电话；你的业务人员访问经销商，未开口说话之前，必须做 5 件事；一个戒烟规定，要经历 5 个阶段，做了一年的细节，顺理成章地全部实现戒烟……在管理界被称为“细节专家”的汪中求先生眼里，任何一项工程，都可以分解成为无数个细节，小到一碗面条的盐、油、水、温度、色度，秘书配备的一支签字笔能用多长时间；大到战略决策的可靠性分析及实施调整。在他的设计和管理下，企业既出不了英雄，也出不了重大事故责任者。“平平淡淡才是真”，“落实细节才是真”。

2004 年 4 月 19 日，时年 43 岁的查理・贝尔被推为麦当劳公司总裁兼首席执行官，他因此成为第一位非美国人的麦当劳公司掌门人，而且也是麦当劳最年轻的首席执行官。

而查理·贝尔的发家就源于他的细致。贝尔15岁时就因家境不富裕，在澳大利亚的一家麦当劳打工。作为学生，他从没想过在那里发展，只想挣点零用钱。

贝尔在麦当劳的第一份工作是打扫厕所。虽说扫厕所的活儿又脏又累，贝尔却干得踏踏实实。他常常是扫完厕所，接着就擦地板；地板干净了，又去帮着翻翻烘烤中的汉堡包。而这一切被这家麦当劳的老板——麦当劳在澳大利亚的奠基人彼得·里奇看在眼里。

没多久，里奇就说服贝尔签署了员工培训协议，把贝尔引向正规职业培训。培训结束后，里奇又把贝尔放在店内各个岗位进行锻炼。虽然只是钟点工，但悟性出众的贝尔不负里奇一片苦心。经过几年锻炼，他全面掌握了麦当劳的生产、服务、管理等一系列工作。19岁那年，贝尔被提升为澳大利亚最年轻的麦当劳店面经理。

一步步成功的贝尔一直坚持了他注意细节的臻美策略。无论处在哪个职位，贝尔都用心研究业务和顾客消费规律。他深知中午和傍晚马路上车最多时便是顾客最需要麦当劳时。每到这时，他总和员工们一道亲自站台服务，接待顾客。有人说，贝尔是近年来餐饮业中唯一亲自站柜台的董事长。

深圳奇正九鼎管理顾问公司的首席顾问汪中求以其《细节决定成败》奠定了“细节专家”的声誉。他说，在这本书中，没有什么大理论，也没有什么惊人发现，只是从日常管理工作中比别人多思索一点细节，比别人眼里“多一点活”。汪中求说，《细节决定成败》一书从我们民族喜“大”厌“小”、忽视细节、甚至歧视细节这种文化根源说起，反思我们的文化。

汪中求提示我们：精细化管理时代已经到来。芸芸众生能做大事的实在太少，多数人的多数情况只能做一些具体的事、琐碎的事、单调的事，也许过于平淡，也许鸡毛蒜皮，但这就是工作，是生活，是成就大事的不可缺少的基础。

事实上，我们中的许多人都是一心想做大事，而不愿意或者不屑于做小事。而大事的智谋又在何处？还是由无数小处的智谋组合而成，不认识到这一点，你的智谋力就无法得到真正的提升。

二、注意求职中的细节

你是否正行进在求职的漫漫征途中？寻找好的工作环境是每个人的愿望，但掌握了众多智慧的你是否注意到了一些细节？

一份小小的简历，让一位大学优秀毕业生程明栽了跟头：本来很有希望的他败在了细节上。

参加招聘会的那天早上，程明不慎碰翻了水杯，将放在桌上的简历打湿了。为尽快赶到会场，程明只将简历简单晾了一下，便和其他东西一起，匆匆塞进背包。

在招聘现场，程明看中了一家深圳房地产公司的广告策划主管岗位。按照这家企业的要求，招聘人员将先与应聘者简单交谈，再收简历，被收简历的人将得到面试机会。

招聘人员问了程明三个问题后，便找他要简历。程明受宠若惊地掏出简历，这才发现，简历上不光有一大片水渍，而且放在包里一揉，再加上钥匙等东西的划痕，已经不成样子了。程明努力将它弄平整，递了过去。招聘人员的眉头皱了皱，还是收下了。那份折皱的简历夹在一叠整洁的简历里，显得十分刺眼。

三天后，程明参加了面试，表现非常活跃，无论是现场操作 Photoshop，还是为虚拟的产品做口头推介，他都完成得不错。身为学校戏剧社骨干社员的他，还即兴表演了一段小品，赢得面试负责人的啧啧称赞。当他结束面试走出办公室时，一位负责的小姐告诉他："你是今天面试者中最出色的一个。"

然而，面试过去一周后，程明依然没有得到回复，他急了，忍不住打电话向那位小姐询问情况。小姐沉默了一会，告诉他："其实招聘负责人对你是很满意的，但你败在了简历上。老总说，一个连简历都保管不好的人，是管理不好一个部门的。你应该知道，简历实际上代表的是你的个人形象。将一份凌乱的简历投出去，有失严谨。"程明大悟。

从此，程明变得谨慎起来。他深切感到，决定人生成败的，不只是智谋力的充分显示，有时只是一个小细节。

三、注意工作中的细节

谁都想到有较高待遇和良好工作环境的地方工作，但进入好的企业或单位并不是一马平川，往往一些不起眼的细节可能就使优秀的你与好地方失之交臂。下面就是一些值得注意的考验新员工品质而看似琐碎的细节。

电话：在大型的外企，每个人的办公桌上一般都安有电话，这些电话因为业务需要通常都开通了国内或国际长途。但有很多外企仍会在走廊等地方设置了一些公用电话，这些公用电话是专供员工拨打私人电话用的。假如你不明就里，或图方便随意用办公桌上的电话聊天或处理私人事务，那你就得小心了。

电脑：现在的很多公司都实行电子办公，每个员工都配备一台电脑。一般来讲，企业都不允许员工在公司电脑上打游戏、网上聊天等。但仍有人利用公司的内部网络过过瘾，这自然也逃不过管理者的“法眼”。

纸张：很多公司对纸张的使用都有着严格的规定，除了领一定数量的纸要签名以外，打印机和复印机用纸也有规定，比如用过一面的纸张仍要留着用于作打印或复印等，总之一定要节约，能用的尽量用，不可随意废弃。

私人会谈：很多公司对私人朋友来访都专门设有会谈室，在通常情况下，不允许公司以外的人员进入工作区。接待朋友的时间也有严格的规定，一般只允许在休息时间接待私人来访，如果是急事也要尽快结束。

四、“差不多”与“差得多”

如果让一个人每天擦桌子六次，他可能会不折不扣地执行，每天都会坚持擦六次；可是如果让另外一个人去做，那么可能他在第一天擦六遍，第二天可能擦六遍，但到了第三天，可能就会擦五次，好像也差不多，于是又减少到四次，好像仍然差不多，再少到三次，好像比四次仍差不了多少……可以想见，到后来，就不了了之。

社会上“差不多”先生比比皆是，好像、几乎、似乎、将近、大约、大体、大致、大概等等，成了“差不多”先生的常用词。就在这些词汇一再使用的同时，生产线上的次品出来了，矿山上的事故频频发生着，社会上违章犯纪不讲原则的事情也是屡禁不止。

2003 年 1 月 16 日，美国“哥伦比亚”号航天飞机升空 80 秒后发生爆炸，飞机上的七名宇航员全部遇难，全世界一片震惊。美国宇航局负责航天飞机计划的官员罗恩·迪特莫尔被迫辞职。此前，他在美国宇航局工作了 26 年，并已担任 4 年的航天飞机计划主管。

事后的调查结果表明，造成这一灾难的凶手竟是一块脱落的泡沫。

“哥伦比亚”号表面覆盖着 2 万余块隔热瓦，能抵御 3000 摄氏度的高温，以免航天飞机返回大气层时外壳被高温所融化。1 月 16 日，“哥伦比亚”号升空 80 秒后，一块从燃料箱上脱落的碎片击中了飞机左翼前部的隔热系统……宇航局的高速照相机记录了这一过程。

应该说，航天飞机的整体性能等很多技术标准都是一流的，但就因为一小块脱落的泡沫就毁灭了价值连城的航天飞机，还有无法用价值衡量的七条宝贵的生命。仅仅是一点的“差不多”，却得到“差得多”的失败结果。

五、细节中的机会

看不到细节，或者不把细节当回事的人，对工作缺乏认真的态度，对事情只能是敷衍了事。这种人无法把工作当作一种乐趣，而只是当作一种不得不受的苦役，因而在工作中缺乏工作热情。他们只能永远做别人分配给他们做的工作，甚至即便这样也不能把事情做好。而考虑到细节、注重细节的人，不仅认真对待工作，将小事做细，而且注重在做事的细节中找到机会，从而使自己走上成功之路。

管理大师彼得·杜拉克说：“行之有效的创新在一开始可能并不起眼。”这需要你对一切都要抱一个怀疑的态度，对自己工作生活中的既不相同却又相互关联的每一个细节，绝不能掉以轻心。不然，那你就发现不了问题，也就没有了机会。你要告诫自己，不要轻易说“不”——“如果你一旦说不，那就等于关上了一扇门，你也就发现不了其中的问题了。”

一位高级手工艺家能够有勇气仔细地检查自己的最后作品。他甚至会递给你一个放大镜，并对你说：“来，看看我的作品怎么样。”

大师与新手不同的是，他们会去关心一些细小的事情。钢琴师阿瑟尔·施那贝尔说过：“我对音调的掌握并不比很多钢琴师强。但是音调之间的延音——啊，那才是真正的艺术所在。”

不管你是艺术家还是电脑程序员，不管你是牙医还是电话接线员，永远不要在工作中骄傲自满。[①] 工作中的满足感比你挣多少钱或者得到晋升更重要。这种满足感来自于你对工作细节中的乐趣的发现。

新加坡一位创业者本人每周要亲自站两次柜台，哪怕在外学习或工作，也要求终端店铺的员工会以发短信的方式，告知他最新的动态。他对终端的重视使他把握到了很多的商业机会。公司的某种产品在很短时间内实现了80倍的增长，就仅仅是来自于一个细小的视觉展示。

今天的商战就是认知的战争，即如何在终端的有限空间引起消费者的注意。在琳琅满目的商场，我们会发现，很多好的产品常常表现不出自己的品牌，反而一些质量一般的产品，通过在一些街头周边贴满海报，成功地占据了消费者的视觉注意力，获得了品牌的成功。

有一句行话叫作“黄金三秒钟”，也就是说消费者在经过货架时，通常只会保留三秒钟的注意力。当在一种陌生的环境中时，你也必须在意这三秒钟的时间里，通过细节的重视，成功地展现自己，吸引到他人的注意力。

第二节　细微即品质

无论做人、做事，但愿把小事做细的人很少；我们不缺少雄韬伟略的

---

① 《改变你人生的20个小时》。

战略家，缺少的是精益求精的执行者；绝不缺少各类管理规章制度，缺少的是对规章条款不折不扣的执行。我们必须改变心浮气躁、浅尝辄止的毛病，提倡注重细节、把小事做细。因为，细微即品质，细节最能反映问题。

一、市场培育需要细致入微

为什么美国绝大部分企业家会知道一些十分精确的数字：全国平均每人每天吃几个汉堡包、几个鸡蛋？因为他们时刻都在密切地关注着消费者的动向，哪怕是一些细枝末节的东西，而这些恰恰是市场拓展的精髓所在。

麦当劳创始人克洛克说："我强调细节的重要性。[①] 如果你想经营出色，就必须使每一项最基本的工作都尽善尽美。"在市场竞争日益激烈残酷的今天，任何细微的东西都可能成为"成大事"或者"乱大谋"的决定性因素。家乐福单是在选择商圈上就可谓细致入微，它通过 5 分钟、10 分钟、15 分钟的步行距离来测定商圈；用自行车的行驶速度来确定小片、中片和大片；然后对这些区域再进行进一步的细化，某片区域内的人口规模和特征，包括年龄分布、文化水平、职业分布以及人均可支配收入等。如此细微的规划和考察，是家乐福一直保持在零售业第一梯队的关键原因之一。

二、注意细微出精品

英国有家公司，专做世界有名的杯盘，他们的产品摔坏的比合格出品的还要多。有个设计师专门摔盘子，每 10 个摔坏 6 个，合格的只有 4 个，但是订单订到 3 年以后，没货。[②] 公司不怕摔，摔坏的盘子全都计入其他盘子的成本。就这样还难以买到，为什么？那是精品。

摩托罗拉公司也是因追逐细微而成功的典型，他们因此而获得了美

---

① 《细节决定成败》。

② 《运营经理的世界》。

国国家品质奖。就外表看,你也许会觉得美国国家品质奖是一座不太起眼的小雕像,可是它却象征着美国企业界的最高荣誉。要赢得此奖,公司必须使蓝带小组的人信服,他们能生产全国最高品质的产品。

在 1988 年有 66 家公司争夺美国国家品质奖,竞争非常激烈。大部分参赛单位,实际上都是大公司,像 IBM、柯达、惠普的某一部门。但最后夺魁的是摩托罗拉整个公司,而非单一部门。

摩托罗拉于 1981 年就开始竞争该奖,公司派一侦察小组,分赴世界各地表现优异的制造机构进行考察。目的不仅是看他们怎么做,也要看他们如何精益求精。

所有摩托罗拉的员工都面临着挑战,力求大幅度降低工作中的错误率。一批以时计酬的工人,负责指出错误并有奖赏。工程师所设计的移动电话零件数目,由 1378 项减至 523 项。结果是:错误率降低 90%。但摩托罗拉仍不满意。

公司又设定了新的目标。就移动电话而言,目标是:每产生 100 万个零件,其中,仅能容许三四个错误。也就是说,要求所生产的电话的合格率达到 99.9997%。

所有摩托罗拉员工,都收到一张皮夹大小的卡片,上面标示着公司的目标。公司还制作了一盒录像带,解释为什么 99% 的产品无故障仍嫌不足。[①] 这盒录影带指出,如果这个国家的每一个人,都以 99% 的品质来工作,那每年就会有二十万份错误的医药处方,更别说会有三万名新生儿,被医生或护士失手掉落地上。试问,99% 的品质,对于将其性命托付给摩托罗拉无线电话的警察而言,是否足够?

到了美国国家品质奖真正评审的时间,摩托罗拉的产品品质,达到了无人可以匹敌的水准,轻易获胜。

赢得一面金牌,对一名奥运会选手而言,是一辈子拥有一份永恒不变的光辉记忆。不论他是否获得厂商数百万美元的赞助,那个时刻都足以使其毕生引以为荣。然而,一家公司并不能仅凭着最高主管办公室里的一尊小奖杯,便维持对品质要求的高度执著。

① 《世界 500 强企业员工的 50 个效能定律》。

1988年度，摩托罗拉因减掉了昂贵的零件修复与替换工作，而节省了2.5亿美元。收入增加了23%，利润提高了44%，达到前所未有的纪录。这样的盈余回报是令人欣慰的，也出乎原先的预期。

摩托罗拉全公司上下士气高昂。一名主管声称："得美国国家品质奖，有一种金钱买不到的奇效。"

这就是注意细微的效力，有什么样细微处的智谋就有什么样的人生。

三、失利可能就是一小处

市场的苛求程度往往超乎我们的想象，汰渍洗衣粉就是一个典型的案例。几年前，宝洁推出汰渍洗衣粉时，市场占有率和销售额以惊人的速度向上飙升，可是没多久，这种势头逐渐放缓了。宝洁公司于是进行了大量的市场调查，在一次小组座谈会上，有消费者抱怨汰渍洗衣粉的用量大，当追问是什么原因时，这位消费者说："你看广告中在倒洗衣粉时，倒了那么长时间，所以，说它洗得干净，其实是因为它用得多。算计起来更划不来。"于是品牌经理赶紧把广告找来，掐算了一下展示产品部分中倒洗衣粉的时间，一共3秒钟，而其他洗衣粉广告中仅为1.5秒。也就是在广告上这么细微的一点疏忽，已经对汰渍洗衣粉的销售和品牌形象造成了伤害。

浙江某地用于出口的冻虾仁被欧洲一些商家退了货，并且要求索赔。原因是欧洲当地检验部门从1000吨出口冻虾中查出了0.2克氯霉素，即氯霉素的含量只占总量的50亿分之一。经过自查，环节出在加工上。原来，剥虾仁要靠手工，一些员工因为手痒难耐，用含氯霉素的消毒水止痒，结果将氯霉素带入了冻虾仁。这起事件，引起不少业内人士的关注。一则认为这是质量壁垒，50亿分之一的含量已经细微到极致了，也不一定会影响人体，只是欧洲国家对农产品的质量要求太苛刻了；二则认为是素质壁垒，主要是国内农业企业员工的素质不高造成的；三则认为这是技术壁垒，当地冻虾仁加工企业和政府有关质检部门的安全检测技术，太落后于国际市场对食品质量的要求，根本检测不出这么细微的有毒物。而细节专家汪中求认为，这50亿分之一的数据，表面上看起来是一次贸易中的正常失误，其实却隐含着深刻的教训——疏忽细微。

第三节　要简单不要复杂

对于你来说，可能认为智谋是一种很复杂的事情。其实，智谋也可以简单化。

古希腊的佛里几亚国王葛第士以非常奇妙的方法，在战车的轭打了一串结。他预言：谁能打开这个结，就可以征服亚洲。一直到公元前334年还没有一个人能将绳结打开。这时。亚历山大率军入侵小亚细亚，他来到葛第士绳结前，不加考虑便拔剑砍断了它。后来，他果然一举占领了比希腊大50倍的波斯帝国。

曾经有一道著名的智力题，问："中国有多少个厕所"？正确答案是："两个：一个男厕所，一个女厕所。"

可能很复杂的一件事，可以就这么简单。

2004年6月1日，中英合资保险公司信诚人寿率先在行业内推出通俗化保险条款。没想到的是，众多主流电视和主要平面媒体相继播报了"信诚人寿第一份通俗条款保单"问世的新闻。而有媒体则形象地把这种通俗化保单称作"傻瓜保单"。信诚人寿的CEO谢观兴对媒体的反应有些意外，他完全没料到大家会这么关心通俗化保险条款。其实，媒体的关注在一定程度上也体现了老百姓的关注。

保险公司的条款究竟晦涩到什么程度？举个最一般的例子，有的保险条款中写道："为主功能手指保险。"何谓"主功能手指"呢？经多方询问才知道，所谓主功能手指是食指和拇指，可是生活中有多少人了解这么专业的名词，甚至连保险营销人员也不一定都那么清楚明白。如果消费者连看都看不明白，谁还相信它、购买它。

其实，现在的消费者越来越注重对金融产品的投资，如购买保险、基金，这是一种必然的趋势。在国外，保险就是一种消费形式。但对我们的消费者而言，真正掏钱买保险并不是件容易的事，要比掏钱买股票、房子、车子等都要难得多，本来保险是承保风险的商品，但却被很多人看作是最不“保险”的。

究其原因，发现我们的金融产品，通常是将自己打造成专家的形象，要么让消费者做“数学题”，要么让消费者的“自信”不断受到伤害，通过这样的“博弈”过程树立自己的强势地位。

但这样的强势产品很难让消费者与之发生情感联系。反观现在的许多消费品都在不断简化与消费者的交流过程，柯达全球副总裁叶莺就曾表示过，柯达的相机讲究的是“一指功”，你只要按一下快门，其他的就全部交给柯达来办。在叶莺看来，简单并不代表功能简单，而是实用操作简单，这是产品的竞争力。傻瓜相机的异军突起就是这个道理。

现在的消费者其实已经非常不愿意花很多时间在阅读说明书上了，他们希望拿起来就能用，显然，“专家”型保单背离了消费者的心理需求。[①] 现在的条款里使用了许多“傻瓜”语言，比如原有合同中的专业术语“保险金受益人”，在新条款中标注为“我们的理赔金支付给谁”；“犹豫期”标注“合同撤销权”，等等。现条款里还采用了很多“傻瓜”格式，用了一些图表说明，在文字方面也有所缩减。据了解，在运作过程中，最难把握的就是通俗化的“底限”，最后，信诚人寿把消费者定位为一位只有高中水平，不用太动脑筋，按图索骥地读完保单内容就能理解保险产品并产生购买需求的人。

太复杂了的事物往往总是让人望而却步；简单的事情却让人有由衷的亲近感。所以，不妨把你的智谋以最简单的形式表现出来，其效果可能让你喜出望外。

第四节　起点不怕低

当你开展一项事业、选择一种职业时，千万不要给自己一个过高的

① 《简单就是竞争力》。

目标，一个“打工”的名词可能更有利于平静心态，从最底层开始做起。金山电脑公司董事长兼深圳分公司总经理求伯君也一样是从给他人打工而起家的。

十多年来，求伯君似一棵常青树，不断地为我们演绎出为人传诵的故事与传奇——1994 年盘古组件失败，1995 年中国第一个游戏软件《中关村启示录》诞生，1996 年为继续开发 WPS97 卖掉别墅，1997 年重铸 WPS 辉煌，而今天执着于金山杀毒软件和国产游戏软件的开发，成就了一个 IT 新时代的中国梦。

求伯君多年不倒，原因在于他一直走一条和一般程序员不同的路。《知识英雄》对其成功之路进行了详细的描述和揭秘——大多数优秀程序员大都选择了自己创业或者合伙创业的道路，而求伯君则一出道就辗转于四通、金山、方正这样的大公司，在这些公司的经历使求伯君具备了大公司的眼界和胸怀。这是求伯君高于同时代程序员的本质原因。

一、从小处看出毅力

促使求伯君走出河北徐水县城的是深圳大学来他们单位实习的一位女学生。[①] 和这位女学生谈上恋爱的求伯君，在 1986 年 10 月——22 岁的那年去了一趟深圳。求伯君把此次深圳之行称为此生逢上的第二次不可错过的机遇。“我突然发现深圳的世界真漂亮，什么都新鲜。在深圳，我第一次听到‘时间就是金钱，效率就是生命’，我喜欢这种快节奏。”百废待兴、热火朝天的深圳对 22 岁的求伯君来说，是那么的有号召力。这种号召力促使求伯君决定立刻从原单位辞职。“单位不让辞职，我也管不上许多了。为了尽快出去，户口、档案全抛在了脑后，不要这些了又怎么样！管他三七二十一，先出去再说。”

去深圳沿途，求伯君在河北涿县和北京的逗留延迟了他去深圳的步伐。在涿县帮助同乡解决计算机打印问题的过程中，求伯君萌生了把原来只有自己能用的 24 点阵打印驱动程序，改进成了一个通用的、支持多

① 《重生 1993》。

种打印机的西山文字打印驱动程序。在同乡的机房里，求伯君用9个晚上，沿着原来的思路，全部重写了原来的打印驱动程序。

9天后，怀揣8张西山打印驱动程序软盘的求伯君赶到了北京，打算从那里赶往深圳。求伯君在临行之前，在同学的怂恿下，先去四通把自己的打印驱动程序给他们看了看。四通当时正好在推OKI8320打印机，正缺少一个好的驱动程序。这样西山打印驱动程序就以2000元、分10个月付清的价格卖给了四通，而“四通500百元一套，卖了好几百套”。

感觉到求伯君是个人才，四通开始挽留求伯君：“来我们这里干吧，明年成立深圳四通，一定调你过去。”就这样求伯君留在了四通，他是四通招收的第一个在北京没有住房的外地员工，四通为他在颐宾楼租了一个床位。

在四通，求伯君结识了他成长过程中对他影响最大的人——香港金山老板张旋龙。

当时张旋龙正在和四通合作推SUPER机，一批机器的BIOS有问题，启动不起来，求伯君花了一个晚上就把它改好了。“这个问题香港都解决不了。从此，张旋龙开始挖我。”

深圳四通成立，北京四通不同意放求伯君，而求伯君建议在PC上做和MS2401类似的文字处理软件的计划又被否决了。于是，求伯君就给当时的四通总裁万润南写了一封辞职信，万润南很快批示：“公司初创，人才难得，建议沈国钧与王玉钤协商调深圳。”

求伯君终于来到了向往已久的深圳了，刚到深圳时，四通让他负责公司的一个经营部。与他对口做生意的，恰巧是张旋龙的弟弟张小龙。即使同好朋友做生意，求伯君也赚不了钱。若干年后，求伯君和张小龙闲聊中提到那段商人生涯，张小龙透露那些生意他赚了多少多少。求伯君大笑，“难怪我赚不到钱，钱都被你赚去了。”

让求伯君经商，犹如缘木求鱼；而给他一个环境，让他潜心开发软件，则是如鱼得水。

正在这时，香港金山公司答应提供条件让他专心致志地开发WPS。“不用优薪高职，这已足够了。”

求伯君决定大干了。他目标很明确，做一张汉卡装字库，写一个字处理系统，能够取代 WordStar，这个目标就是后来的 WPS。为了实现这个目标，从 1988 年 5 月到 1989 年 9 月，求伯君把自己关在张旋龙为他在深圳包的一个房间里，只要是醒着，就不停地写。什么时候困了，就睡一会儿，饿了就吃方便面。在这样的一年零四个月中，求伯君生了三次病，第一次肝炎，第二次肝炎复发，第三次又复发，每次住院一个月到两个月。第二次肝炎复发正是软件开发最紧要的关头，求伯君把电脑搬到病房里继续写。

开发之苦不是病魔缠身，不是身心憔悴，而是孤独。“有了难题，不知道问谁，解决了难题，也没人分享喜悦。”求伯君在这孤独中，写下了十几万行代码的 WPS，在写完最后一行程序的时候，求伯君没有任何感觉，“任何一个产品，做成功以后，不会有什么感想，所谓感想都是后来总结出来的。”

作为作者的求伯君麻木了，而还在上大学的雷军一看到 WPS 就感到震惊，“我不相信中国还会有这么好的软件，当时觉得这个软件一定是在香港做的。”

WPS 没有做广告，也没有去评什么奖，仅仅凭着口碑，就火了起来。求伯君对原因的解释很朴素——“市场上奇缺这种东西。后来的王码 480、巨人 6402 都是 WPS 的模仿之作。”雷军的解释是，“WPS 定位很准，就是字处理，不是排版。那时候，搞一个排版太复杂了，用户根本接受不了。”

二、打工生涯

WPS 开始挣钱了，每年 3 万多套，每套批发价 2200 多元。“但这是公司赚钱，对我来说，没赚什么钱，我只是一个打工的。开发之初，既没和公司谈提成，也没和公司谈股份，什么都没有。是老板好，给了我一点奖金。”

“如果从开始就想着怎样赚钱，我也不会有今天。事业和金钱无关。当你全身心投入开发的时候，不给你钱你也要干。开发时，根本没有心思考虑报酬。只有先成就了事业，才有资格谈报酬。”

一路高唱凯歌的WPS，在1993年，遇到了Word的挑战。求伯君主动迎接挑战，做了一个类似于Office套件的产品，叫作盘古组件，里面有WPS、电子表和字典。

求伯君今天把盘古组件失利的原因归纳为四点：一是盘古力量分散，没有发挥WPS当时在字处理领域的领先优势；二是没有沿用WPS这个很有号召力的名称；三是盘古自身不够完善，没有做到"所见即所得"，完全是DOS版的照搬；四是刚刚独立的珠海金山公司没有销售经验。"我们本来只是一个开发部，盘古出来，销售、宣传、策划，什么都要自己做，一时应付不过来。"

盘古是香港金山被方正合并后，求伯君脱离方正，自己独立自主做的第一个软件。很不幸，它赔掉了张旋龙给求伯君的"奖金"。

是否还要做下去？"不做又做什么去呢？WPS里面有我的感情。感情用事，当然不理智，但很多决策，在理智状态下，就做不出来了。很理智的人不会创造什么奇迹。"

盘古失败的时候，有人劝求伯君利用已有的名气，搞系统集成，做一些项目。"你名气大，拉项目相对容易。"但求伯君坚持WPS不能放弃。

1995年，微软挖廖恒毅之前，先向求伯君抛出了绣球。求伯君拒绝的原因是："第一，微软的态度比较傲气，给我的感觉是，要仰起头才能看到他们。他们语重心长地对我说，'好好干，到我们这里有前途。'使我难以接受；第二，好多朋友劝我，你这杆大旗可不能倒。"

支撑求伯君做下去的原因是，他坚信"Word能够做到的事情，我也能做到。"

让求伯君没想到的是，WPS97的开发时间会拖这么长，"Windows有很多新东西，我们还没有熟悉过来，微软又升级了。很多技术资料，也很难找到。微软掌握着Windows，而我们什么都要靠自己从头做起，这导致了WPS97难产。如果WPS97能在1995年推出，直接和Word6.0竞争，Word6.0肯定没戏。"

时间拖久了，资金和信心都会成问题。"做到1996年下半年，是最困难的时候，资金开始紧张，信心也不足了，前途感觉到比较渺茫。当时，我们猛宣传游戏软件，试探另外的市场，但我们估计到了游戏赚不了什么钱。现在，我仍然觉得做游戏不赚钱。国外游戏赚钱，因为它的主要市场在国外，在国内没有什么投入，所以可以赚钱。我们还试探了别的市场，只是没有成功，没有说而已。"1996年，苦闷的求伯君没有像1989年在深圳旅馆里那样孤独，他找到了一个发泄情感的地方——BBS，他一天给站友写300多封信。"互相之间打气很重要，我为手下打气，也为自己打气。"

"我们一直没有大的收入，游戏是杯水车薪。那时候，用WPS这个项目去吸引资金，谁都不会有信心。"此时此刻，求伯君对WPS的一往情深起了关键作用，正是在这种感情的驱使下，求伯君觉得自己再住别墅是一种浪费，200万元把别墅卖了，使WPS97开发维持了下去。正是这种感情驱使求伯君带领开发组四年如一日，每天工作12个小时，每年工作365天，从来都没有停过。"Word可以由200多人做，我们只有不到10个人，没有办法，只有比别人多付出好几倍的劳动和汗水。"

WPS97推出仅两个多月，就销出了一万三千套，这样好的势头连求伯君也始料未及。"WPS97确实有很多民族特色的地方。另外，WPS97小巧简单，Word那么庞大，对非计算机专业人员来说太难了。我不反对你用Word，但也请你试一下WPS97。"

"WPS97为市场所接受，另外一个重要原因是WPS有着2000万的用户基础。WPS原来的每一个功能键都是它的财富，F8是模拟显示，你就用不着费事用鼠标。2000万的用户基础，不仅仅是一个用户习惯的优势，也是一种感情优势，很多用户来信说，'我就是靠WPS起来的，对它也有一种感情；我学电脑就是从WPS开始的，我的毕业论文就是用WPS打的；我的老婆就是我在培训WPS的过程中认识的。'等等。"

三、细小处成长

求伯君自己认为：程序之间，没有什么好比的，殊途同归，各种功能最后大家都能实现。成者为王。"程序有两种风格，一种写得规范，大家都看得懂；一种不规范，短小精悍，几条指令就能完成一个应用，讲究速度。"求伯君认为自己属于后一种。

在求伯君看来，优秀的程序员至少要具有以下品性：第一，要能吃苦。熬夜，加班，吃方便面是一种苦；另一种苦是，在中国做程序员工资不会很高，“没法高，高了养不起。”第二，要有天赋。“在中国，有天赋的程序员很多。”第三，是信念。“失败时要能坚持。像我就写了很多失败的软件。”第四，要爱这一行。“不给钱都愿意写。”第五，是团结。“现在程序都很庞大，以光盘为单位。没有合作精神，一个人做不出什么好软件。我们当时单枪匹马可以成英雄，现在已经不行了。”第六，要逢上机遇。“我是赶上了电脑刚进入中国，一切都是空白的机会。”

对照这几条，求伯君是怎样修炼成中国第一程序员的？

求伯君高考数学成绩满分，所以班主任给他报了国防科技大学的系统工程与数学系。1980年，国防科大只招系统工程专业，系统工程要大量地使用电脑，求伯君从此和电脑结下了不解之缘。求伯君把这个高考志愿称为他之所以有今天的第一个不可错过的机遇。

求伯君一接触计算机就表现出了在这方面的天赋。1983年，求伯君为国防科技大学图书馆做了一个借还书管理系统。这个系统由一台Honeywell-DPS6小型机和几十个终端组成。从设计到开发，求伯君一个人利用两三个月的业余时间就完成了。一家全国性的报纸刊登了“一个学生求伯君研制成功国防科大图书馆管理系统”的新闻。但求伯君没有记住那是一份什么报纸，“当时没有去在意这种事情”。

图书馆程序是求伯君写的第一个能用的程序，这个程序让求伯君挣了40多块钱。

1986年，求伯君开始研究当时的汉字系统CCDOS，把它的缺点找出来，用Debug做一些小改动。那时候，CCDOS拼音输入法输入一个字母，显示一行待选汉字，连续输入拼音时，必须等上一行完了，才显示下一行，速度极慢。求伯君对CCDOS的第一个改动是：连续输入拼音时，第一个拼音字母对应的待选汉字即使没有显示完，如果这时接收到了下一拼音字母，上一屏待选字行将不再显示。

这是求伯君第一次深入地接触PC，对CCDOS的分析为他以后写WPS的低层SPDOS奠定了基础。

从求伯君的发家来看，他是有智谋力的人——这充分体现在他编写的程序中；而他更大的智谋在于，一切事情都能从低处着手，执著于事业不在乎一时之得；一切都能为用户着想，执著于细小处的完善而不在于系统的庞大。

第五节 简洁表现自己所想

简洁表达自己所想有几大好处：能充分展示自己的智谋；为自己节约时间和精力；让受众以最短的时间接受你的想法；并给公众留下深刻的印象。P&G公司的发家是靠生产一种普通的肥皂。这种肥皂与普通肥皂在功用上并无多大区别，只是它是白色的，而其他肥皂多为黄色、绿色等。创始人普洛斯特深谙智谋之道，了解人们的购买心理。他给他的白色香皂取了一个源于《圣经》中的名字"象牙肥皂"，意喻洁白纯洁。简洁大方，既迎合了人们的心理，又辅以铺天盖地的广告，特别是在广告中故意加入化学家的一些权威数据，使"象牙肥皂"更具诱惑力。经过普洛斯特别出心裁的简洁宣传，普通的"象牙肥皂"因此打入了千家万户，成为人们心中的名牌。

一、聊天聊出P&G公司

P&G公司的名字及其产品几乎渗透了世界每一个角落。"P&G"是世界著名商标之一。美国哈佛大学商学院的普希尔博士这样形容P&G公司，"它对美国肥皂业卓有贡献，它为世界工业发展史竖起了一座丰碑——成功地把P&G打入千家万户，为工业品如何打入市场树立典范"。

P&G公司的历史奠基人是普洛斯特，一名毫不起眼的美国俄亥俄州小商店售货员。[①] 当时，由于业务上来往，普洛斯特与一家杂货店老板

① 《哈佛案系列——宝洁公司的广告策略第一式》。

盖姆逐渐混得很熟，彼此情投意合，成了一对好朋友。

普洛斯特常常去盖姆家喝咖啡聊天，一天晚上，两个好朋友在院子里乘凉，盖姆妻子在一旁洗衣服。突然普洛斯特发现了什么，惊叫了起来，“那些肥皂制造商真混账，怎么造了这么恶心的肥皂!”说着，盯着盖姆夫人手上的一块又黑又粗的肥皂。

盖姆夫人在当地是个美人，皮肤洁白细嫩，在灯光的照射下，与手中那块黑肥皂形成强烈对比，这令普洛斯特深感不协调。

盖姆打趣道:“你脑筋一向好使，又难得有这份惜香怜玉之心，为什么不在肥皂上下点功夫，造福天下妇女呢?”

这本是盖姆的无心之言，谁知普洛斯特却很认真。他又试探性地询问盖姆夫人:“你不觉得手上那块黑东西挺恶心的吗?”

“可不，还难闻死了！可有什么办法呢?”盖姆夫人叹道。

“如果有一种又白又美观，还有香味的肥皂，当然功用不比黑肥皂差，你会选哪种呢?”普洛斯特问。

“还用问吗？普洛斯特。”

盖姆发现他的朋友似乎是对肥皂有了点兴趣，问道:“你真的想做肥皂?”

“如果我懂技术一定干。”普洛斯特回答。

“别以为这需要什么高深技术，其实容易得很，10 岁小孩也能造。”盖姆怂恿他，“伙计，如果你想干我能帮忙，造肥皂的原料、场地都没问题。”

“那我们合伙干，如何?”普洛斯特建议说。盖姆沉思了几秒钟，欣然同意了。

之后，双方达成各出资一半参股的协议，并高薪聘请了普洛斯特的哥哥威廉姆专门研制肥皂，他曾在肥皂厂干过。

很快两个好朋友为公司取了名，“P&G 公司，”“P”代表普洛斯特名字的第一个字母，同样“G”为盖姆名字头一字母，意即“普洛斯特和盖姆的公司。”

P&G 公司就这样诞生了。

二、象牙肥皂

公司成立后第一要事是研制自己的产品。普洛斯特坚持他那天晚上得到的启发,产品一定要洁白、美观。这一设想得到一致认同。

经过一年的艰苦研制,威廉姆果然不负众望,终于研制出了洁白的肥皂,其功用与别的厂家的暗黄、粗黑的产品不分伯仲。显而易见,洁白的东西本身就令人产生洁净的联想,也必定会比其他肥皂更容易被顾客接受。

但即使是好东西,如果不让众多顾客知道,一样难以销出。当过店员的普洛斯特太清楚这一点了,所以他才会以令他身边的人也感到吃惊的举动大造产品的名声。

有了新产品,第一件要事当然是起名。

起名当然要与市场销售联系起来,普洛斯特梦想着他们 P&G 公司的肥皂一经面市立即被人们一抢而空、一鸣惊人,人们争相议论他们肥皂的名字,经销商、小贩之流更是在闹市中扯开喉咙大呼小叫这个名字,像美国人对华盛顿一样熟知。这个名字必须是很特别很有意义的!但它叫什么呢?普洛斯特和他的合伙人苦思冥想也无得而终。

一个星期天早上,普洛斯特陪他的朋友去教堂做礼拜。礼堂里非常肃静,只有神父朗诵《圣经》的深沉的声音,礼拜者虔诚地跪倒在主的脚下,用心与主交流。可普洛斯特还在念念不忘他 P&G 公司肥皂的名字。

“你来自象牙似的宫殿,你所有的衣物沾满了沁人心脾的芳香!”这句圣诗突然令普洛斯特眼前一亮,猛然间他惊喜得出了神。

对,“象牙肥皂!”象牙洁白无瑕,又在《圣经》中被引用,更增添洁净宜人的魅力。“象牙肥皂”一定行!

普洛斯特把这个想法告诉合伙人,大家立即同意。

三、切合人们的爱美之心

接着,P&G 公司赶紧为新诞生的“象牙肥皂”设计外形。传统的肥皂制造商并不刻意设计其外形，大多是一副呆板的正方形蛋糕状。“象牙肥皂”一改传统，为椭圆形，既便于把握使用又增添美感。为防止别人模仿，维护其独一无二的“相貌”，P&G 公司为其外形申请了专利。

产品出来了，名字也有了，万事俱备，只欠推向市场这一步了。

怎样推向市场？P&G 公司陷入了争论之中，按普洛斯特拟定的一个宏大的计划：在俄亥俄州两家最畅销的杂志上，在当地发行量最大的报纸上，在繁华的马路边等做广告，当然这要花费一大笔钱。普洛斯特的计划遭到盖姆等人的强烈反对。反对也有道理，年轻的 P&G 承受不起这笔钱，再者，谁敢保证花出去的这些钱不是泥牛入海？

然而普洛斯特更有道理，如果不做大量的广告让更多的人知道、相信、偏爱“象牙肥皂”，就不会有大批顾客购买“象牙肥皂”——他们为什么偏要买“象牙肥皂”呢？“象牙肥皂”的优点在于色白、形美，明显比别的肥皂优越，如果没有“广而告之”，又有谁知道呢？

1882 年，在盖姆等人的一致的反对声中，普洛斯特在杂志上登了一幅有许多人在使用“象牙肥皂”的广告。广告非常引人注目。

广告获得了很大的成功。一经面市，人们纷纷放弃传统的肥皂，抢购又白又漂亮的“象牙肥皂”，特别是那些爱美的妇女，是喜爱之极。

尝到了广告好处的 P&G 公司，在不断扩大其生产规模的同时，也展开了一场广泛的广告宣传运动。

普洛斯特在做广告上几乎到如痴如醉的地步。他不断地挖空心思猜测着顾客和用户的心理，想象着用怎样的画面、语言才能最有效地鼓动人们购买“象牙肥皂”。

有时他自己动手制作广告，一个母亲正在使用“象牙肥皂”为脏兮兮的小宝宝洗澡；有时他请来小说家为他构思一个宣传“象牙肥皂”有趣的小故事；有时他又花大笔钱请漫画家为“象牙肥皂”画一些非常传神的漫画……总之一切想到的最好的宣传方法，他都运用了。

P&G 公司和它的产品“象牙肥皂”，在大量广告的宣传下，名声越来越大。

四、别出心裁的手段

P&G 公司大获其利，迅速崛起令同行们十分眼馋，其中一些商家赶紧进行产品“改造”。说是改造，其实是刻意模仿制造类似“象牙肥皂”的肥皂，并也辅以大量广告开路。

这一层其实普洛斯特早有预料。他明白“象牙肥皂”的制造并没有什么复杂的技术，如果公司经营成功一定会招来众多闻风而动的竞争对手，所以必须用宣传巩固自己的地位，扩大市场占有量和影响力，造成一种无法与之竞争的局面。

既然“象牙肥皂”成分并不复杂，与普通肥皂并无多少差别，而购买者又首先要注意商品的优劣，普洛斯特因此要借助广告来使人信服，P&G公司的“象牙肥皂”的优越是其他肥皂不可比拟的。

他心生一计，决心借助科学家之口为“象牙”印证其优越性。他从美国一流的大学高薪聘请了化学家为“象牙”化验化学成分，做出权威的报告。然后，他就专门从报告中挑了一些最具说服力和诱惑力的数据，巧妙地安插在广告中，让人们不得不相信“象牙”无可比拟的优点。普洛斯特把专家的意见带到商业广告中去的做法，在那时是首创，至今人们在广告中还可以常常见到这招。

普洛斯特的这一做法，不但牢牢巩固了自己的地位，还把竞争对手一下子远远抛在后面。普洛斯特挖空心思的广告在成年人身上打尽主意的时候，又把眼光瞄向孩子们身上。曾有段时间，几乎全美的儿童都在收集“象牙肥皂”或精美的包装纸；只要有15张这种包装纸就可以换得一本图画本和一个写字板。这是P&G公司的一个广告手段，当然主意的策划者还是普洛斯特。

那些图画本和写字板在经济萧条的当时，对孩子们非常有吸引力，为了得到更多的“象牙肥皂”包装纸，他们不断怂恿父母去购买“象牙肥皂”；还四处去寻觅被丢弃的“象牙肥皂”包装纸。“象牙肥皂”包装纸成了非常珍贵的东西，在孩子们眼中几乎跟钱币一样。这个广告手段使“象牙肥皂”成了非常紧俏的商品，更大大提高了其知名度。

P&G公司就是靠着普洛斯特的别出心裁的广告取得了成功。经历了100多年后的今天，P&G公司已发展成一个规模非常巨大的国际性财团，其经营的拿手好戏除了广告还是广告，如今不但P&G公司的洗涤用品饮誉全世界，而且P&G公司的名称更是响当当震响全球。他们用简洁的方法向世界传递出清晰的声音：智谋助你成功。

第六节　学做减法

如何面对自己的生活之路？在种种人生智谋中，最富哲理、最耐人回味的部分通常不是教人如何做“加法”——追求尽可能多的财富、权力、成功和欲望的满足；而是教人如何做“减法”——过简单的生活。大哲学家培根就曾告诫那些权力欲过盛者，说他们是君主、荣誉和事业的“三重意义的奴仆”，连人身自由都没有。19 世纪的英国学者切斯特顿亦称“过分的享受反而无法享受”，明智的选择应是“同时享受一些更为简单的东西”。

近年来，随着肉体上的减肥成为新时尚，上述有关“做减法”的人生忠告也获得了一个极通俗极形象的表达——“瘦身”，并随即作为一种思想方法和处世哲理为不少人所接受，推广到了包括 IT 在内的诸多领域。IT 系统的“减肥”自然要适度，不能说功能越简单越好，但相对而言，“瘦身”的系统往往更能抓住要害，适应能力和应变速度也更强更快。

在这里，肯不肯做减法已不只是生活奢简或人生境界问题，它还成了一种企业理念，关系到对信息化模式的认识和选择。据分析，我们以往的 IT 投资之所以频频掉进黑洞，有的“连响声都没听到一个”，原因之一就是不恰当地追求“功能强大”。与此相伴随的不仅仅是长周期高成本，还有由复杂操作所“提升”的事故率。

ERP 专家、台湾汉康集团董事长柳中冈指出，他们承接的 ERP 项目成功率较高，诀窍之一就是“把复杂的东西拿掉，强调简单”。很多用户以为软件功能越多越代表水平高，这是误区，应该是在达到目标的前提下，功能少比较好。惠普推出一种叫 BITA（Business to IT Alignment）的方法论，其精髓也在于运用相关的咨询程序与系列工具，尽可能简单规范地解决业务与 IT 的融合问题，帮助企业确立“最适合自己的应用模型”。BITA 包含 5 个步骤：调查客户需求、建立应用远景、建立业务范例、规划与设计、执行与实施。惠普专业与支持服务集团高级市场经理傅世敏认为，在今天这个10倍速年代里，衡量IT与业务的融合是否成功，最基本的标准是“灵活”，即你的应用系统能否根据业务的变化而快速变化。“灵活”需要几个环环相扣的条件：简化、标准化、模块化和集成化，其中又以简化最根本——有了简化才谈得上标准化；有了标准化才可以做到模块化；有了模块化，才可以任意进行搭积木式的组合与集成。

在数学演算中，加法与减法处在同一个层次，难易相当，但在信息化规划中，做减法却比做加法难得多。这不仅因为后者意味着一种舍弃，而“舍弃”总不如“得到”接受起来顺当；还因为在不少情况下，做“减法”其实比做“加法”更艰难。傅世敏就谈到，IT设计中的简化意味着给客户量体裁衣，这是很不容易做到的，需要对客户需求做很细致的调查，才知道哪些功能是他们不需要的，把部分东西去掉，“所以BITA5个步骤中的第一步就是调查客户需求”。在这里，做减法不仅需要勇气和见识，该舍弃的一定要舍弃，还需要有能力和艰苦的付出。

信息化中的“减法”与系统的整体性并不矛盾。如同绘画中的素描，一起笔就要抓整体轮廓，确定明灰暗几个大层次，再一步一步走向细节。

用柳中冈的话说就是“先把框架理顺，再去添加肌肉。如果一上来就搞得很细腻，整体集成时就很可能连不起来”。

名列硅谷10大公司之一的美国安捷伦科技有限公司，1999年从惠普公司分离出来，在通信测试设备、医疗仪器等大型仪器制造方面在全球同行业中拥有相当优势与实力，是全球最大的光纤测试设备制造商。但在2000年，安捷伦公司将赢利不弱的医疗仪器生产部门卖给了飞利浦，而专注于通信与电子行业，使公司80%的销售额集中于这一行业。当记者采访安捷伦科技有限公司副总裁关安隆，问及安捷伦出售医疗仪器生产部门一事时，他的回答颇为耐人寻味。他说：“在我们所有的业务领域，安捷伦都要成为市场先导者。我们不见得要做大，但要成为重要的创新者。我们要保持第一，最坏也要保第二。在医疗仪器方面，我们是优秀的技术创新者，但不是市场上的老大或老二。我们希望在增值的领域能更加有所作为。”乍听起来，这有点像豪言壮语，但对照安捷伦在这两年中所取得的业绩，关安隆并非言过其实，而是点明了安捷伦的魄力之所在。

擅做"减法"的例子还很多，爱立信公司将手机生产承包给一家新加坡公司；美国通用电气集团下属的投资公司，将该公司 2/3 的功能进行剥离；杜邦公司将其财务、会计部门剥离转包，使维持费用从原来的 7000 万美元降到了 800 万美元……

做"减法"的目的在于专注于你自身的核心竞争力，从而集中有关的资源和注意力，在纷纭的变化中获得优势。

第七节　简化管理

成功不必煞费苦心。一位著名行政总裁向我们显示，简单的做法也能获得丰厚的回报。

说起星巴克公司(Starbucks)，几乎无人不知。它的连锁店在美国随处可见，主要经营咖啡饮料、咖啡豆及其副产品。然而，谈及 Howard Schultz(舒尔茨)，知道的人却少之又少。这位一向低调的主席兼行政总裁是星巴克公司今天取得惊人发展的灵魂人物。

舒尔茨原是一家瑞典家用器皿制造商美国公司的副总裁。当时，一家在美国西雅图拥有四家店铺的零售商引起他的注意[1]。该零售商正在向他的公司订购大量咖啡壶。舒尔茨决定弄清其中的原委。1981 年，他对经营咖啡、茶和香料的星巴克咖啡店进行销售拜访。该公司尽心尽力为顾客提供高质量进口咖啡的做法，给他留下了深刻印象。次年他毅然签约担任星巴克咖啡店的零售业务和营销总监。

1983 年，舒尔茨在米兰参加会议时，他注意到当地的咖啡吧现象。他断定咖啡吧生意在美国也会很有市场，于是说服星巴克咖啡店第二年也开了一家。随后他本人也于 1985 年离开星巴克咖啡店，转而着手建

① 《文化经营，简单是真》。

立自己的咖啡吧连锁店。两年后，他募集到足够的风险资本买下了星巴克咖啡店两位创始合伙人的全部股份，将之与自己的公司合并，并把合并后的公司更名为星巴克公司。合并后的公司拥有员工100人，在西雅图地区开设了17家连锁店。到1998年，已拥有1500家分店，员工25000人，1997年总收入超过10亿美元。

作为一名成功的企业家，舒尔茨就如何成就他的想法，Entrepreneur杂志专访了其成功秘诀。

舒尔茨在公司的使命说明书中强调要敬重员工。这不是句空话，而是其每天的生活信条："如果你的管理不能超过员工的期望，你别指望要求他们超过顾客的期望。这是一种契约。"

他称员工为伙伴，对员工进行24小时的培训，其中不仅包括基本要做的事情，还包括如何对待员工。许多员工以前在别的公司工作时，公司待他们不好。因此，初来乍到，感到愤世嫉俗也是情有可原。他们压根儿不信任管理层。

舒尔茨让员工感到重视他们的参与。如果他们的批评富建设性，舒尔茨不会责备他们。如果积极主动地工作，就会得到奖赏。通过提供这样一种环境，舒尔茨重建他们对管理层的信任。

如何把一个刚起步的小企业转变为一个需要专业经理人的企业？舒尔茨认为，要认识到自己的局限性，自己的创意才能变成为一个好企业。要自尊自重，才能聘用比你有才能的人，并赋予他们管理自己负责领域的自主权。必须让他们适得其所，并给予相应的约束。

面对复杂的管理架构和系统，怎样保持员工关系和顾客关系的亲密无间，这是个最有挑战性的问题。舒尔茨指出，必须确保员工之间以及与顾客之间保持密切关系。你不能只关注销售、利润、竞争以及你的投资者等，而忽略各种关系。这就是为什么他们把那么多钱花在交流和旅行上，就是为了保持接触。

杰克·韦尔奇非常推崇简约化管理，他说，"作为领导者，一个人必须具有表达清楚准确的自信，确信组织中的每一个人都能理解事业的目标。然而做到组织简化绝非易事，人们往往害怕简化。他们往往会担心，一旦他们处事简化，会被认为是头脑简单。事实恰恰相反，唯有头脑清醒、意志坚定的人才是最简化的。”

简化管理的核心就是要形成一种自然秩序。韦尔奇提到简化管理的两个必要条件：一是领导人要头脑清醒、意志坚定，有着对自己表达清楚准确的自信；二是组织中有非常明确的价值之榜，每一个人都能理解事业的目标，每一个环节都能恰当地发挥作用。这是韦尔奇在接受财经记者采访时脱口而出的话语，他并没有准备给出简化管理的充分必要条件，却也像一束闪电照亮了混沌的管理世界。

一、简化管理的核心是形成自然秩序

简化管理的核心，就是要形成一种自然秩序。老子曾经反复讨论“道法自然”管理的精义，明确提出了管理的最高境界：“稀言自然”；“无为而治”；“治大国若烹小鲜”。老子心里始终有一个自然秩序。

一个组织中自然秩序怎样形成？任何一个群体或者组织，总要围绕核心做一件事，由此决定了在各个环节上应该什么时候做到什么和做到什么程度，这些用不着管理者指东道西。较为贴近的例子是一个交响乐团，号手也好、小提琴手也好，他知道到了哪个环节他应该做什么，用不着指挥告诉他。也就是说，当组织中的每个岗位、每个环节、每个人都知道什么时候该做什么，企业的自然秩序就形成了。

企业逐渐形成运作的规范，这种规范演变成每个人的自然的思维方式，就像呼吸一样自然。像山姆·沃尔顿那样，围绕着为客户节约每一个铜板这个商业的根本，而形成一种简单秩序，这种管理就比较简单。如果中间扭扭曲曲的，那就复杂了。

二、敢于无历史地去感知去行事

做到简化管理，要求不管是高级管理者，还是普通员工，都知道自己什么时候该做什么。自然秩序的运转必须有一定的价值之榜，有一定环境，有一定规则。高级管理者该做的事，无非就是建立并维护企业自然秩序的运转。员工该做的就是把岗位上的事做到最好，他们的目标和做事的标准都非常明确。

无论多好的理念，关键是实践。实践简化管理与企业领导人的素质有很大的关系。比如马云，他开始什么都不懂，不懂互联网，不懂管理，不懂技术，不懂商业模式，但他就是大胆行动，在行动中不断地修正，在动态中逐渐建立起阿里巴巴网站的自然秩序[①]。王育琨与经济学家吴敬琏讨论马云的成功，他假设，马云是一个物理学的博士，心里有一套高科技的概念，并且深入到美国的大型高科技企业中工作过，知道一项新技术的开发和运用所需要的资金和团队，那么，阿里巴巴就永远与马云不沾边了。吴敬琏笑言："知道得太多就不敢去做了！"

日本企业找到了在艰难时世中求存的秘诀。其实，这并不是什么很伤脑筋的东西，一个词：简练。

○日本电送：此为一汽车零件主要生产商。它对其绵延不绝的各种产品进行大刀阔斧的砍削。这表明其原来的产品政策太松动。

○本田：该公司建立了一种平台，其成本在一辆新车中占了绝大部分，但是它可以拉成显然不同的各种车型。这使公司节省了上亿美元的开发成本。现在，该汽车生产商可以很有把握地为不同市场生产不同车型。

○丰田：通过开发新方法，使用更少的零部件，减少生产中的浪费，节省了20多亿美元成本。

○FANUC公司：精简了一种小型机器人的主要零部件的设计，结果使产品价格下降了20%，同时却不影响利润收益。

○日本7-11店(Seven-Eleven Japan)：其发货系统可以称得上是全球最高效的，主要原因是简练。各商店的库存变动如此之快，一般日本7-11店的销售要比美国7-11店多一倍。

管理企业如此，管理个人的事业也是如此。一切的理论、经验和历史，都是压在人们身上的重负。人要敢于无历史地去感知、去行事，需要有点自己初生的本能。难怪韦尔奇说："唯有头脑清醒、意志坚定的人才是最简化的。"

---

① 《简单管理知识大全》。

第八节　简单的成功

成功的秘诀到底有多少？你需要运筹多少谋略？其实，不要把事实想得过于复杂，简单可能就是成功。

一、简单的坚持

一位著名推销大师即将告别他的推销生涯之际，应行业协会和社会各界的邀请，在城中最大的体育馆，做了告别职业生涯的演说。

那天，会场座无虚席，人们在热切地、焦急地等待着这位当代最伟大的推销员，作精彩的演讲。当大幕徐徐拉开，舞台的正中央吊着一个巨大的铁球。为了这个铁球，台上搭起了高大的铁架。

老人在人们热烈的掌声中，走了出来，站在铁架的一边。他穿着一件红色的运动服，脚下是一双白色胶鞋。

人们惊奇地望着他，不知道他要做出什么举动。

这时两位工作人员，抬着一个大铁锤，放在老者的面前。主持人这时对观众讲：请两位身体强壮的人，到台上来。好多年轻人站起来，转眼间已有两名动作快的跑到台上。

老人这时开口和他们讲规则，请他们用这个大铁锤，去敲打那个吊着的铁球，直到把它荡起来。

一个年轻人抢着拿起铁锤，拉开架势，抡起大锤，全力向那吊着的铁球砸去，一声震耳的响声，那吊球动也没动。他就用大铁锤接二连三地砸向吊球，很快他就气喘吁吁。

另一个人也不示弱，接过大铁锤把吊球打得叮当响，可是铁球仍旧一动不动。

台下逐渐没了呐喊声，观众好像认定那是没用的，就等着老人做出什么解释。

会场恢复了平静，老人从上衣口袋里掏出一个小锤，然后认真地，面对着那个巨大的铁球。他用小锤对着铁球“咚”敲了一下，然后停顿一下，再一次用小锤“咚”敲了一下。人们奇怪地看着，老人就那样“咚”敲一下，然后停顿一下，就这样持续地做。

十分钟过去了，二十分钟过去了，会场早已开始骚动，有的人干脆叫骂起来，人们用各种声音和动作发泄着他们的不满。老人仍然一小锤一停地工作着，他好像根本没有听见人们在喊叫什么。人们开始愤然离去，会场上出现了大块大块的空缺。留下来的人们好像也喊累了，会场渐渐地安静下来。

大概在老人进行到四十分钟的时候，坐在前面的一个妇女突然尖叫一声：“球动了！”刹时间会场立即鸦雀无声，人们聚精会神地看着那个铁球。那球以很小的摆度动了起来，不仔细看很难察觉。老人仍旧一小锤一小锤地敲着，人们好像都听到了那小锤敲打吊球的声响。吊球在老人一锤一锤的敲打中越荡越高，它拉动着那个铁架子“哐、哐“作响，它的巨大威力强烈地震撼着在场的每一个人。终于场上爆发出一阵阵热烈的掌声，在掌声中，老人转过身来，慢慢地把那把小锤揣进兜里。

老人开口讲话了，他只说了一句话：“在成功的道路上，你没有耐心去等待成功的到来，那么，你只好用一生的耐心去面对失败。”

不知是否有人在迈向成功的道路上，从未跌过跤。有些人之所以比别人成功，在于当他们失败时，他们有毅力及勇气爬起来，重来一次。他们很早就从生活中学会没有“错误”这种东西，而只有“学习机会”。失败之所以是失败，是因你不再重新开始，而使失败成为定局。常常失败不要紧，那是你达成既定目标过程的一部分。

与其只为失败犯愁，不如仔细研究它们，其后，再试一下，直到做对为止。那可能会花上一段时间。举例来说，灯泡是个简单的东西，不过，爱迪生却试验了数千次才成功。[1]

很多的人以为成功很难，成功要付出太多，成功会很痛苦，就不去想和追求。那是不是不成功就很舒服、很自在、很潇洒了？当然不是，事实

① 《70 个哲学小故事》

上，不成功才真的更难。有的人不肯付出一时的努力去博取成功去换取一生的幸福，却甘愿用尽一生的耐心去面对失败的痛苦。

那些追逐成功的人，是为了获得更好的生活，更高的地位，更大的成就，就因为他们有梦想和肯于奋斗，他们不用去为生存本身发愁，他们时刻想着如何让生活变得更好。现在你还能说成功太累，成功太难这可笑的话么？你是选择创造、追求成功的生活呢，还是安于现状、不思进取、得过且过？当然，你有权力选择你要的生活。

你可以不思成功，但你的生活并不会因此而轻松。你追逐成功，你会因此而生活得更好。你能否想象告诉自己上万次："我今天失败了，但明天我会成功！"

二、简单真理

Ken Blanchard(布兰佳)博士以《一分钟经理》的合著者而声名远扬。布兰佳在新加坡发表演讲时，谈起他的智慧哲学。他认为自己一生的使命是做一名充满爱心的教师和追求简单真理的模范，帮助他人尽可能做到最好。他所指的"简单真理"，比如自我肯定和每天自问如下几个大问题：我今天有什么可激动的事？有何值得骄傲的？我爱谁？谁爱我？仅提出这些问题就足以激励任何人做出最佳表现。

无限的爱(组织)日用品和化妆品连锁超市 DM 在德国遍地皆是。30 年前，格茨·维尔纳白手起家创建了 DM 连锁店。他有自己的一套注重细节的经营理念，有的地方还会为注重细节做出一些特别"古怪"的行为。

当维尔纳走进一家 DM 分店时，他要求分店经理拿扫帚来。这家分店的经理把扫帚递给维尔纳，非常疑惑地说："维尔纳先生，我不明白您要它做什么？"维尔纳指着地下的灯光说："您看，灯光的亮点聚在地上，什么用处也没有。"于是，维尔纳用扫帚柄拨了一下上面的灯，让灯光照在货架上。

这样的小事也要由大老板过问，并且亲自动手，岂不把他累死？可就是这样一个大老板现已坐拥十亿家产。

维尔纳说："这样做给人留下的印象远比下达批示深刻得多。当然，我不可能每天到所有的分店跑一圈，每一个细节都不放过，但是，'商业教皇'布鲁诺·蒂茨说得对：'一个企业家要有明确的经营理念和对细节无限的爱'。"

维尔纳的基本经营理念是：员工在面对顾客时越独立自主，企业就越企业化。然而，DM 并不遵守似乎是资本主义社会的一项法则：谁干得好，就按照他的业绩给他提成和发奖金。DM 员工的收入在同业中是丰厚的，但是没有奖金。

对此，维尔纳的解释是："我认为这(发奖金)是错误的。谁发奖金，谁就是对他的员工不信任。如果哪位老板这样做，那他的想法大概是：员工本来可以做得更好，但是没有附加的刺激就做不到。"可以说，维尔纳对员工的理解和关怀，细致到了考虑到员工的自尊、价值等精神层面的深层次的需要。他的经验概括起来说就是"奥秘全在细微处"。

把每一件简单的事做好就是不简单；把每一件平凡的事做好就是不平凡。在海尔，张瑞敏说："什么是不简单——把一件简单的事情成千上万遍地做好，就叫不简单。"的确如此。

第六章　打动他人

俗语说得好："多个朋友多条路，多个仇人多堵墙。"你的智谋力不是表现给自己看的，而是要作用于他人、作用于社会。打动他人即是你智谋力的体现，也是你谋取成功的关键一步。

第一节　助人就是助己

助人就是助己，这一智谋很多人还不以为然，以至于在生活工作中没有重视可能改变自己命运的人；以至于在生活工作中处处树敌，得罪他人，成为自己前进的障碍。

一、胡雪岩的成功之谋

胡雪岩，出生于1823年，安徽绩溪人。年少丧父，家境贫寒，很小就在钱庄当学徒，后来却成为一代巨贾。其成功与善于打动他人是分不开的。

胡雪岩自小就明白：做事要靠朋友，助人就是助己。胡雪岩的成功与他善于收买人心、唯才是交，从而左右逢源，得心应手分不开。在《胡雪岩全传》中，如是的例子比比皆是。胡雪岩20岁左右的时候，遇见了一个穷困潦倒的书生，名叫王有龄。这个书生很有才华，也很有抱负，有机会做官，但是缺少进京的盘缠和做官的"本钱"。胡雪岩虽然和他并不相熟，但二话没说，立即私下借用了钱庄的500两银子送给了王有龄。这样一来，他虽因此失业了，但却为自己铺就了锦绣前程。做了官后的王有龄感其恩德，视其为生死之交。得势的胡雪岩也利用王有龄在官场上的发达，开设了钱庄、当铺、药铺，经营丝、茶，从而迅速暴富。

胡雪岩的处世哲学是与人交往，处处为对方着想，胸襟宽阔，豁达大度，不计个人小怨。胡雪岩年轻时，因为擅自借用钱庄银子去资助王有龄，从而被钱庄主管解雇。[①] 等到王有龄做了官，有了钱来还贷后，胡雪岩并没有因此而"扬眉吐气"，来报复钱庄主管解雇自己的一箭之仇，反而委屈了自己，保全了别人。由于其居心仁厚，这位钱庄主管后来成为胡雪岩生意场上的朋友。当遇到十分棘手的"敌人"时，胡雪岩也是尽量"只拉弓，不放箭"；"敌人"知难而退后，心里明白是胡雪岩手下留情，便会心存一份感激。

胡雪岩在筹办自己的阜康钱庄时，非常重视人才的作用。杭州城为太平军攻破，后又被清军收复，城里一切都是兵荒马乱的景象，可居然有自觉恪尽职守的巡夜更夫。胡雪岩发现这个"奇迹"后，认为这个 60 多岁的老人是了不起的人才，觉得不可以放过，认为他最适合看管仓库，于是立即派人郑重请其为自己帮忙。

华人首富李嘉诚的成功很能说明这一问题。有一次记者问李泽楷，你父亲教了你一些什么赚钱成功的秘诀？李泽楷说什么赚钱的方法父亲也没有教。记者觉得很吃惊，不可能吧！李泽楷说只教了我做人处世的道理。记者很生气，父亲教你做人处世的道理，你说说看，有道理给你登，没有道理不要讲。李泽楷说，我父亲跟我说，你和别人合作，假如你拿七分合理，八分也可以，那我们李家拿六分就可以了。

这是什么意思？他让别人多赚 2 分，所以每个人都知道和李嘉诚合作会赚到便宜，所以更多的人愿意和他合作。你想想看，虽然他只拿六分，但现在多了一百个人，他多拿多少分？假如拿 8 分的话，100 个会变成 5 个。

在台湾有一个建筑公司的老板，他的资产从一万变一百亿台币。他说他在别家做总经理的时候问老板，我如何能像你一样成功？老板说假如你要成功的话，我给你看一个报道，这个报道就是报道李嘉诚的，是几十年前的报道。上面写着：七分合理，八分也可以，那我只拿六分。所以

① 《胡雪岩——红顶商人叱咤商场的终极学问》。

同一套李嘉诚哲学，不同的人用之后，也可以从一个小员工变成25亿人民币的董事长。

二、这样对待一生中遇到的十种人

1. 遇到真爱的人时，要努力争取和他相伴一生的机会，因为当他离去时，一切都来不及了。

2. 遇到可相信的朋友时，要好好和他相处下去，因为在人的一生中，遇到知己真的不易。

3. 遇到贵人时，要记得好好感激，因为他是你人生的转折点。

4. 遇到曾经爱过的人时，记得感激他，因为他让你更懂得爱。

5. 遇到曾经恨过的人时，要微笑向他打招呼，因为他让你更加坚强。

6. 遇到曾经背叛你的人时，要跟他好好聊聊，因为若不是他，今天你不会读懂这世界。

7. 遇到曾经偷偷喜欢的人时，要祝他幸福，因为你喜欢他时，不是希望他幸福快乐吗？

8. 遇到匆匆离开你人生的人时，要谢谢他走过你的人生，因为他是你精彩回忆的一部分。

9. 遇到曾经和你有误会的人时，要解释清楚误会，因为你可能只有这一次机会解释清楚。

10. 遇到和你相伴一生的人时，要百分百感谢他爱你，因为你们现在都得到幸福和真爱。

第二节　尊重他人

人类一个最普遍的特性，一个强烈的、你和其他人都具有的特性，那就是——渴望被人尊重、被人承认、被人了解。请记住：尽量使别人意识到他自身的重要性，你越使别人觉得自己重要，别人对你的回报就越多，而你在他心目中也会变得重要。

一、尊重他人，助己之力

尊重他人是做人的基本美德。一切不文明的行为都是不尊重他人的表现。我们中国号称礼仪之邦，恪守着：推己及人，己所不欲，勿施于人，敬人者人恒敬之，爱人者人恒爱之等一系列古训。

将心比心，凡事不仅替自已想，也要替别人想；你有自尊，人家也有；你尊重别人、爱护别人，别人才会尊重你、爱护你。这是我们中国人的道德观。

一个不尊重别人的人，是绝不会得到别人的尊重的。专家们研究发现，精神病患者与一般人最大的不同点在于，他们在谈话时，总是“我，我……”不断，他们称“我”的次数比一般正常人要多上十二倍。这就显示，患者始终沉浸在自我的世界里边。

医生们还发现，当其病情得到改善，精神病患者们说“我”的次数便会大大减少。这也就代表着，他们开始能够意识到他人的存在，逐渐有可能脱离那个封闭的自我世界，能够容忍他人与外在的世界了。

其实，凡事以“我”为先，在言谈处事当中，不断地强调“我，我”的这种个人主义，在世俗的世界里是不以为怪的，是一种常态，许多人也并不以此为病。只要观察一下人际间的各式各样的僵持不下，便不难发现，对立的双方无不紧咬着“我觉得”、“我要”、“我认为”等。

奇怪的是，在与他人往来对谈时，如果越少使用“我”这个字，对方反而越觉得你的头脑清醒，合乎情理。如果你也留意过善于沟通的高手，注意过他们的谈话方式，你会发现，他们使用的是“你”，而不是“我”称呼。

其实，我们细想一下，在我们生活的这个世界里，尊重并考虑他人，难道不是和平和安宁的首要原则吗？在人们的交往中，自己待人的态度往往决定了别人对我们的态度，就像一个人站在镜子前，你笑时，镜子里的人也笑；你皱眉，镜子里的人也皱眉；人对着镜子大喊大叫，镜子里的人也冲你大喊大叫。所以，我们要获取他人的好感和尊重，首先必须尊重他人。

也许你曾遇见过或者听说过，有人问路时言语不礼貌，人家就会不理睬，甚至故意错指方向让他吃苦头；和人家联系事情，如果傲慢无礼，人家就不会合作。我们每个人都有自尊心，都希望别人友好地对待自己，尊重自己，因此，尊重人也是人与人接近的必要且首要的态度。

要做到尊重他人，首先必须平等地对待每一个人。心理学研究表明，人都有友爱和受尊敬的欲望，交友和受尊重的希望都非常强烈。人们渴望自立，成为家庭和社会中真正的一员，平等地同他人进行沟通。如果你能以平等的姿态与人沟通，对方会觉得受到尊重，而对你产生好感；相反地，如果你自觉高人一等、居高临下、盛气凌人地与人沟通，对方会感到自尊受到了伤害而拒绝与你交往。

在沟通中，千万不要伤害对方的自尊，否则，受损失的一定是你自己。有一位中国留美学生常在课余时间帮一家餐馆洗碟子。厨房的监督是一位典型的美国人，他很慷慨，但也很唠叨。他常在留学生工作时站在旁边“演讲”：“你太幸运了，我们的政府批准了你来这里读书，现在我又给你一份工作和许多食物，使你连饭钱都省下了……”有一次，这位监督又重复这话时，留学生站起身指着对方说：“再说下去，我就一拳打扁你的鼻子。”此后，监督再也没有发表类似的“演讲”了，因为他明白，哪怕是给别人饭碗也要尊重别人。

尊重别人就要对他人以礼相待。但绝大多数情况下，人们在生活中没受到应有的尊重，因此也就不太善于尊重别人。更糟的是，自尊心差的人在充满压力的环境中往往变得武断、急躁和出言不逊，把他们苦心培养起来的所有交流技巧忘得一干二净。

二、看重他人

例如：张先生：“在这个事业计划里，依您的经验和能力，您一定会获得成功。”

从现在起，你必须学会以下重要的忠告：[1]

① 《如何与人沟通》。

A. 尽量使用这样的称呼:"您、您的、您的意见、您认为"而不是"我、我的、我自己。"

B. 认真聆听别人讲话,如果你细心,诚恳地聆听别人,则会使他们觉得自己非常重要。

C. 赞许和恭维别人,关心他们的家人。

D. 尽快记住和称呼他全名,这将会使他们觉得你很亲切,非常喜欢你。

E. 在回答别人的话之前,请稍加停顿。因为一小会儿的停顿,会使他们感到你认真聆听和思索了他们所说的话,肯定了他们所说的话是值得思考的。

F. 学会关心别人,关心别人的现状、事业、工作、身体、家庭等。

三、赞同他人

A. 学会赞同和认可,在自己的头脑中一定要形成一种态度,一个思维框架,培养一种赞同的性格,成为一个自然而然的赞同别人和认可别人的人。

B. 当你赞同别人时,一定要说出来,让别人知道你在赞同和认可他们,不妨试着这样去做,点头说"是的",或注视着对方的眼睛说"我同意您的说法"或"您说的对,我完全赞同"、"我认为您的看法很好"等等。

C. 当你不赞同别人时,千万不要表露出来。

D. 当你犯错误时,要敢于承认"我错了,请原谅","对不起,这是我的失误"等。只有这样你才具有真正的人格魅力,形象的完美。

E. 避免与人争论,人际交往中最忌讳的就是与人争论,因为没有人能从争论中获胜,也没有人会从争论中赢。争论不是解决问题的最好办法。请你务必记住这一点。

归根到底,赞同艺术的根源在于:

——人们喜欢赞同他们的人。

——人们不喜欢反对他们的人。

从今以后,请积极地赞同别人吧!大胆地把你的大拇指伸出去赞同别人，只要你懂得并善于运用赞同的艺术，你就会成为一个受人欢迎的人。

四、赞扬他人

人生在世，都需要精神食粮。你是否记得教师或领导当众的一次小小的赞扬后的感觉，那种美妙的感觉持续了多久吗？

多说些称赞别人的话，人们会因此而喜欢你，而你自己也会因此而受益无穷。慷慨一些去赞扬别人吧！但是您一定要注意：

A. 赞扬要真诚，倘若这种赞扬不真诚还不如不赞扬。

B. 赞扬行为本身，而不要赞扬人，赞扬行为本身，可以避免尴尬、混淆、偏袒，并鼓励更多的同类行为。

如："王经理，您的建议对公司帮助很大。"要胜过："王经理，你是个了不起的人。"

C. 赞扬要具体、要实在，不宜过分夸张。

例如："张小姐，你太漂亮了。"不如说："这件衣服穿在你身上真漂亮。""你真会买东西，我下次买衣服一定请你去当参谋。"

D. 赞扬要及时，而不要事隔太久。

及时地赞扬别人往往取得最好的效果，尤其是当场及时赞扬别人，效果更好。请你养成每天赞扬三个不同的人的习惯。你会感到这么做以后，你自己多么开心！这就是你的快乐方程式。当看到这么做给别人带来幸福、欢乐和感激时；当你看到自己可信赖的朋友越来越多时，当你看到自己的魅力和影响与日俱增时，你自己也会因此而感到幸福、快乐和人生的充实。

五、感谢他人

仅仅在自己心里感激，赞赏别人是远远不够的，应把你的这种感激之情巧妙地表达出来，这是因为喜欢向他人表示感激的人，会得到加倍的回报。对人说"谢谢"时，一定要适时、恰当、巧妙，这就需要：

A. 表达谢意时态度要真诚。

B. 清晰、自然地表达。

向人致谢时，要表现出高兴、快乐的感情，不要吞吞吐吐，细声细语含糊其辞。

C. 注视着你所要感激的人。

当你注视着对方并向对方致谢时，对方会感到你的真诚，会感到他对你的理解和帮助是值得和有意义的，因为你已牢记在心。

D. 致谢时要说出对方的名字。

说“谢谢您，王梅”，同说“谢谢您”产生的效果是完全不同的。

第三节　吸引他人

或许每个人都会问自己这样的问题：如何才能让自己成为一个人气高、有魅力的“明星”呢？其实最关键的就是你的吸引力的大小问题。专业的心理学研究告诉我们，如果在交往中双方均能互相满足对方的需要时，就可能会结成更亲密的关系；如果一方不够友好、不够真诚，或做出不利于对方的行为，直接后果就是引起对方的不安或不满足，从而导致彼此关系疏远或者恶化。

在社会生活中，人们从相遇、相知到相交，以至于形成一定的感情联系，喜欢某些人，而不喜欢另一些人。为什么会这样呢？在心理学上称这种情感占据优势的形式为人际吸引。

怎样才能使自己成为一个有吸引力的人呢？有心理学者研究结果证实，对人际吸引有影响的首先是相似性。人们大多喜欢那些和自己比较相似的人，这包括信念、价值观和个性的相似，社会地位的相似，年龄的相似等。[①] 例如，都很喜欢体育运动或都喜欢文学的两个人或一群人，他们之间的磁场就会很强，吸引力就会很大。同样的道理，人们也更愿

① 《心灵之光——经理人心理健康指南》。

意和与自己社会地位相近、容貌相当的人交往，这样人们在交往时情感往往不会出现落差，心理较易获得平衡。

影响人际吸引的第二点是互补性。人们既喜欢那些与自己相似的人或事，也喜欢与自己个性、品质相反的东西。这种例子在日常生活中并不少见。例如具有强烈支配欲性格的人常常会与具有顺从性格的人很好地相处，这是因为双方在交往中形成心理上的互补关系，从而产生了相应的吸引力。

相似性与互补性看似矛盾，但实际上却反映了观念和认识上的一致。

此外，容貌、体态、举止风度及服饰都影响人际交往的深入，能力、才智和品德也显得很重要。

一项心理学研究表明，在人际关系中最受欢迎的十项人格特质依次排列为：诚恳、诚实、理解、忠实、可信、可靠、聪明、关怀、体谅、热情。

因此，加强自身修养，培养良好的举止风度，打扮得体，找到你的准入人群，相信你会在与他人交往中更具魅力。以下一些技法可能会助你吸引他人。

一、合作和分享

多跟别人分享看法，多听取和接受别人意见，这样你才能获得众人的接纳和支持，方能顺利推展工作大计。

二、微笑

你如何立刻使10个人中的9个人喜欢你！钢琴家维克多·波尔格(Victor Borge)说："笑是缩短两人之间距离的最好的方法。"请记住，任何一个交往最初的一瞬间往往是决定整个交往过程的基础，并且人类行为具有群体性。因此，在最开始，在你双目接触的瞬间，在你打破沉默之前，在你开口说话之前，请露出你亲切的笑容，这样会使你马上拥有一良好的氛围。自然、坦诚、积极的微笑，只要运用恰当，的确有种难以抵挡的魅力。无论他是茶水阿姨、暑期练习生或总经理，无时无刻向人展示灿烂友善的笑容，必能赢取他人的好感。年轻者视你为学习榜样，年长者把你当儿女看待，如此亲和的人事关系必有利于事业的发展。

三、善解人意

同事感冒你体贴地递上药丸，路过饼店顺道给同事买下午茶，这些都是举手之劳，何乐而不为？你对人好，人对你好，在单位里才不会陷于孤立无援之境。

四、不搞小圈子

跟每一位同事保持友好的关系，尽量不要被人认为你是属于哪个圈子的人，这无意中缩窄了你的人际网络，对你没好处。尽可能跟不同的人打交道，避免牵涉到办公室政治或斗争中，不搬弄事非，自能获取别人的信任和好感。

五、有原则而不固执

应以真诚待人，虚伪的面具迟早会被人识破的。处事手腕灵活，有原则，但却懂得在适当的时候采纳他人的意见。切勿万事躬亲，毫无主见，这样只会给人留下懦弱、办事能力不足的坏印象。

六、勿阿谀奉承

只懂奉迎上司的势利眼一定犯众怒。完全没把同事放在眼里，苛待同事下属，你无疑是在到处给自己树敌。

七、勿太严厉

也许你态度严厉的目的只为把工作做好，然而在别人眼里，却是刻薄的表现。你平日连招呼也不跟同事打一个,跟同事间的唯一接触就是开会或交代工作,试问这样的你又怎会得人心?

八、说说自己的私事

比如,你的男朋友或女朋友的工作单位、学历、年龄及性格脾气等话题;如果你结了婚,有了孩子,就有关于爱人和孩子方面的话题。在工作之余,都可以顺便聊聊,它可以增进了解,信任是建立在相互了解的基础之上的。

九、有事要向他人求助

轻易不求人,这是对的。但有时求助别人反而能表明你对别人的信赖,能融洽关系。比如你身体不好,你同事的爱人是医生,你可以通过同事的介绍去找,以求更好得到解决。倘若你偏不肯求助,同事知道了,反而会觉得你不信任人家。你不愿求人家,人家也就不好意思求你;你怕人家麻烦,人家就以为你也很怕麻烦。你吸引他人是以互相帮助为前提的。当然,求助要讲究分寸,尽量不要使人家为难。

十、表扬在先

如果你要批评他人,之前应该这样做。先把他的优点提出来,就是铺平了批评的道路。切记:即使最有修养的人,也不喜欢别人指出他做错了事。先进行表扬,让他知道你并无恶意,他就会诚心接受批评,否则,他就会产出一肚子怨气:你凭什么管我?

第四节　打动上司

作为职场中人,你当然可以说自己不在意你的上司,但这是看似清高实则愚笨的想法。打动上司是你打动他人的智谋力中一个重要部分，保持与上司的良好关系，能博得上司的好感、赏识和帮助，有利于自己做好工作，取得进步。当然，你不能用某些低级暧昧或俗气的方法达到这一目的，需要的是你聪明的谋略。此处提供十种计谋。

一、虚心请教

当上司取得了丰功伟绩的时候，他周围有的是赞美声和一张张笑脸。作为下属的你如果也去这么做，就不会引起上司的特别注意。因此，明智的做法是虚心请教，你可以恭恭敬敬地掏出笔记本和钢笔，真心诚意地请他指出你应该如何努力，也可以谈论上司值得骄傲的东西，向他取经。这样做会引起他的好感，使他认为你是一个对他真心钦佩、虚心学习、很有发展前途的人。

二、热心帮助

上司也有上司的苦恼，他们可能会因为工作头绪繁多而忙得焦头烂额，可能会因为事业发展阻力太大而停滞不前，可能会因为家庭纠纷而沮丧不已。大多数下属遇到这种情况会表现出逃避的姿态，他们觉得上司办不了，自己也帮不了。其实，只要你说出一句“我来帮帮你”的话语，上司就可能感激不已。

三、真心仰慕

有的上司公心很强，即使是对自己的至交、亲戚，在生活上可以互相帮助，但在工作上却与其他下属一视同仁。他们对于下属，不论是谁，有功绩就奖励，有过失就惩罚，决不颠倒是非，不分黑白。对这种类型的上司，要真心仰慕，除了处处尊敬、维护外，还应和他保持经常的联络。这种上司往往认为自己的做法是正确的，但一些亲朋好友却不理解，他们经常会感到寂寞。因此，作为下属的你就要多和他联系。当面汇报也好，电话请示也好，平时探望也好，都会使他高兴。如果你这样做了，并且不存偏见，就一定会得到很大的益处。

四、适度恭维

有些上司自恃头脑聪明，交际广泛，或者背景深厚，往往认定自己是一个了不起的人物，从而趾高气扬，骄傲自满，甚至目空一切，飞扬跋扈。对于这样的上司要适度恭维。由于他们喜欢旁人对他歌功颂德，反感对其批评指责，甚至厌恶那些对他们的“功”、“德”毫无反应的人，所以，对他们不恭维不好，恭维过度也不好。所以在恭维时，要找准确实需要增光添彩的“闪光点”，最好郑重地讲给第三者听。这种恭维，不管是当着上司的面，还是在上司的背后，都能起到很好的效果。

五、积极靠拢

有的上司在官场上一帆风顺，他们从一个级别晋升为一个较高级别，甚至越级提拔，往往只用了很短的时间。他们之所以提拔快，往往是因为有着与众不同的优势，或者能力特强，或者功绩卓著等。他们对待下属往往有这样的心理：一是敢于提拔，二是乐于提拔，三是对于需要提拔的下属也有苛刻的要求。因此，对这类上司要积极靠拢，诚诚恳恳地和他们做思想上的交流，认认真真地执行他们所做出的决定，严格地按照他们的要求去办事。

六、心怀崇敬

有的上司对部下要求非常严格，一旦发现下属存在缺点，就会对其毫不客气地批评指正，甚至一点也不照顾下属的面子。对于这样的上司要心怀崇敬，不可因为受到批评，包括不公正、不合理的批评，而对上司心存不满。如果误解了上司的批评，就等于把“宝石”当成了“石头”。心怀崇敬，就是要觉得上司是非常高大的人，是值得尊敬的人。这样在与上司的相处中，一定会让上司感到高兴，一定会让自己得到益处。

七、拥护尊重

有些上司能力平平、成绩寥寥，没有引以为自豪的地方。但不要因此认为这样的上司就是不中用的人，他一定是有某种优点，所以他的上司才会提拔他。总之，不论他是否值得你敬佩，你都必须拥护他。这种类型的上司心里，会强烈地希望得到部下的拥护。如果下属们能够对外宣传上司的优点，一旦风声传到了他的耳中，他就会更严格地要求自己，更加关心部下。

八、周到细致

有的上司人情味很浓，他们能够想到下属的孩子该上幼儿园了，从而悄无声息地为其办好入托手续；他们能够体察到下属的家务会很繁忙，从而坚决地让下属回家料理家务，而由自己承担沉重的工作任务。人情味浓的上司心思缜密，在他们手下工作要周到细致，与其相处不可忽视每一个细节，不可少做每一件应该做的事。这样长久下去，不仅会使自己的素质得到很大的提高，而且也会得到上司的称赞。

九、注意分寸

“企望往高处爬的人，应该踩着谦虚的梯子。”这是莎士比亚的名言。你不要自作聪明估计公司前景，然后再用专家的口吻去判断事情，这样做是作为下属的大忌。而乱讲加薪幅度在企业中绝对没有好处，每个人加薪幅度的多少，只能证明老板对他的印象和喜爱程度，而不一定标志工作能力的高低。同时，在穿着方面，切勿穿得比自己的老板更好。当老板和下属一起与陌生人打交道时，假如陌生人不清楚，把下属当成了老板、老板当成了随员，此种情况下更会使老板心怀不满，一定在心里把该下属打入了“死囚”的行列。

十、适当建议

当然，要打动上司，不止是要做到以上的一些方面，还要大胆地提出建议。在适当的时候向你的上司提几点“建议”，它不仅包括了你所要提出的意见，而且指出了解决问题的方案。

注意以下几个问题，它们直接影响你建议的效果：

1. 选择适当的时机

这里主要照顾到你的上司的心情。请记住他也是个普通人，当公务缠身、诸事繁杂时，他未必有很好的耐心随时倾听你的建议——尽管它们极具建设性。

2. 关注对方，恰当举例

谈话时应密切注意对方的反应，通过他的表情及身体语言所传达的信息，迅速判断他是否接受了你的观点，并视需要而适当地举例说明，以增强说服力。

3. 态度诚恳，言语适度

注意说话的态度和敬语的运用，恰到好处地表达出你的意思。由于你的坦率和诚意，即使对方不完全赞同你的观点，也不会影响到他对你个人的看法。

4. 限用一分钟发表

一般来说上司都对长的意见感到不耐烦。如果你能在一分钟内说完你的意见，他就会觉得很愉快，而且如果觉得“有理”，也比较容易接受。反之，倘若他不赞同你的意见，你也不会浪费他太多的时间，他会为此感谢你。

如果想再具体界定一下的话，那么最好将你的语速保持在每分钟300个字的标准。比这个标准慢就显得过于缓慢。

5. 否定也是意见的附属品

向上司提意见，如果马上获得认可，事情就很简单。不过，一般而言，不认可的情况比较多。毕竟提意见的对象是你的上司，是否接受你的意见他当然需要慎重考虑。

当意见被“我不赞成”或“这不合适”等驳回时，有些人往往心灰意冷。其实，因为一两次的意见被否决就责难上司，而放弃自己的努力是一种非常愚蠢的做法。向上司提意见应该抱着“否定也是意见的附属品”的合理想法，要勇于碰壁。当然仅仅做到这一点还是不够的，还应该在你的意见的内容上、方式方法上下工夫。

首先在内容上，既然是提意见，就必须言之有据。不仅要把自己的意见表达出来，还要以大量的数据材料为依据，使意见站得住脚，否则一旦让上司问倒了，就容易造成信口开河的负面影响。

其次，意见的内容没问题了，还要注意提意见的方式方法。向上司提意见本非坏事，但如果过于“热心”，会使自己“冲”过头，上司必定会认准你是个麻烦制造者，不会接受你的意见。此时，你切记不要过于自作主张而忽视了上司周遭的人际环境以及时间安排。

第五节　谋取员工支持

如果你是一位管理者或者说你已创立了自己的事业，那么应该用自己的智谋来获得员工的充分支持。

一、建立正确的人才观

只有建立正确的人才观，才能真正有效地谋得员工的心。

正确的人才观，首先从正确的选才原则开始。你应该以求才之渴、识才之眼、举才之德、容才之量和用才之胆去甄选人才。任人唯亲，不敢聘用比自己能干的人的想法都将阻碍你和企业的发展。

正确的人才观，还包括在管理上切实体现对人才的尊重。现代管理理论中有两个著名的理论：经济人与社会人。经济人的假设认为人的本性是懒惰的，尽可能逃避工作，不愿承担责任等；而社会人的假设则认为人都是勤奋的，人们可以自我激励、自我控制，在人群中存在着高度的想象力和创造性。经济人的假设，必然导致“胡萝卜加大棒”的管理方式。而这正是一些人的管理方式——时刻监督，处处防范，惩罚严厉，常常喜欢“杀一儆百”。然而，按社会人假设，管理者应采取的是截然相反的管理方式——创造适宜的工作环境：满足下属的尊严需要和自我实现需要；让下属担负更多的责任，使他们发挥潜力，自我控制，以达到个人与组织目标的一体化。虽然社会人假设仅是一种理想状态，但是真正尊重人就会把人性好的一面发扬光大，同时使企业的利益最大化。如果是把员工当作“经济人”，员工的自尊心得不到满足，久而久之，员工就会真的变成“经济人”，对工作不满，能少干就少干，并时刻酝酿离开这个“大棒”常现的地方。

正确的人才观，还包括合理的人才流动政策。人才流动虽是每家企业都会遇到的，但当员工跳槽频繁时，就应该引起你的注意了，决不应拿“合理的新陈代谢”作为“掩耳盗铃”的借口。可采取的措施包括：通过科学的评估合理配置人才，使优秀的人才不至于因工作过于简单而感到乏味，降低工作效率，甚至产生流动的愿望。而对于那些能力较差的人员，也应给予一定的培养，或将其调换到与之相适应的岗位。有些企业一方面为优秀人才不断流失而发愁，一方面又为了节省成本而常常通过某些手段使其认为能力不够的员工流向外部劳动力市场。其实，在某个岗位上发挥不力的人员不一定在另一岗位也无所作为。一些管理者招了人就要马上用，一不合适就立即将之剔除的做法不仅使新员工心寒，老员工也会感到企业的人情味不够。人员的新陈代谢应该建立在和谐的基础上。如果流动并不能使企业的人力资源结构越来越合理有效，则这样的流动对企业将是有害无益的。

二、在属下面前树立威信

在强调人际互动的社会环境下，不能一味地依赖权力和行政命令，而要依靠自信达到目的，同时也要帮助属下树立自信心。因为从现代管理学的观点看，员工充满自信，责任心就会增强，工作效率会更高，失误会越来越少，你也就更省心了。

要想令员工为自己出力，你的个人魅力可以说是至关重要的。这主要体现在能够正确把握方向、坚忍不拔、业务精专、尊重下属等方面。如果没有这些领导者的特质，员工就不可能打心底佩服领导并愿意与他同舟共济。

在员工面前树立威信的有效方法是同他们产生真正的交流，给他们一定的空间，让他们说出想说的话，即使不同意他们的意见，也要认真倾听，然后再负责地同他们讨论甚至争论，这样会使他们感到，他们在工作中有着举足轻重的作用，他们的信心也因此而能够得到加强。

工作关系一旦长久，办公室里很容易形成空洞的停滞的人际关系。因此，你讲话的方式和内容的新鲜生动就显得日益重要。语言要尽可能丰富和形象化，需要引起他人注意时要用果断性语言。下达指令时只说一遍，必要时辅助一些强化性的手段，如复述、录音等。特别是在要求大家做出更大的努力和贡献时，要开诚布公地说出真话，鼓舞大家的信心，会收到意想不到的功效。

《情绪智商》一书作者高曼和管理学者博雅兹及麦肯在专著《打造新领导人》(Primal Leadership)中访谈了近四千个中小企业的领导者后发现，有几种领导者最能激发员工的创新和生产力。

○有远见的领导人

能洞见未来的领导人，为公司设定一个清楚的长远目标，并且可以和员工分享他的目标。

○教练型的领导人

教练型的领导人，藉由和员工的互动和原则性指引，可以把所有的明星的潜力发挥到极致。

○融合型的领导人

融合型的领导人，可以积累员工的亲密关系，这可以帮助创造紧密的工作关系，促成工作上的和谐和合作。

○民主的领导人

每一个组织中都需要共识的建立者，这些领导人会在做决定前，问问其他人意见，因而凝聚团队共识。借着这些善于沟通的领导人，通常也是伟大的倾听者，可以消弭冲突和建立员工的忠诚。

但你也要避免做两种类型的上司：

1.好好先生型上司。其作风与大家庭中人慈的长者极为相似。他以人和为宗旨，经常保持息事宁人的态度，崇尚忍让，时时姑息，处处迁就。该型上司的错误观念在于：①将软性管理视同人的管理；②将冲突视为一无是处；③以为和谐的气氛有助于士气与生产力的提高。

2.霸道型上司。这类上司一方面毫无休止地认同与奉承他们的上司，另一方面则戮力驱策自己与下属提高工作绩效。在他们心目中，下属只不过是提高工作绩效的工具，因此他们并不理会下属的感受、福利或前途，他们使下属绝对服从并贯彻命令。该型的经理之下，组织及成员均受其害，大致如下：①过度严密的督导将使下属在相当程度内成为“听话的机器”，下属的创造与想象力将丧失殆尽。②在下属心目中，上司即代表组织，下属对组织将产生离心力，士气的低沉自不在话下。③霸道型的上司因人缘关系，本来可以借和谐的人际关系予以解决的问题，不得不片面地改用组织结构之变动解决之。④在霸道型上司的心目中，冲突代表控制松弛之结果，他们对冲突一向采取压制手段，这将促使冲突之趋向尖锐化。由于冲突不能化解，组织内的冲突事端自然频频发生。

三、有效地进行激励

激励员工并非易事。在不同场合运用不同的激励措施往往能产生较好的效果。你可采取的激励措施也包括目标激励和榜样激励等。

1.情感激励

现代领导科学认为，管理的本质就是一种人与人的关系。一个好的领导，就是要透过这种人与人的关系，以自己的模范行为影响他人，激励员工的积极性，并通过对员工无微不至的关怀，使他们感受到企业的温暖，从而增强主人翁责任感。[①] 比如，如果你能够在员工生日的时候亲自安排为他庆祝，常常能使员工感受到家的温暖，并对你充满感激之情，从

① 《小企业管理十条黄金法则》。

而更尽心尽力地为企业工作。在令员工忠诚奉献的规则中，一个有趣的内容是员工与经理人、经理人与团队之间的关系变得更加重要起来。员工愿意留在团队内，不会接受其他单位的聘用，因为他们与上司之间建立了一种牢不可破的关系，担心在其他单位恐怕无法构建这种关系。因此，你越是重视加强与员工之间的沟通，员工对整个企业的归属感就越强。毕竟员工每天都要上班，而且与之打交道的是他们所在的团队，而不是庞大的企业整体。所以，你越是加强和调整这种密切关系，你就越能得到员工的支持。

2.荣誉激励

荣誉激励是通过满足人们的自尊需要而达到激励的目的。如IBM公司设有“100％俱乐部”，每当有员工超额完成销售额时，他就被批准成为这一俱乐部成员，他和他的家人将被邀请出席隆重的集会，获得极大的心理满足。有的时候，你一句当着其他员工面的赞扬也是对优秀员工的激励，这种对员工贡献公开承认的做法无须成本，但激励效果却相当显著。

3.物质激励

虽然激励有多种形式，但是物质激励对于人的重要作用是不可否认的。物质奖励并不是万能的。许多国外企业的员工在工作中做出了贡献或取得一定成绩时，在物质奖励和荣誉面前，选择的往往是荣誉。但是，这通常是在物质已经有了保障的前提下。很难相信，一个得不到物质保证的企业能使劳动者的积极性持久发挥。对于起步不久的你来说，想在物质激励上与优秀的外资企业媲美是不太可能的，但是决不能因此就忽视物质激励的重要程度，应该把有限的资金用在刀刃上。比如，在选择是加薪还是发放奖金时就应该综合考虑各因素。如果员工对现有薪水已颇多微词甚至十分不满，那么加薪远比奖金有用，有利于增加员工的“向心力”。而对一个月薪2000元的员工来说，一次性发放5000元奖金，对他的“刺激”肯定远比每月加薪400元来得深刻。

4.事业激励

台湾著名的“鞋业大王”、台湾环隆企业集团创始人蔡长汀在防止人才外流方面做得相当出色。他的做法是，用自己的钱使一些人成了股东或企业主。每当看见自己认准并确有才干的人要离开时，他就说："别走了，留在环隆，我给资金，你自己干，成功了企业归你，失败了算是我出的培训费。"结果，想走的不走了，从而更激励出企业内部的活力。人们不但高兴地看到自己前途的光明，也更钦佩蔡长汀的为人。"环隆就像是一株兰花，只有不断地分根，才能生出许多新的兰花来。有了这些小兰花，我们的人才就保住了，事业就发展了，何乐而不为呢？"

5. 给予足够的信任

信任首先体现在给予员工自主管理的权利。现代人力资源管理的焦点是以人为中心，主张"情、理、法"三者的有机结合，追求"无为而治"的管理最高境界。

管理学家麦克格雷在《企业中人的因素》中写道：人们普遍存在着解决问题的智力、创造力和想象力，如果条件适当，人们不但不会逃避责任，相反会主动承担责任。当企业为员工提供了良好的自主管理制度时，人们会产生由衷的归属感和责任感，提高积极性，充分发挥能力作用，有利于提高企业生产效率。1987 年美国的福特公司和通用公司同时取消了"监工"这一职位，这是企业对员工自主管理及其效应的充分肯定。

此外，充分信任还体现在公司资源的分享上。当员工学识提高，资讯科技普及时，员工对企业的期望值也提高。企业的资讯必须较大程度地公开，增强透明度以加强员工的信心，使员工真正感觉到自己是企业的主人。

充分信任还包括合理的赋能授权。惠普公司（Hawlett－Packard）负责桌面电脑的美国市场经理博格（Mark Borg）说："对我们来说，授权意味着不必由管理人员做每一项决策，而是可以让基层员工做出正确的决定，管理人员在当中只担当支持和指导角色。"赋能就是给予员工做好工作所需的知识和技能；授权就是支持员工自我负责。未经培训，员工可能一事无成；失去责任感，员工往往只管做，而不愿去动心思。被赋能的人对自己具有良好的感觉，因为他们有机会做出卓越的表现；被授权的人也具有良好的自我感觉，因为他们能对自己的一生负责，得到他们所需要的能量，即他们的才华、智能和资源，并展现出他们在许多方面能对自己的生活产生重要影响。敢不敢放权，是衡量一个领导者用人艺术高低的重要标志。企业中有一个很大的通病就是老板对部下不够信任。如果领导者对部下不放权，或放权之后又常常横加干预、指手画脚，必然造成管理混乱。另一方面，部下因未获得必要的信任，也会失去积极性；同时部下还会产生依赖心理，出了问题便找领导，使领导者疲于奔命，误了大事。

四、做一做下面的测试题，给自己打打分，看自己是否能得到属下的支持。

1. 你的属下是否经常找你？你的办公室门是否经常开着？

○不　○没注意　○是

2. 你是否鼓励属下在开会时参加讨论，或通过其他方式收集他们的意见和建议？

○不　○没注意　○是

3. 你是否能倾听属下的发言，在发生争执时，你是否不感到难堪？

○不　○没注意　○是

4. 在属下出错时，你是否宽容并使他们感到你的信任和支持？

○不　○没注意　○是

5. 你是否在批评属下的同时给予建设性的意见，并且没有伤害他们的自尊心？

○不　○没注意　○是

6. 你是否认为你的属下觉得你容易接近？

○不　○没注意　○是

如果你的答复都是“是”，那么你可能是属下拥护的人，他们乐意为你工作。如果对上述问题都“没注意”，那么你应该改善办公室里的人际关系。如果你的回答是“不”，那么你的部门可能已经死气沉沉，大伙有话不敢说，工作起来会无精打采，这对你是一个很大的损失，必须加以纠正。

第六节　贴近顾客

Fred Wiersema 如是说道：放下令顾客满意的旧观念吧，只有致力于贴近顾客才能取得成功。

试想，一个企业销售某种大众化产品，然后派遣训练有素的员工队伍去遍布全球的顾客工厂，教他们尽量少用这种产品。

违反常理吧？

一点不假！

值得这么做吗？

通用电器塑料公司（GE Plastics）注重顾客经营业绩，将顾客的产品看做自己的产品，从而在行业中遥遥领先、市场份额不断扩大。作为工业巨子通用电器公司（General Electric Company）在美国麻省的分支机构，该公司针对行业组建各种团队，帮助顾客开发新产品、处理技术、设计生产流程以降低成本、提高业绩。

他们还派出跟踪团队去发现顾客工厂中的问题。不管是废料太多，还是产出率或存货周转不理想，通用电器塑料公司的业绩团队都能和顾客一起设计解决方案并付诸实施。

结果呢？通用电器塑料公司的提高生产率项目仅在 1995 年一年就使顾客节省了 6800 万美元，其自身的销售收入也增长了 11%。

就像当今世界不少有类似想法的市场领先企业一样，通用电器塑料公司正处于本时代最重要的战略转变前沿，即转向贴近顾客。他们摒弃原来那种分清你我的思维模式，转而接受了这样一个共同理念：即成长、利润和优势的最大源泉在于构建和培养一种贴近顾客的关系。

一、不健康的依赖？

贴近顾客并不要求提高顾客满足度，而是要为顾客的经营结果负责。它不是隔靴搔痒式的善愿,而是要求苦乐与共的团结、有用信息的交流和协力谋求成果。

这是否意味着贴近顾客的企业像照看小孩一样在“照看”他们的顾客呢?他们是不是在混淆供应商和购买者之间那种实实在在的有用界限?他们不是在鼓励顾客走进一种不健康的依赖关系吧?

绝对不是。

贴近顾客的供应商并不是对顾客的怪念头百依百顺,而是去发现如何针对需要,为顾客提供完美的解决方案。这样,企业成了顾客不可或缺的伙伴。他们的经营活动常与顾客的业务融为一体,对顾客最终的成功起着重要作用。

他们并没有混淆界限,事实上,倒是建立了更明晰的新界限。当两个企业从一种简单的买卖关系转为技术和运作上更复杂的贴近顾客关系之后,双方各自的责任也就确定无疑。他们创建了一种新的思维模式,或者说,一种新的经营方式。从结构、战略到价值取向和观念,一切都是新的。

二、满足顾客所需

普莱德公司(Premdor)是加拿大多伦多的一家制门商,该公司的销售增长着实令人瞩目。仅仅在1993年到1994年一年间,销售额就从约6700万美元猛增至7.44亿美元。目前,该公司已在四个国家拥有自己的生产配套设备,并且通过创新的营销手段营造出一系列门品牌。对于公司的成功,服务质量的影响似乎微乎其微。事实上,服务质量恰恰担当着举足轻重的角色。

普莱德公司给经销商和零售商的销售人员提供培训,在销售点设置商品经营系统并聘请门户专家提供免费电话咨询服务。同时,在现场开设一台“制门机”,几分钟之内就能将一块木板加工成一扇完全符合顾客要求的成品门。

西点市场(West Point Market)是美国俄亥俄州一家极为成功的风味食品店。在它建立57年后,西点市场已经扩建了6次、改建了21次。

现在，西点市场到处可见鲜花，栽种的草木多达80多株，洗手间里播放着悠扬的古典音乐。在这里，还会经常安排一些食品的品尝与演示活动。

而且，初次光顾的顾客可以得到一封由店主Russ Vernon(弗农)签发的感谢信和一张价值两美元的赠券，给顾客再次光临时使用。在每月例会上，每位收银员还要和收银部同事一起按姓名回想一下十位顾客。

普莱德公司和西点市场的例子都充分证明了，所有企业都是服务企业。它们的成长凭借的是与顾客的贴近，而不仅仅是优质产品。

三、三条原则

要产生这样皆大欢喜的结果需要什么？企业怎样将贴近顾客的观念和承诺付诸实践并从中获利呢？怎样将许下的诺言兑现？

有三条原则需要遵守，也可称为贴近顾客三原则：

第一，展开你的商业智谋。大胆寻求满足客户需求的更佳途径。像顾客一样看待事物还远远不够，你必须看得更清晰，必须深入研究顾客的市场、运作、习惯和希望。智谋能拓展顾客和你自己的期望。

顾客通常不明白或无法说出自己想要什么。在更多情况下，他们不知道自己的需求。因此，贴近顾客的供货商需要教育顾客、明确他们的期望、指导他们如何从所购之物中获取最大收益。

旧金山一家鲜花邮购公司佳歌公司(Calyx & Corolla)利用邮递、传真或电话方便购花来解决这些问题，并进而帮助顾客为特定场合挑选合适的鲜花、利用鲜花来作日常装饰。顾客知道，只要拨一个800免费电话就能向佳歌公司的“花草医生”咨询如何照料花草。

第二，培养人际关系。贴近不是做交易，不是把收入一登账就可以置诸脑后的一锤子买卖。它是一种基于信任和坦诚的动态关系。如果你一次次一丝不苟地帮顾客取得成果，这种关系就能得以发展。对关系要认真挑选并加以培养，维护这些关系提高双方生产力的能力。

我们来看看一家叫马歇尔实业公司(Marshall Industries)的电子产品大经销商和它的大主顾之一，承包生产商诊断仪器公司(Diagnostic

Instrument)之间的关系。局外人很难对这两家公司一分彼此。它们一起销售产品、预测行情，取消了各自独立的订单、账单、发票和会计系统。他们使用的软件能共同管理承销物料系统。马歇尔公司的销售代表甚至出席诊断仪器公司的采购会议。诊断仪器公司行政总监 James Hashem(海信)说："我们已给他配了办公桌椅和电话。他在马歇尔和我们公司的电子信箱上都挂了名。这的确节省了联络时间。对我们双方来说，时间就是金钱。"

第三，身心投入。新的需求和新型的关系要求贴近顾客。要满足这些需求、培养这些新型关系必须日复一日地针对每一个顾客灵活应变，同时还要使企业文化、体制、评判标准和经济情况与之适应。当然，尽心尽意是培养贴近顾客文化的核心。这就意味着坚定不渝地乐意为顾客效劳。

在三星电子公司，电话铃一响，贴近顾客之旅便开始了。曾有很长一段时间，三星的顾客打电话来查询时，部门之间老是相互推诿，顾客怨气日积。最后，这家电子厂商组织了一个由各部门员工参加的集思广益团队，征询了顾客的改进建议，并采用一种综合软件系统使公司各部门联机，从而重新设计了与顾客的联系，顾客可以直接找到相关部门。该公司的解决方案是，建立"商务运作中心"。顾客只需拨一个广为传播的电话号码就可以得到有关产品规格、定价、订购程序、开票和付款的准确信息。

智谋、关系和投入这三条原则是相辅相成的。虽然要做到哪一条都不容易，然而，你得努力同时兼顾三条，否则就会失败。

四、顾客至上

让我们来看看一则顾客至上的例子。号称日本两大百货公司之一的大荣百货公司创建于 1957 年。初创时的大荣公司只是大阪的一家小百货商店，职工 13 人，营业面积不过 50 平方米，全部资金仅有 8400 美元，开始只经营药品，后来扩展到经营糖果、饼干等食品和百货。大荣公司的经营决策是：一切以顾客为中心。公司由此走上了成功的道路。

大荣公司认为，一切以顾客为中心，基本含义是更好地满足消费者对商品的需要。其中，重要的一点是满足消费者对价格的要求。为了满足顾客对价格的要求，他们打破通常意义上的进货价格加上利润和其他管理费作为零售价格的通常观念，在深入调查消费者需要哪些商品的基础上，着重了解消费者认为合适并可以接受的价格，以此为采购和进货的基础。他们认为，凡是消费者所需要的商品，只要做到物美价廉、供货及时，总是可以卖出去的。依据一切以顾客为中心的决策，大荣公司把所经营的商品整理归类，按合理的计划和适宜的方法进行批发和零售。以衬衫为例，其他商店基本上是统一样式分为大、中、小三种规格，不同规格具有不同价格，而大荣公司则不同，他们和生产厂方协调一致，确定一个消费者满意、产销双方又有利可图的采购价格，深受消费者的欢迎，销售量扩大，销售额剧增。一切以顾客为中心的决策，使大荣公司在消费者心目中树立起美好的形象，生意声誉日隆。

大荣公司和生产者相互配合，采取了联合标名的方式。对质优价廉、深受消费者欢迎商品的生产厂家，大荣公司就和他们联合标名，即商品标有生产厂和大荣公司双方的名称。此外，大荣公司在从这些厂家进货时，一律采取现金结算方式以支持这些工厂的生产。这样，生产者和消费者以及作为中间商的大荣公司都互得好处。到 1970 年，大荣公司的营业额达到了 30 亿日元，成为日本首家包括 47 个商店的集团百货公司，1980 年营业额又大幅增加，名列日本百货行业前茅。

五、打动顾客的心

顾客需要的是有品质的服务，你要想提升服务品质，就应该去做能令顾客满意的事情，千万别对顾客说出“对不起，这是公司的规定”这类的话来。

在这个以服务产业为主的知识经济时代中，企业都把服务挂在嘴边，然而，服务就是顾客所需要的吗？并不尽然，顾客所需要的是有品质的服务。有品质的服务，着重在提供服务人员的态度上：如果服务态度很好，顾客往往可以忍受产品上的一些小瑕疵；但是，顾客对于差劲的服务态度，却是完全不能接受的。所以，企业应当要努力塑造一个服务性的企业文化，让员工建立奉献的心态，愿意自动自发地改进自己的服务品质，而不必有人天天叮咛他们服务的准则。

说到有品质的服务，应该涵盖到企业内部各层面的业务，因为服务本身就是业务，是应当要永续经营不断加以改善的。加拿大政府曾经针对公务人员士气低落的原因加以研究，发现是因为他们无法自行决定组织的目标以及自己的角色，他们希望做点重要的事，能参与公共政策的决定，这是他们当初进入政府部门的本意，但是组织结构使他们无法如愿。

同样的道理，许多企业虽然花了很多资源训练第一线人员改善服务方法，但仍无法解决服务不良的问题，原因出在公司的结构没有改变，这是管理阶层的责任。许多企业认为改变整个组织去迎合顾客的需要，代价太高了；但事实上，不如此即无法建立真正重视服务品质的文化，只是把服务当做一种例行公事在做罢了，其结果所付出的代价更高。

我们来看两则迥然不同的故事的有趣对照——

美国的一家旅馆来了一位顾客，他看见柜台服务人员胸前别着一枚印着"是的，我能"的胸章，觉得十分有趣，就问服务小姐是否可以送他一枚。不料，服务小姐回答说："不，我不能！"然后又补充说："这是上面规定必须佩戴的，我没有多余的胸章可以送您。"

新加坡东方旅馆的咖啡厅，常常挤满了各方来的顾客。某天，有四位客人在略显嘈杂的咖啡厅洽谈生意，因为担心对方听不到自己的声音，以致四人谈话的声调愈来愈高。一位女服务生注意到这种情形，立刻打电话给客房部，要求拨一间客房给这四位客人使用。当时客房刚好有空，于是她就把客人请到房间里继续谈话，并且让他们免费使用客房。

"让顾客得到应得到的"是麦当劳的店规之一，正是这一原则，为麦当劳赢得了大批的顾客，使其在仅仅几十年的时间里迅速发展成为全球最大的快餐公司，连锁店几乎遍布全球，营业额高达130亿美元。

用麦当劳第二代领导人克罗克的话说："麦当劳的成功，应归功于麦当劳独具特色的Q、S、C、V(品质、服务、卫生、价值)经营理念。"

麦当劳有一条著名的店训："如果你有时间偷闲，你就有时间去打扫卫生。"为了建立家庭餐厅的形象，麦当劳的历届领导人特别强调餐厅内部的清洁，清洁制度的严格和细致程度，即使在以卫生著称的国家也几乎令人吃惊。他们的制度细到每位员工每天上班前要用消毒水浸泡多长时间手；员工必须多长时间理一次发，剪一次指甲；上班时，员工的手一旦摸了自己的头发和衣服必须重新洗过。正是这种作风，使麦当劳有别于其他的快餐店而走向成功。如今，在美国的快餐业中，大家公认麦当劳创造了这一行业的最高卫生标准。

在麦当劳的店规中规定，不管有多少顾客，也不能让顾客的等待时间超过 2 分钟。工作手册中还规定了作业员工在客人面前应怎样拿杯子、开机器、关机器——直到最后如何将食品礼貌地交到顾客手中。在美国本土，设在高速公路两旁的麦当劳店，为使顾客不用下车就可以很快买到食品，一般都在餐店售货口 10～20 米处设有麦克风和价格牌。需要用餐的顾客只要在麦克风前暂停，说明所需食品，再将车开到售货窗口就可立即交钱拿货，继续行路。

不难看出，麦当劳知道谁是自己的顾客，更清楚怎样为自己的顾客服务。

第七节　掌握表达的艺术

表达的艺术并不是天生的，而是从现实中锻炼出来的。一分天才，九分努力，一个人如果没有良好的表达能力，是一件很可悲的事，好像鸟儿没有羽翼。你再好的智谋也无法用在与他人的良好沟通上。[1]

一、掌握谈话艺术

1. 三思而后说

几乎所有在谈话中出现的失误或错误是由于没有认真考虑或缺乏

① 《说话艺术》。

考虑造成的。例如，一个计算机程序员与一个文学教授共进晚餐，计算机程序员只讲技术编程语言而不讲其他的东西，那么这将是一次十分缺乏考虑的谈话。因为，即便是在工作时，也并不是每个人都愿意听到关于任何题目的冗长演讲。

多数情况下没有人提醒我们说话时欠考虑，只要注意听一下自己讲的话和对方的反应就可以发现我们的不足。说话之前三思是我们自己的事。例如，与人说话时不要说“我想”，而要说“您怎么想?”

2.善于与陌生人交谈

与刚认识的人在一起谈话或与人谈论不认识的人，最好的办法是从一个话题到另一个话题地试着说，如果某个题目不行，再试下一个。或者轮到你讲话时可讲述你曾经做过的事情或想过的事情，修整花园、计划旅行或其他我们已经谈过的话题。不要对片刻的沉默慌张，让它过去即可。谈话不是竞赛，像跑步一样拼命地冲到终点。

如果你是个很腼腆的人，在参加聚会之前就可在脑子里先想好一些大众性问题，从他的回答中你可以期望开始话题。他可能会问你住在哪、从事什么职业等，非常简单，但要注意给他说话的机会。

另一个重要的开场白是征求建议。例如，你可以问一个热心的园艺家:“我想把花园中的一年生植物改种多年生的，您建议种什么好呢?”或对于一个在家或办公室办公的人，你可以问:“我想买一部传真机。您有什么好的推荐吗?”如果没有反应，可以问他的观点。问他或她有关任何方面的观点是很稳妥的:政治、体育、股市、时尚和当地新闻，所有的都可以，但不能是已经问过的或激烈地反对的或引起争论的话题。

在餐桌上另一个能提供良好开端的话题是食品或酒:“好吃吗? 我没有时间在厨房里真正地做一顿好饭。您自己做饭吗?”

3.不要避开话题

共同的话题是彼此交往的起点和基础，因此对任何话题都要努力使自己感兴趣(庸俗低级的话题除外)，如果自己不了解某个话题，可以谦虚地倾听、请教，也能达到缩短距离的效果。

4.保持谈话风度

谈话的表情要自然，语气和气亲切，表达得体。说话时可适当做些手势，但动作不要过大，更不要手舞足蹈，不要用手指指人。与人谈话时，不宜与对方离得太远，但也不要离得过近，不要拉拉扯扯，拍拍打打。谈话时不要唾沫四溅。

参加会谈要先打招呼，别人在个别谈话，不要凑前旁听。若有事需与某人说话，应待别人说完。有人与自己主动说话，应乐于交谈。第三者参与说话，应以握手、点头或微笑表示欢迎。发现有人欲与自己谈话，可主动询问。谈话中遇有急事需要处理或需要离开，应向谈话对方打招呼，表示歉意。

谈话现场超过三人时，应不时地与在场的所有人攀谈几句，不要只与一两个人说话，不理会在场的其他人，也不要与个别人只谈两个人知道的事而冷落第三者。如所谈问题不便让旁人知道，则应另找场合。

在交际场合，自己讲话要给别人发表意见的机会，别人说话，也应适时发表个人看法。要善于聆听对方谈话，不轻易打断别人的发言。一般不提与谈话内容无关的问题。如对方谈到一些不便谈论的问题，不对此轻易表态，可转移话题。在相互交谈时，应目光注视对方，以示专心。对方发言时，不左顾右盼、心不在焉，或注视别处，显出不耐烦的样子，也不要老看手表，或做出伸懒腰、玩东西等漫不经心的动作。

谈话中要使用礼貌语言，在社交场合，还可谈论涉及天气、新闻、工作、业务等事情。

在社交场合中谈话，一般不过多纠缠，不高声辩论，更不能恶语伤人，出言不逊，即便争吵起来，也不要斥责，不讥讽辱骂，最后还要握手而别。

二、正确使用目光语言

心理学家证明：任何两个平行排列的环物或圆圈，特别是圈内还套小圈像人的瞳孔，尤其能吸引人的视线。人的目光与话语密切相关，成了一种辅助性的交际手段。

——当与人说话时，请看着对方的下巴；听人说话时，看着对方的眼睛，这是种既礼貌又不容易疲劳的方法。

——被介绍与人认识时，眼睛只能看着对方的脸部，切勿将对方上下打量，否则就是不尊重。

——谈兴正浓时，切勿东张西望或看表，否则对方会认为你听得不耐烦，而且这是很失礼的行为。

——有事求于对方，等对方回答时，眼睛略向下，态度自然，显示自己情真意切。

——想要中断自己的话时，可将目光转向他处，反正则是希望对方中断他的谈话。

——对方有烦恼之事，与他打招呼时，眼睛不能瞧对方的眼睛，否则，对方会以为你发现他的秘密，会不高兴。

——当别人在交际场合说了错话或做了不自然的动作时，他一定会感到很尴尬，生怕人们嘲笑，蔑视他。这时你千万别看着他的脸，或看了一眼以后要马上转移视线。否则，他会认为你在用目光讽刺嘲笑他。

——当双方缄默无语时，就不要再老是看着对方的脸。因为双方无话题时，本来就有一种冷漠、踌躇不安的感觉。如果在此时，你注视对方势必使对方显得更尴尬。

——不要盯着对方身体的缺点看。这是对人的不尊重，可能造成伤害。

——到上司桌边时，切勿将目光落到桌上的文件上，这是欠修养的表现。

——和老人说话时，不要离他太远，最好走到老人身旁，直视对方，给人亲切感。

——上台讲话，目光环视全体，有安定情绪的作用。

——抗议时，眼睛要直视对方的眼部，能表达自己的反对意见和情绪。

——送客人时，要等客人转过身并走出一段路不再回头张望时，你才能转移目送客人的视线。

——如果在街上或人多的市场商店里看到某陌生人风度翩翩，相貌端秀，服饰新颖，想欣赏他(她)的美感时，要从侧面或后面欣赏，不要在人家的对面停住脚步来看，因为这样做是很不礼貌的。当发觉对方目光将要与你的目光相遇时，你应主动避开。

三、商务谈判有技巧

说话，这是人的嘴生来的两大最重要功能之一，另一种功能则是吃。尽管正常人几乎没有哪天不说话，但是否会说话却是个大问题。会说话的人，好话一句暖三春，不会说话的人，一句话寒过冰雪。而在商务交际中，言谈是否得体更是重中之重。俗话说得好，“生意是谈出来的”，没有得体的谈吐，不懂言语中的智谋，在商务中会寸步难行。

1.谈吐用语有礼貌

礼貌是人们之间在频繁的交往中彼此尊重与友好的行为规范。在日常生活中，礼貌用语是尊重他人的具体表现；而在商务交际场合中，礼貌用语尤其重要，是友好关系的敲门砖，更是阿里巴巴打开宝库的“芝麻开门”的口诀。多用礼貌话不仅表示尊重别人，同时表明自己有修养；多用礼貌用语，不仅有利于双方气氛融洽，更有利于达成交易。有人把日常礼貌用语概括为：“请”字开路，“谢谢”压阵，“对不起”不离口，“上午好”、“下午好”、“晚上好”、“晚安”这类的问候语天天说。在商务言谈中，特别是在涉及规则报告、阐述己方观点时，开头就应是“大家好”等问候语，在阐述完己方观点后也不能突兀收口，而要“谢谢”大家倾听自己的发言，当需要别人重复观点或深入说明时，都必须用“请”字。即便是遇上了对方不讲礼貌，也不要怒火中烧，而要表现得彬彬有礼，这既表明理亏在对方，更证明了自己的素质修养比对方高。

2.交流谈判有技巧

一次成功的商务谈判当然离不开精心的准备和机智的表达，但并不是一定非要表现出精深的妙语或雄辩的口才，关键在于让双方相互感觉到彼此的诚意和互惠互利拥有共同的目标。[1] 大多数人并不具备也无须具备语惊四座的特殊才能，但可以通过掌握一些谈话的技巧，遵循一定的礼仪法则，从而准确明白地表达我们的想法，成为商务中的大赢家。

---

① 《辐射圈：交际圈之二十》。

(1)要有自信,不要惊慌害怕。在许多正式或十分重要的商业交际、谈判场合中,一些人怯于发表意见,跟人交谈,唯恐自己无言以对,总是绞尽脑汁琢磨自己接下去该说什么,而对别人说的话一个字也听不进,结果反而使谈话难以进行,也完全不合正常的礼仪。因此,不要惊慌,对自己要有信心,要逐字逐句地听,吐词清晰地说。在一个全新的商务环境中,更要大胆地与陌生人接触,多一份交流往往就意味着多一份商机。

(2)要有分寸,不要轻率马虎。谈判是说话的艺术,“停、看、听”三字诀务需记牢。“停”意味着没有想好不要开口;“看”意味着察言观色,留心观察谈话对象的面部表情;“听”意味着认真倾听对方的谈话。交谈时言词要得当,千万不要满不在乎或粗心大意,一时语言的错误可能会导致成千上万的生意泡汤,哪怕说出的话并非自己的本意,但木已成舟,届时再多的道歉也难弥补其中损害。

(3)要先慎思,不要急于开口。商场如战场,在生意场上虽无你死我活之惨烈,却有你争我夺之激烈,在会说的基础上少说多想,这是一条最主要的谈话技巧,也是谈话时应遵循的独一无二的原则。所谓“言多必失”,只有“闭嘴”,才可以避免词不达意;只有“慎思”,才能避免信口开河。在理智的情况下说出来的话一般都较精彩,也更容易引人入胜,不至于令对方感到索然无味,痛苦难熬。经过慎思后说的话语代表着你的智能。美国语言治疗师霍尔直言:“谈吐往往让人留下第一个印象。你讲话的方式,反映你的智能和性格。”与人谈话一定要先想后说,因为几乎所有的谈话失误都是缘于未加思索或考虑不周,几乎所有失利或未达预期效果的谈判都是因为不理智的开口。

(4)要有急智,不要死守一面。在商谈之中,慎思靠的是自己的机智,以自己的学识为基础;而急智更多靠的是自己的判断力,而判断力是建立于观察力之上。在交谈中,可以用提出一些问题的方法进行“试探”,密切注意对方的脸色和反应,一个话题谈不下去时,就换到另一个话题。特别是在双方就某一问题存在着较大分歧时,不必死死抱定这一话题不放,可以求同存异,先讲对方感兴趣的,双方都能接受的条件。

(5)要有倾听,不要话不停口。学会听,这是尊重对方的最基本礼仪,也是“停、看、听”三字诀中最为重要的一点。每个人都喜欢和一个真正倾听自己讲话的人谈话,觉得找到了知己,觉得自己得到了他人的尊重。这是马斯洛需求理论中的重要一环。不论哪种情况下的商务交谈都包括说和听两大部分,千万不能口若悬河地垄断整个谈话,要给对方发表意见的机会。在主要以自己说明为主的商务汇报中更需要强调倾听的重要性,正因为对方说的相对较少,恰恰可能是精要所在,不可不全神贯注地聆听。对方讲话时,可在适当时候发表自己的看法,不过一般不谈与正在议论的内容无关的话题。如果对方谈到一些棘手的话题,或者你认为他的观点根本无法接受时,不必轻易表态或随声附和,可听清后再想出应对之计。

(6)要有重点,不要漫无边际。时间就是金钱,商务交流一分一秒地流逝或许都意味着一个商机的失去,天宽地阔地乱侃既是浪费自己的时间更是在欠缺礼数地浪费别人的时间。在正式场合中,讲述的话题和陈述的方式一定要抓住重点,让对方感到真诚明了。

(7)要有敏觉,不要过于表现。谈话时,要时时留心自己的谈吐,并且严密注视听话人的反应,只有这样,才能知道自己的言词是否妥当。因为很少有人在说话不动脑筋和出言不妥时得到别人的提醒。要记住,"我"是一个最微不足道的词,尽量不要在谈话中使用它。一个懂礼仪的人不会总是把"我认为"三个字挂在门上,而应该问"您认为如何?"当对一个问题的是非存在争议的时候,则可以用"我以为"来开头,避免有指责别人说法错误的嫌疑。

(8)要打招呼,不要贸然插嘴。在一些沙龙类、清淡似的商务聚会中,三三两两的分组交流是常有的事。如果想参加他人的谈话,应事先打一声招呼。若别人正在进行个别私下交谈,不可凑上去旁听,那是很不礼貌的行为。如果有事要找正在谈话的人,应站在一旁稍等,让别人把话说完,然后表示歉意,说自己要同某位先生或女士讲几句话。反之,如果察觉有人要与自己谈话,应主动打招呼询问。如果发现有第三者要参加谈话时,应以微笑、点头、握手等表示欢迎。如果谈话时有人来找或遇有急事要离开时,应向对方解释清楚并表示歉意。如果谈话是在三人以上进行,应照顾全局,寻找共同有兴趣的话题来谈。不要只剩一两个人交谈,对其他在场的人置之不理,而应不时和在场的所有人攀谈几句。

如果两人谈及他人一概不知的事情时，应稍作解释，以便共同参与谈话。

(9)要有动作，不要只耍嘴皮。单调地只用嘴来说话并不妥当，商务交谈时若伴以各种面部表情、神态和手势，有时还需要展示图表、实物、模型或多媒体，这样能更好地表达思想，给人印象深刻，从而使谈话的效果更具体生动，效果更佳。

(10)要有恭维，不要过分吹捧。毋庸置疑，人人都喜欢听恭维的话，也都喜欢说恭维话的人。但在现实生活中，人们说起恭维话来不是吝啬语言，就是吹捧得肉麻，这些都是不合礼仪的。一句简单但时间、场合、对象把握得恰到好处的恭维话会使对方十分受用，你的提议、想法也易于让对方接受。

3.言词之中有禁忌

(1)切忌口沫横飞嘴有异味。商务谈判是说的艺术，如果说的时候口沫四溅，兼有口臭飘出，再好的内容也让人听不进去。因此，会谈前不要吃洋葱、大蒜等物，可嚼上一会儿口香糖，在入会场时再吐掉。讲话时要注意收敛，避免口沫飞出。

(2)切忌我行我素高声谈笑。商务会谈中不禁止听者相互的交谈交流，但彼此应轻言细语，声音大小以对方听清为宜。

(3)切忌态度傲慢自以为是。有些人财大气粗，目空一切，谈项目时喜欢夸夸其谈，不太看得起人，这种商务谈判通常不会成功，即便人家非常急需这笔生意来维持，但在尊严受损的情况下可能仍会不答应。商务谈判时要态度可亲，表述自然。

(4)切忌喋喋不休地只谈好处。有些人在进行商务谈判时总爱长篇大论地讲对方会如何得到益处，好像这样一说别人就不好意思不成交了。事实上，任何合理的商务活动都建立在双方共赢的基础上，只谈对方得到的好处显得太不真诚，容易让人生厌。

(5)切忌东张西望心不在焉。商务会谈在于专注，应始终以信任可亲的眼神正视谈话对象，使人感到没有分散注意力。如果交谈时，一方眼睛游离别处，不正视对方，这是令对方尴尬的失礼行为。

(6)切忌言语重复口气单一。商务谈判时间紧凑，反复提一点就意味着其他内容可能少说。而以呆板如一的语气来多次重复一点，更是对别人的折磨。

(7)切忌手舞足蹈动作夸张。得体的体态姿势会在商务场合增加言谈者的说服力和表现力,但一些肆无忌惮的动作、过分放纵的姿态会显得自己没有修养,会引起人的反感。

(8)切忌言语闪烁动作失礼。会谈时,对于一些根本的观点最好表述清楚,特别是一些对方十分关心的问题。如果谈着谈着突然无任何征兆地换到另一个话题,或者突然对自己的观点来个一百八十度大转变,会让对方觉得不真诚。会谈时也不要频频看手表,显得不耐烦,让对方觉得被敷衍、不受重视。

(9)切忌点到为止言不达意。商务谈判大事已定,已快至签字阶段时,在求同存异的前提下也要注意细节的明晰化,一个小数点的变动就可能涉及成千上万的利益流动,不可不察。该坚持的原则一定要坚持,一无是处的迁就得不到对方的尊敬。

(10)切忌意气用事恶语伤人。商务谈判不会总是一帆风顺的,大多会有些波折甚至挫折。这时,要注意克服自己的意气用事,不高声争辩、不当面指责、不出言不逊、不冷嘲热讽,尽可能心平气和地向对方晓以利害,但有时双方分歧太大实在谈不拢的,也要依礼仪把有关程序走完。商场上有句名言:“生意不成仁义在。”做不成这笔生意并不意味着双方就不能成为朋友,成了朋友可能意味着今后有一天会再次做成生意。

四、休息时分:看看经典广告语

好的广告语就是品牌的眼睛,对于人们理解品牌内涵,建立品牌忠诚都有不同寻常的意义。下面我们来看看这些已过去多年但仍让我们耳熟能详的经典广告语是如何以智谋来表达,从而造就世界级的品牌的。[①]

○M&M 巧克力:不溶在手,只溶在口。

这是著名广告大师伯恩巴克的灵感之作,堪称经典,流传至今。它

① 《好的广告就是品牌的眼睛》。

既反映了 M&M 巧克力糖衣，又暗示 M&M 巧克力口味好，以至于我们不愿意使巧克力在手上停留片刻。

〇百事可乐：新一代的选择。

在与可口可乐的竞争中，百事可乐终于找到突破口，他们从年轻人身上发现市场，把自己定位为新生代的可乐，邀请新生代喜欢的超级歌星作为自己的品牌代言人，终于赢得青年人的青睐。一句广告语明确地传达了品牌的定位，创造了一个市场。

〇大众甲壳虫汽车：想想还是小的好。

20 世纪 60 年代的美国汽车市场是大型的天下，大众的甲壳虫刚进入美国时根本就没有市场，伯恩巴克再次拯救了大众的甲壳虫，提出"think small"的主张，运用广告的力量，改变了美国人的观念，使美国人认识到小型车的优点。从此，大众的小型汽车就稳稳地执美国汽车市场之牛耳，直到日本汽车进入美国市场。

〇耐克：just do it.

耐克通过以 just do it 为主题的系列广告和篮球明星乔丹的明星效应，迅速成为体育用品的第一品牌，而这句广告语正符合青少年一代的心态，要做就做，只要与众不同，只要行动起来。然而，随着乔丹的退役，随着 just do it 改为"I dream"，耐克的影响力逐渐势微，由此可见表达之重要。

〇诺基亚：科技以人为本。

科技以人为本似乎不是诺基亚最早提出的，但诺基亚却把这句话的内涵发挥得淋漓尽致。事实证明，诺基亚能够从一个小品牌一跃成为移动电话市场的第一品牌，正是尊崇了这一理念，从产品开发到人才管理，真正体现了以人为本的理念，因此，口号才喊得格外有力，因为言之有物。

〇戴比尔斯钻石：钻石恒久远，一颗永流传。

经典的广告语总是丰富的内涵和优美的语句的结合体，戴比尔斯钻石的这句广告语不仅道出了钻石的真正价值，而且也从另一个层面把爱的价值提升到足够的高度，使人们很容易把钻石与爱情联系起来，这的确是最美妙的感觉。

〇远东电缆：如果五指一样长，怎能满足用户不同需求？

○公益广告:这一整版绿叶提供的氧气,还不够支持你看完这个广告。

○香港尼尔普莱德游泳衣:If your own skin isn't protection enough, get another.(如果你的皮肤不能给你足够的保护,就再找个保护层吧。)

○香港人头马:人头马一开,好事自然来。

○NISSAN 汽车:Life is a journey. Enjoy the ride.(译:生活就是一次旅行,祝您旅途愉快。)

○金科专业办公服务:Trying to do it all yourself doesn't always make you look like a hero.(所有重担一肩挑并不会总使你像英雄一般。)

○梅塞德兹—奔驰汽车:Feel like a million for ＄970,000 less. It cost less than breakfast at the White House.(少付了 97 万美元,却得到百万美元的享受。它比白宫的一顿早餐还便宜。)

○1997 年福特"远征":新型福特"远征",到达那里的唯一途径。

○法国健康教育委员会:除非你是一头大象,否则,你就能够找到合适的避孕套。

○李维氏牛仔裤:身着玫瑰色,是为了结交女友;身着蓝色,是为了结交男友。

○Williams 除臭剂:全新威廉姆斯除臭剂,只爱肌肤不爱味。

○British Airways: With our new E—ticket, all you have to bring is yourself.(选用我们的 E 号机票,阁下不需携带任何东西,只要带着自己。)

○约翰逊的钓具:With our line, you detect the fish before the fish detects you.(用我们的钓线,你可以在鱼儿发现你之前先找到它。)

○Cartier 首饰:卡地亚,独一无二的艺术。

○ERICSSON 移动电话:Make yourself heard.(倾听自我。)

○海尔:海尔,中国造。

国产家用电器一向被认为质低价廉,即使出口也很少打出中国制造的牌子。海尔,中国家电企业的佼佼者,在中国家电工业走向成熟的时候，果断地打出“中国造”的旗号，喊得很有底气，振奋了国人的自信心，增强了民族自豪感。就广告语本身而言，妙就妙在一个“造”上，简洁有力，底气十足。

〇中国联通：情系中国结，联通四海心。

联通的标志是一个中国结的形象，本身就充满了亲和力。联通的诞生，对于推动中国通讯行业的发展做出了巨大贡献。他们一次次向中国电信发起挑战，以优质的服务和低廉的价格在竞争中逐渐发展壮大，把自己的标志和品牌名称自然地融入到广告语中，从外表到精神做到了和谐统一，反映了企业的精神理念。

〇李宁：把精彩留给自己。

国内最好的体育用品恐怕非“李宁”莫属了。体育用品是年轻人的天下，你必须塑造独特的品牌个性，才能吸引他们，耐克的成功就是明证。李宁的品牌之路并不一帆风顺，既没有耐克的超级明星，又没有锐步的国际背景。“把精彩留给自己”，也同样符合青少年的心态，谁不希望精彩呢。

〇张裕：传奇品质，百年张裕。

当进口红酒蜂拥进入中国市场，以张裕为代表的国产红酒并没有被击退，而是通过塑造百年张裕的品牌形象，丰富了酒文化内涵，使一个拥有传奇品质的民族老字号企业毅然挺立。

〇新飞冰箱：新飞广告做得好，不如新飞冰箱好。

这个广告曾经引起争议，语言学术界、广告评论界、竞争对手都加入了讨论的行列，褒也好、贬也好，反正新飞是没事偷着乐，毕竟广告能引起如此广泛的关注就是成功，新飞的知名度不知又提升了多少。以后，新飞就稳稳地坐上冰箱行业三甲的位置，这句广告直到今天还在使用。

第七章　巧借他力

前章所述打动他人在于为自己谋取一个好的外在环境，而把这种环境合力为己所用，则更有智谋。《鬼谷子·本经阴符》有云："计谋者，存亡枢机虑不会，则听不审矣，候之不得。计谋失矣，则意无所信，虚而无实。"意思是：计谋是关系存亡的关键。如果不考虑汇聚各种议论，则听不到周密详尽的意见。侦查不到有关的情况，则计谋就不能成功。那么所策划的计谋就没有什么根据，脱离了实际的情况。因此，你的智谋可以从他人处获得，也可以利用自己的计谋，光明正大而合法地借用他人的力量，达到好的结果。

第一节　用他人之手办自己之事

智谋力高超的人往往也是最轻松惬意的人。美国前总统里根是一个出名的放任主义者，他只关注最重要的事情，将其他事情交给手下得力的人去负责，自己因此可以经常去打球、度假，但并不妨碍他成为美国历史上最伟大的总统之一。用他人之手办自己之事正是里根智谋力精深的表现。

一、善于用人

韩信是汉朝建立的大功臣，论智谋，在战场上他是绝对的霸主。他指挥过的著名战例有公元前 206 年"明修栈道，暗渡陈仓"取三秦之战；公元前 205 年奇袭破魏；公元前 204 年以万余部队破二十万赵军；公元前203年破齐并败20万楚军；公元前202年垓下破楚。

刘邦与韩信有一场著名的对话，很有意思的。有一天刘邦问韩信："你看我能带多少兵？"韩信答："陛下不过能带十万之军。"刘邦又问："那么你呢？"韩信怔了一下，大笑道："我是多多益善啊！"

然而为什么刘邦做了皇帝而韩信只是他的属下呢？因为刘邦善于用人。刘邦自己曾经评论道：运筹帷幄之中，决胜千里之外，我不如张良；定国安邦，供给军饷，不至乏绝，我不如萧何；统百万之兵，战必胜，攻必取，我不如韩信。张良、萧何、韩信皆人中的豪杰，我能一一信用。得此三人之助，这是我取得天下的原因。一个领导者最重要的素质就是会用人。不要以为这个容易，像刘邦那样用人和与人打交道的能力是很多人所欠缺的。

善用人才主要的是给以实权，信用人才，量才而用。《孙子·谋攻》曰："不知三军之事，而同三军之政，则军士惑矣。不知三军之权，而同三军之任，则军士疑矣。三军既惑且疑，则诸侯之难至矣，是谓乱军引胜。"意即：不知道军队内部的事务，而干涉军队的行政，军士就会迷惑不解。不知道用兵的权谋，而干涉军队的指挥，将士就会产生疑虑。军队既迷惑又疑虑，各诸侯国乘隙进攻的灾难就临头了。这就是所谓扰乱自己的军队而导致敌人的胜利。可见孙子以为要给将才以作战指挥权，放权于部下，用人不疑，疑人不用。

三国时孙权就敢于放手使用年轻的军事统帅周瑜、陆逊等，完全信任他们，并为他们树立威信。陆逊原来未有盛名，孙权设坛拜将，赐其尚方宝剑，壮其威严，使他得以方便行事，充分运用自己的战略和智谋，为东吴立下了赫赫战功。

在经济活动中，你要想有所作为，就必须首先把自己锻炼成一位懂得择人用人的原则和艺术、贤明豁达、知人善任的人。你要能信用他人，并给以业务实权，使其充分发挥主观能动性和智慧才干，灵活机动自由处置业务，何愁功业不成，企业不兴。

《世界杰出企业家金言》中记载的河湾食品总公司总裁琼斯·巴殊尔《创业的快速原则》中第二条就是："选拔提升勤奋、诚实的员工，给他们最棘手的工作。他们会乐于接受工作上的挑战，且能创造奇迹。"

意大利优利福企业总裁大卫·奥尔认为“优良的经营管理应该具有多元特性，适用于各种层次与变化不一的企业形态”。所以他的谋略中有：

1.启用适当人选。对于各系统高阶层人才的作用问题，我们着实费了许多工夫。然而，为达此目标，我们必须具备一套检定系统，确实地测知内在潜力和发展才能。系统的本身并不能给予成功的担保，就好像会计系统，未必能确保正确的财务状况一样，但是缺乏这一系统，业务将难以如意推展。

2.所谓任用适当人选即是意味着不断地、全面地训练职工。因为时代的进展推动了企业的内部和横向的变动，居于要职的人员必须能不断求得知识充分了解业务。只有如此才能培养出一批高级干练的经管人员，充分认识日趋复杂的运转业务，并靠着这种认识，来追求各部门特定的目标。

可见，善于智谋者要有容人之量，明用人之道，手中才能人才济济，事业才能兴旺发达。

二、善于管理

美国哈佛大学的管理大师康特博士（Rosabeth Moss Kanter）指出，今日世界经济最关切的几大课题：策略、创新、顾客关系、全球化趋势、领导变革、策略联盟、报酬系统以及社区责任。

康特所著《世界级》一书指出，社区或地方的利益，不一定会和国际属性的企业相互冲突，只要适当利用观念（Concept）、才干能力（Competence）、关系（Connection）等三 C 的优势，就能驾驭全球化的挑战，加速区域兴盛，进而成为世界级的企业。

不论是从先天体质，还是后天的环境变迁来看，康特博士的这个观念都非常适合于我们每个人。

康特是全球闻名的企业领袖，也是研究策略、创新以及变革管理的专家。康特目前担任哈佛商学院的首席教授，以及全球企业与政府的顾问，由她亲自撰写或是与他人合著的论文或学术报告超过 200 篇，个人著作共计 13 本。

康特的名字对中国人来说也许不如彼得·杜拉克等人耳熟能详，但她在美国管理学界的知名度与影响力绝对不下于中国人所熟稔的任何管理大师。

1994 年，极具权威价值的《经济学人》杂志为她做了一篇专文报道，当年获此殊荣的管理大师只有 5 位，康特的重要性可见一斑。

康特在 1977 年出版的《公司里的男人与女人》是组织学与管理学的经典之作，也是研究大型企业内部运作必读之物。随后她陆续出版几本有关企业组织的著作，以《变革大师》与《当巨人学习跳舞》最为出名。由于连续几本书受到好评，确立了康特在管理学界的地位。

杰克·韦尔奇认为，为了在变化莫测的世界市场掌握自己的命运，就要提高劳动生产率，而关键在于"解放"中层干部，更多地授权给他们。而名列美国发展最快的 500 家公司的创办人们强调"要知道自己的极限，然后谋求改进，接纳忠言或聘请有才之士，来补己之短。在自己的能力范围内网罗最佳的人才，提拔你尊敬和依赖的人担任重要干部"。日本不少中小企业注意公司首脑和职员间建立相互信任的关系，大幅度地下放权限，认为这可以培养主持实际工作人员的责任心。扬马尔克公司总经理沟部说："我只是出个点子，其后直到制成产品全让年轻人去干。"

第二节　借用他人的头脑

在瞬息万变、学习已成为必需的环境中，你最大的挑战可能就是挤出时间进行思谋，强迫自己花时间仔细考虑的目标也就更重要、同时也更困难了。[①] 这时，不妨想想别人是怎么做的，可以是与熟悉的人一起聊聊情况如何，看看有何心得；也可以是借鉴一下竞争对手的思路，有些智谋的火花就会从这种借的过程中迸发出来。

---

① 《中国自远古以来》。

一、借用员工的智慧

中国有句至理名言:“三个臭皮匠,凑个诸葛亮。”说明了他人智谋力的重要性。能请得到“诸葛亮”这样的高明之士,确是一件喜事,但努力挖掘“臭皮匠”的能力,路子也许将会更宽、更好些。据报载,上海一星级酒店连续三年经济效益非常好,而据了解,正确的经营计策的百分之八十均来自“臭皮匠”——普通员工,该酒店的领导层充分采用了“臭皮匠”的计策。可见,“臭皮匠”并非平庸之辈,关键是如何深挖细琢,使之将潜力发挥得淋漓尽致。

一些领导和管理者的思想并不开放,以“一家之主”自居,因此也就不注重向员工“借脑”。久而久之,员工认为既然自己的意见不被采纳,也就没有了积极为企业出谋划策的必要了。

事实上,集体的智谋力往往比个人的智谋力要强得多。而哈佛管理杂志也提出:要笼络员工的心,公平透明的决策过程比加薪更重要。下面的例子可以证明这一点:德国西门子公司曾收购陷入困境的欧洲Nixdorf电脑公司,改名为SNI公司。几年后,SNI公司的员工从5.3万人削减到3.5万人,焦虑与恐惧在公司蔓延。SNI公司的副总裁到任后,立刻与1万名员工展开一连串大小会议,分享他的救亡图存愿望,希望每个员工都一齐加入,扭转公司的逆境。舒密勒如实诉说SNI公司的处境并不乐观,进一步的裁员势在必行。各部门如果不能展现自己生命力,就要被裁撤。舒密勒提出明确严格的决策规则,然后征询志愿改革者的意见。在接下来的几个月内,志愿者由最初的30人增加到最后的9000人。在整个改革的过程上,员工与经理同样提出意见,大家也都了解决策的来龙去脉。尽管20%～30%的提议会被否决,但是员工觉得大家都能表达意见的过程很公平,SNI公司在处境艰难时却令员工满意度大幅提升,并创造了欧洲企业史上的一个奇迹。

二、借竞争对手的智慧

比尔·盖茨到底有多富?有人曾列出过一组有关他的趣味数

字——

1. 盖茨每秒赚 250 美元，即每天赚 2000 万美元，一年赚 78 亿美元；

2. 假如盖茨掉了 1000 美元，他才懒得去捡，因为他去捡要花掉四秒钟，这一弯腰他已赚回 1000 美元；

3. 美国的国家债务约 56200 亿美元，如果由盖茨来还，他能在少于 10 年内偿还美国的债务；

4. 如果盖茨将钱捐给地球上每个人 15 美元，到头来，他还剩下 500 万美元的零用钱；

5. 迈克尔·乔丹是美国收入最高的运动员，如果他不喝不吃，将 3000 万美元的年收入存起来，他必须存上 277 年，才能像盖茨现在这样有钱；

6. 假如盖茨是一个国家，他将是地球上第 37 个最富有的国家，或是美国第 13 家大公司，甚至比 IBM 还大；

7. 如果将盖茨所有的钱换成一美元，你可以建一条路连接地球和月亮，来回 14 次，但你必须用 1400 年不停地建造这条路，而且用 713 架 B747 飞机来运这些钱；

8. 假设盖茨能再活 35 年，他必须每天花 678 万美元，才能在上天堂前花完他所有的钱；

9. 不过如果微软窗口的用户每次在计算机死机时可以向盖茨索赔 1 美元，盖茨会在三年内破产。

比尔·盖茨为何这样富，关键就在于善借他力。微软虽然已是一个庞大的帝国，但还从未真正通过自己原创的设想，开发出市场上巨大的产品。其起家 Basic 并不是自己发明的，DOS 也是从其他公司买来的，Windows 用的是 Xerox 和苹果的技术，Excel 其实是 Lotus123 的复制品，Web 浏览器也是借助网景的创意开发的，Word 纯粹是 WordStar、WordPerfect 的跟风……这些模仿的产品构成了微软的主要力量。而一些他自己的创意和产品，如 Bob、MSN、Slate、Mungo、Park 等则无一成功。借助强大的市场优势和金钱实力，微软屡屡实施“吸功大法”，将许多其他公司发明创造的新技术新功能纳入自己的产品，尤其是 Windows 之中，使其成为无所不能的百宝箱。这种形势下，微软成就了自己的丰功伟业。

第三节　借用他人的资源

利用外部资源，你就可以将精力集中到最重要的领域，从而强化智谋力，这在快速变化的市场和技术方面有着特殊的意义。①

一、借力他人的生产能力

世界上最大的运动鞋供应商耐克公司，其实只生产一样东西：所有运动鞋的空气系统的关键部件。

运动鞋是技术密集型和流行性很强的商品，它要求在设计、生产和营销各方面有持续的创新。耐克将公司的所有人才、物力、财力等资源集中起来，然后全部投入到产品设计和市场营销这两大部门当中去，全力培植公司强大的产品设计和市场营销创新能力。耐克公司的所有产品都不是自己生产制造的，而是全部外包给其他的生产厂家加工制造出来的。

耐克公司利用这一妙招，不仅节约了大量的生产基建投资、设备购置费用以及人工费用，而且又充分发挥了其他生产能力强的厂家的创新能力。结果，在过去10年里，耐克公司的销售业绩每年增长超过20%，投资收益率达到30%。

从创新的角度来讲，战略性的利用外部资源能为个人和企业提供更多的灵活性，可以将创新失败的风险分摊给外部企业。个人和企业可以不仅仅局限于自身的创新能力，运用外部资源还能带来一连串的有创造性的新产品、新思路以及提高质量的潜力，这些可能是无法由自己产生的。同时企业也使外部资源的创新能力与企业内的部门进行竞争，从而

① 《MBA经典案例》。

促进内部的创新能力。像杜邦公司就声称其真正新的想法有90%是从外部获得的,而其成本只相当于内部研究成本的30%,内部研究部门的效率也因此得以不断提升。

二、借用他人的营销力量

在市场营销中,共生营销是一种新的适应市场竞争的营销方式,许多个人和企业成功地运用共生营销取得了良好的效果。

什么是共生营销?共生营销就是两个或两个以上的企业通过分享市场营销中的资源,达到降低成本、提高效率、增强市场竞争力的目的的一种营销策略。由于市场竞争的日益激烈,企业在营销成本控制上的要求越来越强烈,正如全球营销代理协会主席艾瑟(Kevin Astle)说的,“营销预算在缩减,促销预算常常不敷开支,因此,你必须找到新的更加经济的办法达到目标”。为科赛通讯营销公司等企业提供营销服务的布里茨公司的总经理基格纳(Alain Gignac)也指出:“在控制营销成本的情况下,合作绝对会变得越来越重要。这不仅仅是一种趋势,它已成为一种明智的商业实践。”因此,共生营销作为一种新的营销方式,很快受到欢迎和广泛应用,许多营销公司已经将共生营销作为提供营销服务的首选方案。如奥普康营销集团的创始人和总裁奥塞卡(Peter Osicka)表示:“当客户告诉我们他们需要做促销活动时,我们首先要做的事情之一,就是调查是否有别的战略定位准确的品牌可以与之联合行动。”

○共生营销具有以下明显的经济效益。

一是降低营销成本。资源共享可以降低资源的成本,如降低研发费用,两个企业合作开发一项新的产品如某种添加剂,企业各自都可以利用新产品改造现有的产品,提高产品的质量或创新卖点,从而提高市场竞争力;降低销售成本,两个企业分享销售渠道、销售队伍、仓储、运输等,达到事半功倍的效果;降低广告费用,两个企业通过合作发布广告,可以提高广告的效果,降低广告的成本。

二是提高营销效率。如分享销售渠道,可以实现短时间内在更多的地域推出产品,这种抢占市场或比竞争对手先一步进入市场带来的效益，是十分明显的，因为消费者都有先入为主的心理，第一的印象要比第二深刻得多。

三是引起特别关注。在信息时代，信息的大量冲击，造成人们对一般化信息的麻木，所以，注意力也成为一种新的经济资源，许多广告宣传就是为了引起人们的特别注意，而共生营销具有特别的形式，能引起人们的特别关注。如加拿大 20 世纪福克斯公司（Twentieth Century Fox Films of Canada）与加拿大卡伯利饮料公司（Cadbury Beverages Canada）通过动画片《安塔莎》（Asastasia）的发布，把动画片与 Canada Dry 和 C Plus 两个品牌的饮料联系起来，使得两个企业的产品都突破传统的销售渠道，获得了明显的效益。尤其引起了人们特别关注的是：在杂货店中出现了福克斯公司的影碟，而在影碟批发商和零售商店中出现了卡伯利饮料的身影，这种新的共生营销方式引起了人们极大的关注热情，为打开销路起到了很好的铺垫作用。

○共生营销实施的条件。

共生营销，一般来说由以下两类企业结对进行比较合适。

一是由同类但不同细分市场产品的企业组成，如同样的食品企业中，饮料企业与冰淇淋企业、保健食品与休闲食品企业就可实行共生营销。[1]

二是由在生产、销售或使用上具有上下游或互补关系的不同产品的企业组成，如电脑配件和周边设备的生产企业与整机生产企业、生产冰箱与冰箱除臭剂、洗涤剂与护手霜、微波炉与烹调器皿等的企业之间就可实行共生营销，因为这些产品在生产、销售或使用上具有一定的关联性，实行共生营销可以起到很好的效果。

但是，随着共生营销的发展，在完全相同的产品之间和完全不同的产品之间也出现了共生营销的现象。如生产同样产品的企业，抛开原来你死我活的竞争，建立新的双赢的战略合作伙伴关系，共同开拓市场，把产品的开发、销售引向深入，共谋把“市场”这块饼做大，而不是在现有的“市场”这块饼上争大小，这样的案例在这几年彩电联盟、VCD 联盟身上

① 《共生营销》。

表现最为明显。在完全不同的产品之间建立共生营销关系，更具想象力，当然要取得成功也要做出认真的策划和充分的准备。如加拿大一家生产冰淇淋的企业奶拓公司(Natrel)与索尼美洲(加拿大)电脑娱乐公司(Sony Computer Entertainment America)实行共生营销，消费者购买一支奶拓公司的雪糕(Oh Henry 或 Hershey)，就有机会赢得一套索尼公司的“游乐站”(play station)的游戏。还有就是前面提到的动画片与饮料共生营销的例子。这说明，共生营销实际上已经没有什么限制了，不一要在产品的销售与使用上有联系，只要在市场促销上具有相同的或可以互相利用的战略意图与价值就行了。

○共生营销的形式

共生营销简单地可以划分为三种：

一是一次性的合作。如商业零售商与制造业厂家的促销活动，以促销库存积压产品为主的联合销售活动，销售 A 产品可获得奖励 B 产品的机会等等。如 2000 年夏天，在南昌买一罐不到 2 元的旭日升冰茶，就可在百友集团购海尔、长虹、康佳、海信、西门子、小天鹅、容声、伊莱克斯等任一品牌的家电，省 10 元钱；买珠宝、玉器省 20 元；买梦洁、冬冬宝、富丽真金、雅芳婷等床上用品省 15 元钱；买玉兰油、海飞丝、舒蕾、雅芳、小护士等省 5 元钱；买三枪、宜而爽、豪门、AB 内衣、皮尔卡丹、爱慕、曼妮芬、黛安芬、春竹等品牌产品省 5 元钱。

二是松散型的合作。如在广告宣传上的合作，特别是基于品牌联合的宣传，在当前广告费用日益提升的情况下，合作发布广告，让对方分摊一半的费用，又具有特别引人关注的效果，何乐而不为呢。如在中国不少大学的生活区，小天鹅洗衣机与宝洁公司的碧浪洗衣粉便合作为洗衣房捐助了洗衣机与洗衣粉，为大学师生提供便捷经济的洗衣服务，这便是一种利用品牌宣传进行共生营销的方式，在未来最具消费潜力的人群中培养对其品牌的认同，可谓目光长远。

三是紧密型的合作。如分享销售渠道、市场研究信息等，双方建立了长期稳定的合作关系。如欧洲电信巨头阿尔卡特与美国摩托罗拉公司就在 CDMA 的网络营销业务上开展了内容广泛的合作。

○共生营销在实施中要注意的问题

一是在事先要做认真详细的预案。对合作双方的长短处、市场将来可能出现的反应、今后可能的变故等要进行研究分析，充分考虑可能发生的不利情况，特别是在强弱不对等的情况下实行共生营销，弱势一方要注意保护自己的合法利益，不能受制于人，不要贪图一时的利益而导致长远发展的损失。

二是认真起草合作协议条款，明确双方的权利与义务，从法律上保护双方的权益，但同时也要注意不要违反有关法律的规定，如《反不正当竞争法》、《消费者权益保护法》、《商标法》等，避免被竞争对手以违法行为诉之公堂，反而影响了市场开拓。

三是要及时了解合作对手的营销状况，对出现的问题及时沟通，对已经出现的可能危及自身合法利益的问题，要通过合法有效的途径及时解决，包括解除合作关系，调整合作伙伴。

共生营销作为一种新的营销模式，越来越受到企业的欢迎，并且不少企业在实践中探索出了多种多样的形式，但其核心就是抓住一切商业机会，充分利用各种资源包括公共资源、合作伙伴的资源、竞争对手的资源以及消费者的资源等内、外部资源，提高营销效率，提升企业自身的市场竞争力。

第四节　善用现有渠道

在产品、价格乃至广告同质化趋势加剧的今天，单凭产品的独立优势赢得竞争已非常困难。正如整合营销传播理论创始人、美国西北大学教授 Don Schultz 指出：在产品同质化的背景下，唯有“渠道”和“传播”能产生差异化的竞争优势。销售渠道已成为当今企业关注的重心，并日渐成为它们克敌制胜的武器。

营销渠道是指产品从厂家到消费者之间流动的载体。对企业来说，营销渠道的建立实现了一系列重要的经济职能，包括产品销售、信息交流、服务传递、资金流动等，拉近了生产者和消费者之间在时间与空间上的距离。

然而，许多企业的渠道管理现状却令人担忧：渠道结构不合理，内部冲突现象大量存在，渠道管理成本上升、销售机构臃肿而效率低下。这一切严重制约了企业的发展，削弱了它们的综合竞争能力。Jack Li 向我们展示出富士施乐(中国)有限公司、上海通用汽车有限公司和 TCL 集团的是如何善用现有渠道的。

富士施乐株式会社成立于 1962 年，是日本富士胶卷株式会社与美国施乐公司在日的合资企业，负责整个亚太地区的市场开发和销售。富士施乐的彩色复印机在亚太市场中占据领先地位。富士施乐(中国)有限公司成立于 1995 年 1 月 3 日，是富士施乐在华的投资性公司。总部设在北京，在上海、深圳以及武汉设有生产厂。目前富士施乐在中国内地有员工 2500 多名。该公司在渠道管理和创新方面，始终走在同行的前面。该公司强调渠道生态系统的建设，削减中间层次，并在行业中率先实施"共生营销"策略，使之成为中国复印机市场的行业老大。

上海通用汽车有限公司是上海汽车工业(集团)总公司和美国通用汽车公司各投资 50%组建的中美合资企业，总投资为 15.2 亿美元。公司于 1997 年 6 月成立，到 1998 年 12 月第一辆中国别克新世纪下线。2001 年上海通用汽车共销售 58328 辆，销售额达 112.3 亿人民币。在 1999 年 12 月到 2000 年 7 月短短几个月时间，连续推出别克 GL8、GS、G 等三款车型，2000 年 12 月家庭轿车——赛欧轿车正式下线。2000 年 5 月，上海通用汽车成为中国汽车工业第一家获得 QS9000 质量体系认可的汽车制造公司；同年 11 月，获得了 ISO14001 环境体系认证证书。上海通用汽车有限公司第一家将汽车品牌专卖店营销模式引入中国，使产品认知度从 1999 年的 14%跃升到 2001 年的 81%。

TCL 集团有限公司创办于 1981 年，现已成长为一家拥有家电、信息、通讯、电工等 4 大产业，集研、产、销于一体的特大型国有控股企业。1990 年以来，连续 10 年以年均 50%的速度增长，成为中国增长最快的工业制造企业之一。目前 TCL 涉及的家电、通讯、信息、电工几大主导产品都居国内同行前列。

一、渠道瘦身，加强渠道效率

长期以来，中国企业一直沿用传统的批发零售模式。这种金字塔式渠道的多层次框架降低了渠道的效率，延误了产品到达消费者手中的时间，导致厂家对终端消费者的信息掌控不力，并且增加了营销成本。

根据麦肯锡高层管理论丛的资料，分销渠道成本通常占一个行业商品和服务零售价格的15%～40%。由此可见，通过改善分销渠道，企业可以大大提高自己的竞争力和利润率。

在上海通用推出第一辆别克的1999年，中国汽车市场上流行多层次营销体系。这可能将一部分销售风险转移到分销商身上，但销售质量及服务难以监控，最终可能威胁到自身的形象。

上海通用毅然决定引入美国通用的营销模式，建立自己扁平化的专营区域分销网络，使上海通用成为中国汽车行业专卖店模式的先驱。

该公司市场营销及规划发展执行总监刘曰海认为，用品牌专卖店统一形象设计，是厂家品牌推广的重要手段。厂家直接应对专卖店，摆脱了批发商和代理商等中间层次，使成本降低，对客户响应速度更快，更容易控制。

对品牌专卖店各个环节统一的严格规程管理，保证了上海通用企业形象和产品品牌形象的一致性。“单是开发这样一套运作程序手册，就花了我们大半年时间，现在还在不断完善。”营销总监孙晓东指着手边厚厚的一叠文件夹说。

然而，这种努力是值得的。上海通用通过别克品牌专卖店确立了企业和产品品牌形象之后，为后来的低端产品（如赛欧）的渠道拓展铺设好了道路。企业已经建立起一个完善的营销网络，有能力充分应对后续各种车型快速投放的市场。

同时，多种产品分享同一个渠道，降低了单位产品的营销成本，提高了企业整体竞争力。

为了确保渠道效率，迅速掌握消费者信息，提高品牌形象和服务质量，TCL也致力于建立自己的销售网络。然而，随着产品向全国范围铺开，公司的销售网络越铺越大，在高峰时期公司拥有多达1.2万人的销售队伍。

可想而知，销售的成本急升，而销售渠道效率却受到了严重的挑战。1996年，公司开始了渠道的“精耕细作”，对各地区的人口和消费水平进行调查统计，将销售指标和经销商数量建立在科学的基础之上，提高单位销售量。

2000年，TCL进行了声势浩大的“渠道健身”运动，裁减分公司和分支机构数目，并将销售中心下移，使公司能够更好地控制销售终端。TCL还花费3亿元人民币的巨资，开发了企业资源规划系统（ERP），营销管理是其中重要模块。有了该系统的支持，公司可以实时了解全国各地的销售状况，并能根据数据做出快速决策，大大提升了渠道效率。公司总裁李东升总结说，TCL渠道网络的核心资源是“人＋信息技术”。

二、建立防火墙，避免渠道冲突

在开发市场的初期，跨区串货、低价竞销等非正当竞争是有生俱来的产物，厂家的态度和应对策略直接关系到渠道的质量。渠道冲突和串货导致的直接后果是，互相杀价，价格混乱，渠道体系遭受重创，最终是多败俱伤。因此规避冲突、创建渠道之间的有序竞争是各厂家需要直面的问题。

富士施乐（中国）有限公司总裁张昆在接受采访时，提出了“渠道生态系统”的概念。他认为，健康的渠道生态系统，需要具备扁平、高忠诚度等特点，而渠道之间有序竞争是健康的前提。

中国幅员辽阔，东西南北各地区差异巨大，厂家必须认真研究如何规范市场，尽量用管理体制将违规行为消灭于萌芽状态，将内耗降至最低，并提升渠道成员的综合素质。如果能做到这些，创建健康的渠道生态系统是迟早的事情。

为此，富士施乐从1999年开始，逐步规范内部的渠道网络，按照地域层层分区，中间构筑“防火墙”，严禁互相串货。公司专门的监管队伍利用每台机器的系列号进行跟踪，对违章的经销商实行严厉惩罚，有效杜绝了串货的发生。

在渠道层次上，富士施乐拒绝和“托盘商”（即分销商）打交道，尤其是那些被戏称为“搬砖头”没有创造任何价值的渠道成员，削减了中间环节。

为了从源头上扼杀跨渠道恶性竞争而导致的渠道冲突，上海通用在中国汽车行业率先采取了全国统一定价的分销模式。在中国内地任何销售网点，上海通用的产品实行统一售价，即使在偏远的新疆和西藏，价格也保持一致，尽管这意味着厂家将承担更大的物流运输成本。统一定价有利于在经销商和客户中建立规范的形象，成为品牌推广的一部分。

三、强调契合，建立伙伴关系

渠道效率的高低，很大程度上取决于渠道成员对厂家的忠诚度。而不容忽视的情况是，中国本地的销售渠道本身质量并不高：从国营体系转过来的模式往往僵化；私营体系机智灵活，但经销商很多是从小商店发展起来，没有受过系统专业的培训，自身的素质欠佳。如果他们在营销水平和服务质量方面得不到改善，必然对品牌产生负面影响，从而损害厂家利益。

除了赢利政策之外，厂家和经销商之间应建立共同的远景，并为此而努力，使渠道成员获得长久成功而不仅仅是短期效益，这才是合作的最佳状态。

张昆认为，厂家选择渠道伙伴的标准之一应该是公司目标与厂家的宏观市场目标和价值观一致。因此，厂家的渠道管理人员同时也应该是一名咨询员。他需要了解渠道伙伴的公司整体结构，并对此提出自己的改进意见。

富士施乐在对经销商的支持方面，主要有以下几点：一是界定经销区域，最大限度地保证经销商的利益；二是为渠道合作伙伴提供“造血机制”，即是张昆常挂在嘴边的“授之以鱼，不如授之以渔”：让经销商赚钱固然重要，但获取赢利的能力才是根本。

传统上的复印机只是简单的复印工具，而如今却集成了打印、传真、过程控制等多项功能,对厂家和经销商都是一大考验。对一些专业机器来说,产品销售已经突破了"如何操作"的范畴,必须了解程序开发和软件使用等相关技能知识。以往习惯了"坐商"的散兵游勇,如今必须成为懂客户需求、懂产品特点和系统知识的"正规部队",角色转变的难度可想而知。

为此,富士施乐在培训渠道成员、提升其整体素质方面,出台了一系列举措。首先是对各区的销售代表进行"充电",视其能力好坏决定是否留用。目前,公司正计划将主管渠道的职能队伍一分为二:负责日常业务和专业技术队伍。后者由公司资深管理层和聘请的咨询专家组成,成为一支特别的"特派队伍",对经销商的专业技术、销售能力、管理水平甚至财务分析能力进行全面的培训和提升。公司还在湖南和宁波成立合作企业,以便更好地控制当地市场。

为了能找到适合的战略伙伴,上海通用在选择经销商时,有一整套评估体系,强调经销商的"先天基因"。营销总监孙晓东说,和汽车一样,厂家和经销商彼此都需要一定时间"磨合",但合作的好坏与经销商自身的素质息息相关。

他们最看重经销商的从业经验和价值观,而对其现有的经济实力和规模方面的要求则相对灵活。上海通用强调以顾客为中心,经销商必须要具备同样的价值观,今后的合作才会顺利。所以他们在考察经销商时,看中的是对方是否具备这样的"基因"。

深圳标远就是一个例子。当时该公司只有一个破烂仓库,但公司领导人多年的从业背景和良好的服务意识,给孙晓东留下了深刻印象。在谈论彼此合作时,双方很多方面不谋而合,使合作项目很快实施。"2001年该公司销售了各型别克车1000多辆,成为我们最优秀的经销商之一。"孙晓东对自己的选择颇为满意。

四、用发展的眼光看渠道

按照米兰德的生命周期表,在产品导入期,新产品一般经由专业的渠道来销售;在迅速成长期,销售人员和销售渠道就会被引入;成熟和衰退期，随着增长缓慢下降，一些竞争者便会将其产品转入低成本的渠道销售，如大型综合商场、邮购、网上商店等。渠道也是随着企业和产品的发展而不断变化的，因此企业应根据产品生命周期来选择适当的渠道组合。

电脑巨头戴尔公司的在线直销模式，曾被业界视为新经济时代渠道创新的典范。在线直销使厂家摆脱了所有中间商的盘剥，而且节省了场地费用，并让顾客参与其中，按需定制，对提升顾客忠诚度大有裨益。

但是，产品的直销尤其是在线直销并非总是灵丹妙药。除了消费者自身固有的习惯之外，还受到产品价格、市场成熟度等因素的影响。TCL“亿家家”网站和上海通用的“百车通”网站，都能实现在线直销，但目前的主要功能还是提供产品和服务的平台，实际的成交量寥寥无几。看来网上商场在中国还有很长的路要走。

渠道创新已成为竞争的重要筹码。如果厂家进行横向合作，两个或多个企业通过分享对方的渠道资源，达到降低成本、提高效率、增强市场竞争力的目的，这就是“共生营销”的概念。在日本，富士施乐和当地生产数字式一体化速印机的理想科学工业株式会社结成联盟，彼此分享对方的销售渠道，取得了不错的效果。从2002年开始，富士施乐（中国）公司已经和珠海理想科学工业有限公司结成联盟，沿袭日本总公司的渠道共享策略。在数码浪潮的冲击下，富士施乐正考虑和知名的解决方案提供商合作，尤其在对大客户的服务方面结成联盟，共享销售渠道资源。

五、关注渠道发展的新趋势

在传统渠道开始变革的同时，以江苏苏宁、北京国美和山东三联等一批连锁企业的崛起成为渠道成分的新亮点，尤其是苏宁对厂家的注资、国美公开招标等“向厂家叫板”的现象，让经济学家惊叹“商业资本已经重新抬头”。

厂家与经销商之间的合作是生产厂家直接和零售系统打交道，绕开渠道的所有中间环节，避免了渠道冲突，大幅降低了成本，是渠道扁平化的最佳体现。

同时，厂家与经销商合作也是一种风险共担的间接渠道形式，通过预购或集中采购，或商业资本向产业资本的渗透，都体现为厂家与商家共同经营，最大限度利用各方的资源，是社会分工的必然结果。苏宁集团副总裁孙卫国在谈到这种合作时，毫不掩饰对商业资本美好前景的信心。他说，今后渠道的理想模式，将是厂家、物流服务商和零售商的组合，人们谈论的将不是如何“建立渠道”而是如何“进入渠道”的话题。

富士施乐(中国)有限公司的副总裁徐德良非常看好专业零售连锁店的发展前景。他说，成熟的零售企业有自己的商业品牌，而厂家有自己的产品品牌，前者在销售方面有专业的优势，厂家和他们的合作其实是一种外包。富士施乐在普通经销商和专卖店的基础上，将考虑和一些行业的零售企业合作，将公司的产品，尤其是大众型的中低端产品通过零售企业的渠道销售。在美国，就有诸如 Office Depot 等办公行业的大型零售企业占据了一定市场份额。

在选择渠道外包的问题上，Don Schultz 提醒厂家要谨慎行事。他认为，建立怎样的营销渠道取决于厂家和客户之间的关系，最终的核心是为终端顾客提供服务。在把营销外包给经销商或零售商的同时，厂家自己必须重视和顾客直接接触的机会，否则会是一场舍本逐末的危险游戏。

六、以战略为导向的销售渠道组合设计

中国加入世贸组织，零售、批发行业逐步对外资开放，在国外有一定成本优势的现代业态，如专业折扣店、专业市场、大型超市等，必将进入中国市场，并对中国传统的渠道形成重大冲击。中国企业应该选择何种渠道组合战略？罗兰·贝格北京办事处总经理吴琪和 Jet Magsaysay 谈了自己的看法。

吴琪建议，针对中国目前的分销渠道环境，企业可从两个方向去思考自己的渠道组合策略：

当企业所在的市场环境变化较快，而且目前已经是通过多渠道进行分销时，企业思考问题的重点应放在：

首先，根据自身的战略要求来制定有针对性的渠道组合方案，即从各个渠道的自身发展潜力、对企业的销售额贡献、利润贡献、渠道利用水平和改进潜力等角度，对渠道进行分析，判断各个渠道对企业的价值，对渠道客户进行细分，制定与战略相匹配的渠道组合方案。

第二，设计相关的机制和措施来协调各种渠道，以减少或避免渠道的冲突。

第三，侧重于通过对渠道的控制和权重的优化来优化各渠道销售的结构和企业内部的成本结构，不断优化各渠道的销售结构和对渠道进行控制应该是企业营销管理的核心任务之一。

第四，可以考虑对组织结构和流程进行调整以适应渠道管理的需要。

对于金融服务、汽车、民航等环境变化大，现有分销渠道相对比较单一的行业来说，则可以更加关注潜在的、新的分销渠道。即在传统的渠道之外选择具有战略意义的、并适合于销售的新渠道。新渠道的开发不仅意味着获得目前的非客户群体，而且也可能使企业可以更快速、有效地应对市场需求的变化，或降低总体的交易成本，或改变现有的竞争劣势(如金融企业的地点劣势)。

Jet Magsaysay 则认为，传统以产品的竞争优势正逐渐消失，追求渠道的差异化是中国企业面临的难题。渠道是企业接触消费者的主要媒介，公司应根据渠道来重组营销架构，以渠道为核心的组织更具竞争力。

第五节　善于综合

《国语・鲁语下》中说："咨事为谋。"指的是，向他人咨询事情就是智谋。15 年以来，在内地的台商拥有近 10000 亿人民币的资本规模，雇佣上千万的内地员工。台资企业家如何来打造自己的神话？关键就在于善以综合来借力。

一、台资的鸡尾酒

用日本企业的管理，美国企业的研发，欧洲企业的标准，韩国企业的精神，儒家文化的完整保留，内地的员工和资源，我国台资企业勾兑出一杯最浓烈的企业鸡尾酒。

○日本的管理。20 世纪 60 年代，台资企业起飞于代工，转移自日本企业。和亚洲四小龙其他的国家和地区一样，日本企业不但转移了制造业，半导体工业，而且还把整套的现代管理理念和制度移植到台资企业。

讲究忠诚度，严格的上下级界限，做事的一板一眼，对工厂的管理制度，职位的称呼（课长、部长），管理模式等都与日本非常接近。他们将软件称为“软体”，硬件称做“硬体”，和日本的语言一样。

○美国的研发。在大量留学生从美国硅谷回来后，台资企业的制造业迅速升级到以信息技术为主的零配件制造和 OEM。累积了多年的工业经验，让台资企业开始开发自有的品牌和技术。

目前，全球 2/3 以上的笔记本电脑是台商生产的。台湾在全球供应链上的关键威力，使任何新产品出来，第一优先要与台商沟通确认，很多台商已经具备这种分量。

○欧洲的标准。“欧洲国家是标准和游戏规则的制造者和利用者，从体育赛事到产品的技术换代。台资企业最早认识到，标准是可以有利润的，因此，要率先跟进标准。”从事休闲产业的黄沧江感慨道，“这也说明台资企业正在为欧洲的标准打工，当然只有力量积累到一定程度，这种状况才能改变。”

○韩国式精神。加班是台资企业的普遍现象，没有薪水的加班也不是个别现象。内部强调企业为家，企业为大，强调对企业的奉献，家长式意见统一，长幼尊卑有序。

○儒家文化。从食品到汽车，从洗发水、香皂再到电脑，消费了好久，才发现都来自台湾企业，不事张扬、内敛的儒家文化要求台商低调做“人”。

二、综合在于彼此有利

从前，有两个饥饿的人得到了一位长者的恩赐：一根鱼竿和一篓鲜活硕大的鱼。其中，一个人要了一篓鱼，另一个人要了一根鱼竿，于是他们分道扬镳了。得到鱼的人原地就用干柴搭起篝火煮起了鱼，他狼吞虎咽，还没有品出鲜鱼的肉香，转瞬间，连鱼带汤吃了个精光，不久，他便饿死在空空的鱼篓旁。另一个人则提着鱼竿继续忍饥挨饿，一步步艰难地向海边走去，可当他看到不远处那片蔚蓝色的海洋时，浑身的最后一点力气也使完了，他也只能眼巴巴地带着无尽的遗憾撒手人间。

又有两个饥饿的人，他们同样得到了长者恩赐的一根鱼竿和一篓鱼。只是他们并没有各奔东西，而是商定共同去找寻大海。他俩每次只煮一条鱼，他们经过遥远的跋涉，来到了海边，从此，两人开始了捕鱼为生的日子。几年后，他们盖起了房子，有了各自的家庭、子女，有了自己建造的渔船，过上了幸福安康的生活。

由此可见，综合是一种借力的过程，既可能是某一方向多方的借力，也可能是相互之间的互惠，无论哪种情况，都对你有利。

第六节　与他人合力

有道是“三人齐心，黄土变金”。借他人之力能行一时之道，而真正巧借他人之极点就是与他人合力而行，以多人的力量成就自己的事业。杨致远创办雅虎的故事已经成为互联网领域最老的传奇，而这个传奇的每一个过程都有他人相助的身影。

一、与戴维·费罗创业

1968 年，杨致远生于我国宝岛台湾，两岁时父亲去世，他和弟弟由母亲抚养长大。母亲是英文和戏剧教授，她带领两个男孩举家迁往美国加利福尼亚州，为孩子寻求更好的成长环境。10 岁时，他们定居在加利福尼亚州圣何塞市。杨致远学习不算勤奋，甚至有点儿懒，但成绩却相当优秀。刚到美国时，他曾有过一段学习黑暗期，第一天上课时，唯一知道的英文单词就是“shoe”(鞋)。不过，经过一段时间的磨合，他也融入了这个“异国他乡”。1990 年，杨致远以优异的成绩进了离家不远的斯坦福大学。该校的电机系是硅谷神州的组成部分，他就选修电机工程，只花了四年就获得了学士、硕士学位。毕业时觉得自己还欠成熟，他就留校从事研究工作。正好，戴维·费罗也留校从事研究，两人的邂逅和结交无疑是雅虎成功的关键因素。

杨致远和费罗是旧识。费罗 1988 年毕业于杜兰大学，而且一度曾当过辅导杨致远的助教。一向全拿“A”的杨致远在费罗的判官笔下却居然只得了“B”，对此杨致远至今还发牢骚。后来两人同班听课，还在作业方面开展合作。以此为起点，两人成了最佳搭档。费罗内秀，喜沉思，而杨致远活跃，是社团中的领袖。费罗善于在屏幕上整理资料，有一种“只要在终端前，就能统治全世界”的感觉。费罗的实验室像个被暴风肆虐的地方。而杨致远的住所比较干净，但在电脑的操作上，却没有费罗有规划。两人的实验室相邻。不久，两人报名去了日本。在那里，两人都成了外国人，友谊与日俱增。

回到斯坦福，两人在一辆学校拖车上成立了一间小型办公室。恰在这时，他们迷上了互联网。每天，他们有数小时泡在网上，分别将自己喜欢的信息链接在一起，上面有各种东西，如科研项目、网球比赛信息等。雅虎就从这里发展起来。开始时，他们各自独立地建立自己的网页，只是偶尔对彼此的内容感兴趣才互相参考，渐渐地他们链接的信息越来越广，他们俩的网页也就放在了一起，统称为“杰里万维网向导”(Jerry's Guide to the World Wide Web)，“杰里”是杨致远的英文名。他们共享这一资源。

搜集的网站越来越多，两人就分类。每个目录又容不下时，再细分成子目录，这种核心方式至今仍是雅虎的传统。不久，他们的网站招来了许多用户。人们纷纷反馈信息，还附上建设性意见，使内容更加完善。

"要不是有这么多外来的回应,我们就不会继续下去,更不会有今天的雅虎"。到1994年冬,两人忙得连吃饭、睡觉都成了奢侈,学业也扔在了一边。他们开始着手网站的商品化。

当时,网上有许多竞争者,如WebCrawler、Lycos、Worm、Info seek等,这些网站都靠软件自动搜索起家,虽范围广泛,但不准确。而雅虎则纯粹是手工制品,搜索准确,更加实用。实际上到1994年年底,雅虎已成为搜索引擎的领导者。

1995年的一个夜晚,杨致远和费罗翻着韦氏词典,为他们的"产品"编造名字。其中"Ya"取自杨致远的姓,①他们曾设想过Yauld,Yammer,Yardage,Yang,Yapok,Yardbird,Yataghan,Yawn,Yaxis等一系列可能的名字。突然间,他们想到了Yahoo这种字母组合,然后迅速翻开手边的韦氏英语词典,发现此词出自斯威夫特的《格利佛游记》,指一种粗俗、低级的人形动物,它具有人的种种恶习。

这个词显然不太雅,但仔细一琢磨,"反其义而用之"。在强调平权的因特网上大家都是乡巴佬。为了增加褒义色彩,后面加上了一个感叹号,于是就有了"Yahoo!"。"没错,太好了,就是它了,这简直是神谕(oracle)!"

二、一路遇"贵人"

初闯商海的杨致远和费罗一方面累得苦不堪言,另一方面为自己突如其来的成功欣喜若狂。他们发现历史赋予的难得机会终于到来了:网景公司的导航器测试版刚刚发行,Hot Wired也开通了网络广告站点,通过网络赚钱的时机开始成熟。

第一个找上门的公司是路透社,路透社市场部副主任泰森(John Taysom)一次外出,在一家地方报纸上读到有关雅虎的消息,产生了兴趣,他以后在网上经常光顾雅虎网址。泰森迅速认识到"雅虎"消除了距离的远近,架起了用户与其欲寻找的信息之间的联系,路透社可以利用

① 《杨致远——互联网人物》。

它扩大自己的影响。杨致远对泰森说:“如果你们不找我们,我们可能也要找你们。雅虎不仅只是一个目录,这还是一种媒体资产。”

路透社与雅虎是朋友,但不是伙伴,合作过程中雅虎并未得到多少实惠。聪明的杨致远认识到,必须自己制订一个周密的商业计划,以我为主通过广告赢利。杨致远找到自己的老同学布拉狄(Tim Brady),他此时正在哈佛商学院读书。杨致远和布拉狄参考 Hot Wired 公司发布广告赢利的经验,迅速起草了一份商业计划。带着这份计划书,他们到处寻找风险投资者。

他们一边维护日益膨胀的网络资源,一边寻找商机,每天只睡 4 个小时。

杨致远回忆说:“这项工作很艰苦,但充满了乐趣。有时我有一种从悬崖上跳下的感觉,有时像置身于电影《塞尔玛与路易斯》,不知结局怎样。我们想用网络做一切,也许什么也做不成。但我们不在乎,我们不会失去任何东西。”

杨致远找到了红杉(Sequoia)资本公司,它是硅谷最负盛名的风险投资公司,曾向苹果(曾引导过个人计算机革命)、Atari(视频游戏工业的领袖)、奥拉克(大型数据库供应商)、Cisco 系统(网络硬件商)等公司投资。但红杉公司的莫里兹(Mike Moritz)起初有些犹豫,因为雅虎实在太与众不同了。与“网景”的情况还不一样,雅虎本身只是“在网上提供服务”,而且是免费的,其商业潜力在哪里呢?

至今,莫里兹回忆起 1995 年 1 月走访“办公室”的情景,还津津乐道:“那里真的可以说是一片狼藉。比萨饼盒扔得满地都是,高尔夫球棒随随便便地搁在角落里,电话机扔在地板上,整个屋子里连张椅子都没有,满屋子黑乎乎的。我觉得杨致远和费罗大概连白天黑夜都分不清了。”

不过,莫里兹并没有被吓跑,杨致远和费罗最终使他相信:“这几个小子的确有眼力,抢先占据了网上的有利位置,如果发展顺利,其战略优势十分明显。”1995 年 4 月红杉投资雅虎近 200 万美元。它是雅虎的首家风险资本投资者,也是唯一的风险资本投资者。现在,红杉的股本已升值到了 34 亿美元。“其余的一切都已经成为历史了。”他们说。

随后美国在线（America Online，简称 AOL）找上门来，这家世界上最大的商业在线服务公司正好缺少一个搜索引擎，希望雅虎能担此重任。美国在线的用意是收购雅虎，使杨致远和费罗都成为他们的雇员，保证可以让他们成为富翁。但也威胁说，如果不出售雅虎，他们将扶持另一家引擎公司挤垮雅虎。

两个人经过慎重考虑，拒绝了 AOL。他们要自己经营雅虎，这不完全是赚钱的问题，雅虎是一项自己精心哺育的事业，创建和维护雅虎是一种乐趣，他们就是自己的主人。此外他们还担心把雅虎出售给 AOL，最终也许会葬送雅虎。

随后，杨致远又与 MCI、微软以及 CNET 谈判，但只得到网景公司的资助。网景公司的马克·安德森当时非常喜欢雅虎的网站目录，1995 年 1 月，他把网景浏览器一个最重要的按钮——网上搜索指向了雅虎。当网景浏览器的用户按那个按钮时，他会被自动地带到雅虎的网站。网景浏览器的成功使得雅虎迅速名震互联网。

AOL 最后收购了 Web Crawler（一家很早便从事索引搜索服务的公司），AOL 和 BNN（AOL 收购的一家因特网服务供应商）的浏览器都指向它。但与雅虎相比，Web Crawler 缺乏特色，其影响江河日下。

三、得到 Softbank 相助

1995 年 4 月，在红杉的资助下，他们成立了自己的公司，资产约 400 万美元。同时“水杉资本”还找来了一位合适的总经理人选——蒂姆·库格，也是斯坦福的校友。由库格来负责管理事务，费罗和杨致远就可以专注于研究工作。后来费罗负责技术开发，杨致远负责对外公关。

当然，雅虎最具价值的还是杨致远和费罗。杨致远比较外向，时常沉湎于过去。费罗正好相反，很内向，总是尽量婉拒记者的采访。“他们确实非常无私。”埃伦·斯米弗如是说。他是雅虎公司的元老，商业开发和战略策划副总裁。“即使最近招募来的员工也觉得无拘无束，敢敲门进去和他们聊天。”同事们认为杨致远是个精力充沛、敏感的预言家，而费罗则是雅虎的灵魂，事无巨细，考虑周全。

1995年秋，雅虎不得不展开第二轮投资战，此前虽有不少广告收入，但转化为现金的数量极有限。这时日本的一家大财团Softbank开始向雅虎投资，这使杨致远的公司走向了新阶段。Softbank是通过红杉公司认识雅虎的。杨致远得知Softbank要投资非常激动，这正是在日本创建日本本土雅虎的最佳时机。

1995年11月，Softbank最终买下雅虎5%的股份(后来又大幅度增加)。两家公司迅速成立合资的日本雅虎公司。雅虎第二轮投资的落实使其有能力扩大服务项目，并成功地应付一些不利的现实情况。网景的导航器不久就将"因特网目录"按钮的缺省配置转而指向雅虎的竞争对手Architext，而导航器的第二个按钮"因特网搜索"长期指向InfoSeek。杨致远开始与网景讨价还价，网景提出一项建议:搜索引擎按字母顺序排列。

"这是最损的建议了"，因为雅虎引擎以字母Y开头！网景的变故使雅虎的信息检索流量减少10%，但雅虎很快渡过了难关。此时Softbank已大举向因特网进军，仅向雅虎就投资6000万美元。

1996年3月7日，雅虎股票正式上市，虽然它的两大对手Lycos、Excite已抢先上市，但这一天仍被评为"华尔街盛事"。4月12日正式交易，正值周五，股票最初定价13美元。但交易狂热，平均每小时转手6次之多，一度飙升至43美元，最终以33美元收盘。雅虎市场价值达到8.5亿美元，是"水杉资本"投资时的200倍。

1996年4月，第一个雅虎国际版——雅虎日本站成立，之后法国、德国、加拿大、英国等雅虎分站相继问世。第一品牌的效应逐渐呈现，但杨致远并不热衷于各种预测。他表示自己绝对会与雅虎一起奋斗至少五年以上。"我很喜欢目前的工作，我甚至不把它当成是一份工作。""将原本是技术性、电脑狂的世界，和大众媒体结合在一起。我认为费罗和我及我们的工作小组是第一批将两者结合在一起的人。""我们就像第一个从直升机跳下来滑下雪坡的人，也好比是登陆月球，虽然我没有真正经历过，不过我相信那种感觉一定很棒。"

"如果我们是为了钱，那我们可能早早就将雅虎卖掉了。可以告诉你一个秘密，我每天都会在收盘时看一次股市行情，但我却不知道自己有多少股票。还不满30，我不需要钱，也不想钱，更不想交税。我的钱都在纸上，全是股票，数目很大，看起来都不相信是真的。”杨致远对自己的成功保持了清醒的头脑。

四、新CEO新起色

1996年第二季度末，每天已经有200万网民造访雅虎，累计每天1400万次。其中有75%是回头客。但杨致远并不满足于仅仅拥有一个可以吸引回头客的品牌。他说：“如果我们是个软件工具公司，就会被微软挤垮，如果我们是一个出版物，就像《时代》周刊一样有一批忠实的读者，那么就会长期发展下去。”

杨致远此时已经意识到，搜索引擎只是新媒体的冰山一角，他认为要让用户光临，必须不顾一切地宣传品牌。对这一宗旨，他几乎达到狂热的地步。一开始就斥资500万美元做电视广告，成为当时公司开出来的最大一张支票。股票报价、地图、聊天室、新闻、天气预报、体育新闻、黄页等，让用户目不暇接。

1996年第一季度，雅虎与竞争对手Info seek、Excite、Lycos相比，每天的访问量就超过对手的两倍。1997年年底，日均访问量达到9000多万人次，比所有对手访问量的总和还要多。连Info seek的老板也不得不承认，雅虎已超越其他对手。的确，雅虎已今非昔比：公司有不少令人敬仰的管理人才，有一套完整的营销策略，最重要的是还有1亿美元的现金。一位分析家说：“雅虎在很多方面都已经领先同行，把它与其他的搜索引擎相提并论是不恰当的。”

1997年，雅虎收入6700万美元，亏损2300万美元。从账面上看，这完全是一个失败的公司。但是在互联网上，它却是最大的明星，它的市场价值超过网景，升至28亿美元。[①] 1997年第三季度，雅虎的市场价值首次超过浏览器大王网景。

雅虎成了华尔街的宠儿，杨致远的财产也水涨船高。当然，最大的

① 《雅虎酋长》。

快乐不是金钱。“最让人感觉良好的是你每天都在改变着世界。你每天早晨起来问:‘我起来干什么?’然后你就觉得如果你不去工作,雅虎可能就会出问题。我们当年建立的小小网站现在每天都有千百万人使用,每当看到这情形,我们就会说一声:‘哇!’甚至打个寒战。这真是一种非常奇妙的感觉。”

1998年,《福布斯》杂志推出高科技百名富翁,杨致远以10亿美元的财富跃居第16位,超过了冠群CEO王嘉廉,成为高科技中的华人首富。

1999年,杨致远和费罗已成为网络媒体公司的舵手,公司市场价值高达390亿美元,而杨致远的纸面财富达到75亿美元。

“或许我这么说有点怪,但是,我确实觉得自己还没有取得成功。”杨致远说,“我要做的事情还很多很多……所以,我应该继续保持谦虚、执著。”“我们很少有时间反思我们所做的一切。但是,一旦有时间,我就会注视着在雅虎与我共事的伙伴们。看着他们,我就感到自豪、满足。”

随着网络股票和全球经济的放缓,所有的互联网公司都遭遇最惨重的打击,作为互联网第一象征的雅虎自然首当其冲。2000年,雅虎在股价创下237.5美元历史最高值后,开始急转直下。

2001年1月,雅虎劲敌美国在线宣布收购传统媒体巨头时代华纳公司。媒体世界的星座因此重新排列,雅虎的地位开始动摇。对广告收入的过分依赖将雅虎置于十分不利的境地,因为.com广告客户像流星一样消失,企业客户为在线广告的付费又大幅削减。在接下来的13个月里,雅虎管理层又做出了一系列包括并购eBay失败在内的错误决策,导致雅虎的销售收入在2001年第一财季锐减42%,为1.8亿美元;同时雅虎市值从最高峰猛降一多半,跌为110亿美元。公司公布了有史以来的第一次裁员——裁掉大约400人,剩下3100人。

由于雅虎失误,人们纷纷谴责CEO蒂姆·库格和首行运营官杰夫·马利特,唯独杨致远躲过了批评,因为人们把他看做雅虎的亲善大使。饱经忧患的董事们于2001年2月27日举行董事会。会上,杨致远提出新任CEO的候选人特瑞·塞梅尔。

2001年5月1日,塞梅尔接手雅虎,正式开始执掌雅虎的命运。

事实证明，杨致远的决策是正确的。2002 年，塞梅尔使连续六个季度没有盈利的雅虎迎来了盈利的曙光，并且让雅虎调整方向，重振雄风。雅虎的财报显示，在 2004 年 3 月 31 日结束的季度中的营业额为 49790 万美元，每股收益为 11 美分。善于与他人合力的杨致远再次避过了一次险情。

第八章　竞智争谋

前章提到借力之道，从某种角度来看，竞争也是种借力，不过，这种借力不是以和平的方式，而是以对抗的方式进行。《淮南子·兵略训》说过："防敌之萌，皆在谋略。"意指防备敌人的进攻苗头，完全在于使用计谋策略。竞争就是智谋力表现的最佳场所。

第一节　竞争是智谋力的启动器

人生必须讲智谋方法，竞争的优势来自智谋，战术上要出其不意，才能开辟道路。从某种意义来讲，智谋力就是个体以及由个体组成的集团相互之间的竞争以及此主体同其他自然物相互角逐、对抗中撞击出的火花。就是说，智谋力不仅指人与人之间的拼杀、对峙、冷战状态以及双方不接触性的决策变更、角逐、竞争、用人之道、斗智斗勇等状态，也指人与物之间的较量，人对物如何利用等状况。

一、智谋来自于矛盾

有家森林公园曾养殖几百只梅花鹿，尽管环境幽静，水草丰美，又没有天敌，而几年以后，鹿群非但没有发展，反而病的病，死的死，竟然出现了负增长。[①] 后来，公园方想到买回几只狼放置在鹿群里。在狼的追赶捕食下，梅花鹿只得紧张地奔跑以逃命。这样一来，除了那些老弱病残

① 《管理故事》。

者被狼捕食外，其他鹿的体质日益增强，数量也迅速地增长着。

人天生有种惰性，没有竞争就会故步自封，躺在功劳簿上睡大觉。竞争对手就是追赶梅花鹿的狼，让你不休不止地运用智谋，从竞争中脱颖而出。跑在前面的梅花鹿可以得到更好的食物，跑在最后的梅花鹿就成了狼的食物。

不少伟大哲人都认为，世界是一个矛盾复合体，矛盾和斗争普遍存在。如黑格尔就说过，在世界的一切领域内，一切事物都具有矛盾，包括天上飞的，地上行走的，海里游动的等。离开了矛盾，事物就失去了生命，失去了发展的内动力。

这些矛盾包括自然物同自然物之间的矛盾、自然界的动物同自然界的动物之间的矛盾、动物与自然界的矛盾、人与自然界的矛盾、人与人和社会的矛盾。最后一种矛盾最为复杂，也是最能体现最需要运用智谋力的矛盾。由于人都具有意识，能思维，社会的向前发展，给每个人、每个集团提供了展示自己才能的机会与场所，也使每个人，每个集团处于竞争者的位置，对人的思维方式、方法提出了更高的要求。例如，现在几乎任何人都可以去谋职业，即应聘。此时，每个应聘者都会采取某种办法以显示自己的才华，赢得主考官的信任，并击败其他应聘者，这就是人与人之间的竞争，其中“某种办法”就是智谋力。

通过分析可以看出，凡是有矛盾、竞争存在的地方，就有智谋力存在。因为，矛盾、竞争就是通过智谋得以解决的。离开了矛盾、竞争，世界就不复存在，人类社会也不会发展；而离开了智谋，矛盾、竞争得不到解决，世界就变成了一个巨大的决斗场，你拼我杀，世界仍将不复存在。所以说，智谋力与竞争、矛盾同存在，是以竞争和矛盾为其逻辑起点的。

二、竞争的特点

在今天市场经济的环境里，竞争不但是不可避免的，而且是异常残酷的，与其心存侥幸以为无竞争，结果却被人击溃得一败涂地，倒不如先行发动进攻，主动竞争，早日成功地摸透市场的规律，为他日的竞争得胜练就一些基本功。竞争作为智谋力的启动器，具有如下几个特点。

1. 流变性

智谋中竞争的流变性是指竞争并非固定不变的，而是随时间的推移、智谋的实施，不断地发生变化，竞争双方由某方面的竞争可以转化为另一方面的竞争，甚至竞争伙伴已在不断地发生变化。

竞争的流变性是一种正常情况。客观事物本身就是不断发生变化的，每一个事物在与不同事物发生联系时，会表现出不同的特性，形成不同性质的关系。比如，同是一个玻璃杯，如果把它用在化学实验室，那它就是化学器皿；如果用它来喝水，那它就是一个茶杯；如果用它装烟灰，那它就是一个烟灰缸；如果用它伤人，那它就是一件凶器……同是一个杯子，在不同的场合，它表现出或具有了不同的属性。在事物发展的过程中，事物之间不断有新的关系出现。这就决定了竞争也是不断变动的，不能只盯上某种关系不放。故“没有永远的敌人，也没有永远的朋友”，敌友的关系在一定时间是不变的，但也可能因为一些形势的改变而改变。

2. 全面性

智谋力中的竞争的全面性，是指竞争在各个层面、各个问题上展开，既有集团与集团、集团与个人及个人与个人之间的竞争，又有经济、科技、人才、资源、民族独立等方面的竞争。全面性的竞争在智谋活动和生活实践中比比皆是。例如，在战争中，双方都想取得胜利，于是，一方面研制新型武器，并不时地制造一些有关新武器研制的真真假假、虚虚实实的消息，以给对方的军队和科研人员施加压力，影响其正常的活动安排。当然，有些新型武器的研制在绝对秘密状况下进行，在投入战场使用时，对方不知为何物，无法应付，从而给对方以惊恐并沉重打击。另一方面，通过空投传单，或有意让对方收听到自己的广播，以真真假假的消息，扰乱对方军心、民心，瓦解其士气。这些，其实就是智力的较量，就是智谋方法的具体运用。

竞争之所以表示在各个方面，其实质，主要在于人。就是说，人生来就具有竞争意识。人是一切活动的主体，即任何活动都是由人发起的，任何活动的开展都离不开人。这一点，我们不妨从《圣经》中摘一个故事。圣经上说，该隐和亚伯都是亚当和夏娃的儿子，该隐种地，亚伯牧羊。有一日，该隐将地里的出产物为供物献给上帝，亚伯也将他羊群中和羊的脂油献上。上帝看中了亚伯的供物而看不中该隐的供物。于是，该隐大怒，杀了自己的弟弟亚伯。这就说明，从上帝造人之初，人类就存在竞争意识，只是该隐的智谋极其低劣罢了。

如今，人类已经涉及各个领域，并在各个领域展开了合作性的竞争，所以，也就有了政治竞争、军事竞争、经济竞争、外交竞争，以及人际关系方面的竞争。

竞争的全面性并不否认它的客观性，我们不能因为“全面性”，而主观地、随意地制造竞争，这样，只会破坏竞争的规则。

3. 利己性与排他性

利己和排他是紧密联系在一起，利己必然排他，排他大都是为了利己。两者合二为一。

现代的竞争(军事除外)都是合作式的竞争，即双方在合作的基础上又开展竞争，但利己性十分明显。利己性，就是双方都不愿使对方成功，都希望牵制对方不自觉地按照自己的意图行事，以达到自己的目的，简言之，双方都希望减少对方的利益，以增补自己的利益。

4. 互利性

智谋力中的竞争的互利性，是指竞争双方总是处于相互牵制、相互利用之中，甲方提出一个措施，乙方立即会提出一个反措施；甲方利用乙方的弱点和失误，乙方也利用甲方的弱点和失误，双方都在一定程度上让步，又都在一定程度获利。互利性与利己性是相通的。双方都抱着获利的目的出发，即都是利己的。既然双方都是利己的，双方自然是互利的。

5. 策略性

策略性就是竞争双方以一定的策略、方针去巧胜对方，其中包括施计、佯装等计谋。但是，施计、佯装不是欺骗。没有一定策略的竞争是难以取胜的，即使取胜也元气大伤，或是付出极大的代价换得极小的利益。所以，策略性是竞争的一个重要特性，也是进行智谋力时必需考虑到的一个因素。但千万不能以为策略就是欺诈。如果两个总统候选人在竞争中，不是以一定的策略赢得民心、击败对手，而是以欺诈骗取民心，那么，即使竞选成功，不出多日，他也会被人民赶下台。

三、竞争战略

竞争是个体以至企业成败的核心所在。竞争决定了一个人对其行为效益有所贡献的各项活动，例如，革新的想法或有条不紊的实施过程等等是否恰如其分。[①] 竞争战略就是在一个领域寻求一个对自己最有利的地位。竞争战略的目的是针对决定产生竞争的各种影响力而建立一个有利可图的和持久的地位。

以个体的集合——企业为例，来看看竞争战略的选择构成。首先是从长期盈利能力和决定长期盈利能力的因素来看各行业所具有的吸引力。各个行业并非都提供同等的持续盈利机会，一个企业所属行业的内在盈利能力是决定这个企业盈利能力的一个要素。竞争战略的第二个中心问题是在一个行业内决定相对竞争地位的因素。在大多数行业中，不管其平均盈利能力怎样，总是有一些企业比其他企业更有利可图。

这两个问题中任何一个都尚不足以指导对竞争战略的选择。在有非常吸引力的行业里，一个企业如果选择了不利的竞争地位，依然可能得不到令人满意的利润。与此相反，一个具有优越竞争地位的企业，由于栖身于一个前景黯淡的行业，从而获利甚微，而且即便努力改善其地位也无济于事。这两个问题都不是静止不变的，行业吸引力和竞争地位都在变化着。随着时间的推移，行业的吸引力会增加或减少，而竞争地位则反映出竞争厂商之间的一场永无休止的争斗，甚至长期的稳定局面也会因竞争的变动而突然告终。

行业吸引力和竞争地位两者都是可以由企业来加以改变的，这也正是竞争战略的选择具有挑战性和刺激性的地方。行业吸引力部分地反映了一个企业几乎无法施加影响的那些因素，而竞争战略却有相当可观的力量增强或削弱一个行业的吸引力。同时，一个企业也可以通过对其战略的选择显著地改善或减弱自己在行业内的地位。因此，竞争战略不

---

① 《细节决定成败》。

仅是对环境做出的反应，而且是从对企业有利的角度去试图改造环境。

竞争优势归根结底产生于一个企业能够为其客户创造的价值，这一价值超过了该企业创造它的成本。价值是客户愿意为其所需要的东西所付的价钱。超额价值来自于以低于竞争厂商的价格而提供同等的受益，或提供的非同一般的受益足以抵消其高出的价格而有余。竞争优势有两种基本类型，即成本领先和别具一格。

第二节　积极应对竞争

竞争是激发智谋的角斗场，竞争也是一种智谋的显示器。你要做好准备，以积极的态势投入竞争中去。

一、正确认识竞争

竞争可以克服惰性，促进社会的进步和发展。对于每个人来说，竞争促使人们满怀希望，朝气蓬勃，充分调动生理和体力上的潜能，不断取得精神上和心理上的满足。但是，竞争也容易使人在长期紧张的生活中产生焦虑，表现出神经质、身心疲惫等问题。如感情脆弱或者情绪压抑，则会引起消沉，精神变态，甚至出现犯罪乃至自杀等严重问题，这是消极的一面。

1. 正确面对竞争

我们知道，有竞争，就会有输赢，就会产生成功者和失败者。试想，一个人不承受多次失败，缺少不甘落后的进取精神，没有顽强的毅力和百折不挠的气概，缺乏良好的心理承受能力，他会获得成功。

2. 正确评价自己

对自己要有一个客观的、恰如其分的评估，努力缩小“理想我”与“显示我”的差距。在制定目标时，既不好高骛远，又不妄自菲薄，要把长远目标和近期目标有机地统一起来，脚踏实地，一步一个脚印地做起，有助于理想的最终实现。

在竞争中要能审时度势，扬长避短。一个人的需求、兴趣和才能是多方面的。“一条道走到黑”的思维方式不见得可取。科学的转移能增加竞争中成功的几率，减少挫折感，这在生活中不乏实例。

二、心理测试：你如何面对竞争

1. 在平时的工作中，你非常想超过别人吗？

A. 经常这样想　B. 有时这样想　C. 从未想过

2. 与过去相比，你愿意参加各种竞赛，以检验自己能力的高低吗？

A. 愿意　B. 无所谓　C. 不愿意

3. 你认为对于竞争的正确态度是：

A. 竞争能发挥个人才能，应该积极参与　B. 竞争不关我的事　C. 竞争会带来很大的压力，造成心理紧张

4. 业余时间，你最喜欢读的书籍是：

A. 名人传记类　B. 文艺小说类　C. 娱乐类

5. 现代社会竞争激烈，为保证在事业上胜过别人，不能把自己知道的信息告诉别人，你的态度是：

A. 反对　B. 不大同意　C. 同意

6. 为了适应环境，人们应该：

A. 视情况而定　B. 对不同的人讲不同的话　C. 对不同的人讲不同的话是滑头的表现

7. 你认为对于朋友的选择应：

A. 选择志同道合的朋友　B. 非常慎重　C. 广交朋友

8. 一个人应该从事任务重、风险大、收入高的工作。对于以上观点，你：

A. 同意　B. 不一定　C. 反对

9. 在职业的选择上，你希望找一个“铁饭碗”吗？

A. 不是　B. 是　C. 不一定

评分：A 为 2 分、B 为 1 分、C 为 0 分。

总分大于 10 分：应该祝贺你，你是一个不怕竞争的人，也能选择正

确的竞争观。

总分小于6分:说明你是一个回避竞争的人。

三、竞争招数

招数一:展示你最优秀的一面。

你要想在竞争中取胜只有依靠自身的实力,比如:你是否有良好的沟通能力?有没有团队精神?外交能力是否出色?是否知道编织自己的人际关系网等等。当然,你所拥有的这些一定要是对手所没有的,这样才能体现你的优势。

案例:某公司市场部助理张娜不久前被提升为秘书室主任,那是因为她平时所做的策划文案都十分精彩。当张娜得知秘书室主任一职空缺,公司内定人选是打字员李伽时,自信的她便来了个毛遂自荐。总经理一边翻看着张娜的文案,一边对她一手漂亮的字发出赞叹,考虑之后终于决定放弃那个长得漂亮但文笔平平的李伽。

1.让同事和上司了解你的才能,你就能得到比对手更多的机会。

2.在职业舞台上跳出最美的舞蹈,当然就会得到最热烈的掌声,只是,掌声与鲜花的获得至少要有以下两个必要前提:一是要有勇气走上舞台,二是要创作出比对手更美妙的舞姿。

招数二:避免与对手发生正面冲突。

案例:从张帆到职任行政经理的第一天开始,王军就对她十分戒备,他敏锐地感到张帆的到任对自己是个威胁。于是,王军为了保住现在的职位,自恃在公司资格老,便经常在老板面前说张帆的坏话。张帆尽管心中十分生气,但很有涵养的他并没有与王军发生正面冲突。半年后,张帆正式被公司委派做办事处经理。而王军一气之下辞了职。

1.面对对手咄咄逼人之势仍能保持冷静,会显出你的理智和遇事不乱的大将风度。

2.冷淡对手的攻击也许会给人造成软弱可欺的印象,但这只是暂时的,在那些能够慧眼识金的上司眼里,对手的尖刻恰恰从侧面反衬出你的大度。

3. 以委婉又不卑不亢的态度化解与对手的正面冲突，显示了你有极强的处理突发事件的应变能力。

4. 要做到面对对手的带挑衅色彩的言行保持冷静，也要检讨自己的所作所为是否给对手带来了挑起争端的机会，否则事发后你将处于被动地位，小心行事与适度的沉默会为你省去许多麻烦和尴尬。

招数三：拥有一颗宽容的心。

实际上，“成者王侯败者寇”并不适用于竞争激烈的办公室，因为不论胜败如何，大家今后还是要在一起工作。试着让自己拥有一颗宽容的心，让心绪变得平和，使自己能理解别人，这样无论成败你都是英雄。

案例：人事部经理在离职之前，曾向公司推荐何冰代替自己，但最终坐在这个位子上的人却是伍丽。有人为何冰感到不平，毕竟伍丽无论从资历还是从学历或水平上都比不上她。但何冰笑着说，其实伍丽有许多优点，活泼好学，聪明伶俐。

职场中的人际关系就是这样，走到哪里都不会永远公平，但是不居要职的你没有生杀大权，在这个“是非之地”，如果不遵守其中的游戏规则，那么当裁员的号角吹响时，第一个被淘汰出局的人，也许就是你。

所以，理解、包容自己的对手，看淡结果的得与失，那么你的心，会因着这份平和而充满着宁静和宽容。这样，在面对你的竞争对手的时候，你也可以微笑着迎接挑战，胜利了，赢得辉煌；失败了，同样美丽。

实际上，在竞争中取胜的最好办法就是在平时提高自己的竞争意识。要知道竞争是无处不在、无时不在的，所以你潜在的对手也就很多很多，这也是为什么许多白领时常感到疲倦的原因。

但是，如果你能做到工作上精益求精，人际关系和谐，在人群中脱颖而出的你根本不必去与别人竞争什么了，因为，你的表现已经向上司和同事们证明：你的的确确是最好的。

第三节　善于选择

“选择”是智谋力的一大特征，不经过痛苦选择的过程就不是智谋过程。你必须明白“鱼和熊掌不可兼得”，然后做出选择：到底要鱼还是熊掌？虽然很多时候乍看起来可以两者兼得，但最后的结局，往往不是舍一保一，就是鸡飞蛋打两头空。如果所有人都能够很轻松地得出同样的结论，你的选择就不可能形成优势，最终结果必然是所有人均同，没有差别。有所不为，才能有所为。

一、当舍即舍

智谋最难的就是“舍”，不舍不得。一个孩子在山里割草，不小心被毒蛇咬伤了脚。孩子疼痛难忍，而医院在远处的小镇上。孩子毫不犹豫地用镰刀割断受伤的脚趾，然后忍着剧痛艰难地走到医院。虽然缺少了一个脚趾，但这个孩子以短暂的疼痛保住了自己的生命。

一位年轻人到一家餐馆应征，老板问：在人群密集的餐厅里，如果你发现手上的托盘不稳即将要跌落该怎么办？许多应征者都答非所问。[1]这个年轻人答道：如果四周都是客人，我就要尽全力把托盘倒向自己。最后，这位年轻人成大事了。

小孩果断地舍弃脚趾，以短痛换取了生命；年轻人果断地把即将倾倒的托盘投向自己，才保证了顾客的利益。在某个特定的时刻，你只有敢于舍弃，才有机会获得更长远的利益。即使遭受难以避免的挫折，你也要选择最佳的失败方式。

精妙的智谋往往蕴涵于取舍之间，因为不这样做，就那样做，是由一个人的思考力决定的。不少人看似很有智慧，但他们因为难以舍弃眼前的蝇头小利，而忽视了更长远的目标。成大事者有时仅仅在于抓住了一两次别人忽视了的机遇，而机遇的获取，关键在于你是否能够在人生道路上进行果断的取舍。

二、避免竞争中的陷阱

在某个鸡尾酒会上，张先生从口袋里掏出一张千元大钞，向所有的

① 《思考力可以支撑起人生》。

来宾宣布:他要将这张千元大钞拍卖给出价最高的朋友,大家互相竞价,以50元为单位,到没有人再加价为止。出价最高的人只要付给张先生他所开的价码即可获得这张千元大钞,但出价第二高的人,虽无法获得千元大钞,仍需将他所开的价码如数付给张先生。

这个别开生面的"以钱买钱"的拍卖会,立刻吸引了大家的兴趣。开始时,"100元"、"150元"、"200元"的竞偿声此起彼落,到价码抬高到"500元"时,步调缓和了下来,只剩下三四个在竞价。最后只剩下王先生和林先生在那里相持不下。

当王先生喊出"950元"时,张先生弹一弹他手上的千元大钞,暧昧地看着林先生,林先生似乎不假思索地脱口而出:"1050元!"这时会场里起了一阵小小的骚动。张先生转而得意地看着王先生,等待他加价或者退出,王先生咬一咬牙说:"2050元!"人群里起了更大的骚动,林先生摆一摆手,喝口鸡尾酒,表示退出这个"疯狂的拍卖会",大家才松了一口气。

结果,王先生付出"2050元",买到那张"1000元"钞票,而林先生则平白付出了"1050元"。两人"平分秋色",各损失的"1050元"都纳入了张先生的荷包。

以上的游戏是耶鲁大学经济学家苏必克(M. Shubik)发明的,想拍卖钱的人几乎屡试不爽地从这拍卖会里"赚到钱"。它是一个具体而微的"人生陷阱",参与竞价的林先生和王先生在这个"陷阱"里越陷越深,不能自拔,最后都付出了痛苦的代价。

自古以来,人类为捕杀动物所设的"陷阱",通常有下列三个特征:

1. 有一个明显的诱饵。

2. 通往诱饵之路是单向的,可进不可出。

3. 越想挣脱,就越陷越深。

人生道上的大小"陷阱"多少也与此类似。

社会心理学家泰格(A. Teger)曾对参加"千元大钞拍卖游戏"的人加以分析,结果发现掉入"陷阱"的人通常有两个动机,一是经济上的,一是人际关系上的。

经济动机包括渴望赢得那张千元大钞,想赢回他的损失,想避免更多的损失;人际动机包括渴望挽回面子,证明自己是最好的玩家及处罚对手等。千元大钞就是一个明显的诱饵。开始时，大家都想以廉价而容易的方式去赢得它，希望自己所出的价码是最后的价码，大家都这么想，就不断地互相竞价。

当进行一段时间后，也就是出价相当高时，相持不下的两人都发现自己掉进一个陷阱中，但已不能全身而退，他们都已投资了相当多，只有再增加投资以期挣脱困境。

当出价等于“奖金”时，竞争者开始感到焦虑、不安，发现自己的“愚蠢”，但已身不由己。

当出价高过奖金时，不管自己再怎么努力都是“损失者”，不过，为了挽回面子或处罚对方，他不惜“牺牲”地再抬高价码，好让“对手损失得更惨重”。

○人生到处有陷阱

在日常生活里，大至商场上的竞争，小至等候公车，都有“陷阱”在等待着你。

譬如公车平常是十五分钟一班，当你花在等待的时间超过十分钟后，你会开始烦躁不安，但通常你会继续等下去，等到超过十五分钟公车还不来时，你除了咒骂外，也开始感到“后悔”——应该在十五分钟前就走路或坐计程车去的。

但通常你还会继续等下去，因为你已“投资了那么多的时间”，不甘心现在改坐计程车，结果就越陷越深，无法自拔，直到公车姗姗来迟，你心理的困境才获得解脱。

但人生有很多“目标”，并不像公车那样“必定会来临”，而且投资的也不是你“个人的时间”而已。

○如何避免踏入陷阱

在人生道路上，如何避免踏入这类“陷阱”，也是一个不小的智谋，心理学家鲁宾(J. E. Rubin)的建议是：

1. 确立你投入的极限及预先的约定：譬如投资多少钱或多少时间？

2. 极限一经确立，就要坚持到底：譬如邀约异性，自我约定“一次拒绝就放弃”，不可改为“五次里面有三次拒绝才放弃”。

3. 自己打定主意，不必看别人：事实证明，两个陌生人在一起等公车,“脱身”的机会就大为减少,因为“别人也在等!”

4. 提醒自己继续投入的代价。

5. 保持警觉。

这些方法大家也许都知道,但“知易行难”,一旦掉进人生的陷阱,抽身是不太容易的。

第四节　远见卓识

“人无远虑,必有近忧”,智谋就是一个关于“远虑”的判断。前瞻性的存在,决定了智谋不可能百分之百的正确,总是存在较大的风险。但更多时候,不作判断就是最大的风险。智谋是对个体长期发展的规划,未来总有不可知的因素,所以,制定智谋必须面对不完全的信息,迅速决策。张瑞敏曾说过:如果有 50%的把握就上马,有暴利可图;如果有 80%的把握才上马,最多只有平均利润;如果有 100%的把握才上马,一上马就亏损。领先的智谋往往超越它所处的时代,总是从最初的不被理解到后来的备受称道。美国西南航空公司在 20 世纪 70 年代初提出短途和点对点的航空模式,曾被人嘲笑,而现在,它已是美国市值最高的航空公司之一。戴尔公司的直销模式,在最初的十年里,也饱受行业专家和股市的嘲弄。因此,你要学会形成自己的智谋判断,不再是简单的赶时髦、跟风,要从跟随走向领先。钢铁大亨威耶就是卓有远见,不断自我修炼,进而实现自我的典型。

一、和自己竞争

亚奈特·威耶 15 岁就被迫离开学校,到一家电线公司当杂工,每天工作时间达到 12 小时,甚至 14 小时。钱却少得可怜,周薪只有 3 美元。没有走上正轨的劳工制度,使威耶每天延长工作时间,却拿不到一毛钱的加班费。令人奇怪的是,他从来没发过一句怨言,总是很勤恳。即使

在生意忙时，他从早上8点一直工作到晚上10点多，累得两条脚都有点僵硬了，他还是咬着牙把自己的工作做得很圆满

威耶很爱学习，经常想起学校老师对他说的话，这些话对他的事业有着巨大的影响："老师知道你为生活所迫，不能再来学校了，如果在今后你能吃别人不能吃的苦，忍别人不能忍的气，失学不会影响你的前途。"

威耶在布赖德电线公司做事勤恳而没有怨言，近两年的时间里，他特别惹人喜欢，并得到一个商场职员的赏识，这位职员自己开公司时，把他带去做办事员。

其实，威耶早就有辞职之心，他认为制造电线这一行，没有什么大的前途。对于一个十几岁的孩子来说，能做出这种分析，的确有点令人难以相信，特别是他是一个工人，他根据什么来分析电线这一行的前途呢？

有一次威耶听到老板跟计划部门的一个职员谈话说："公司的年产量将增加到370多万公里电线。"

当时他将这些数字默记在心里，有空时自己就开始计算、统计，从材料的规格、数量到商品的生产、销售，这些资料被威耶一一搜集起来并加以分析。得出的结论使他产生了怀疑："大家都这样增加产量，是否能与电线的需求相适应？"

经过几个月周密谨慎的分析、统计，威耶发现销售量的增加，远比生产量的增加速度慢，并以此为据来推测此公司的发展前景。他这一分析所得的结论是否正确并不重要，重要的是，一个十几岁的孩子能做这样复杂的工作，就充分显示了他的能力和志向。

威耶才能的显露，是在当办事员以后。尤其是他那过人的记忆力，更是少有敌手。五位数字的加减乘除，不用纸笔计算，他只用脑子，就能很快求出答案。

二、坦荡面对竞争

美国镀锡公司有一位业务经理叫巴尔斯，此人极有才干，而且也乐

于提拔有才干的人。[1] 由于业务上跟美国镀锡公司常有往来，威耶获得了另一个发展的机会。威耶服务的公司有次送一批产品去镀锡公司，威耶正和经手人讨论价钱问题，巴尔斯走了过来，很不客气地对他说："价钱问题，我会跟你老板谈，用不着你多嘴。"

听了巴尔斯这种不礼貌的话，威耶不但不生气，反而笑嘻嘻地说："你的话不错，不过，我既然是吃老板的饭，替老板做事，总不能睁着眼让他吃亏。"威耶这副好脾气是在布赖德电线公司当工人时锻炼出来的。巴尔斯气势逼人地问："噢，你的意思是我们的价钱不公道？"

"如果按刚才这位先生告诉我的价，"威耶不慌不忙地说，"我认为确实有不合理之处。""你根据什么做的分析？"巴尔斯带着讥讽的神情说，"小伙子，你要知道，这不是小孩子的算术，扳手指就能算出来。"

"但计算镀锡的成本，也并不是很复杂的事，我现在就可以算给你听听。"威耶当即把单价多少，用锡多少，消耗多少，人工多少，电力多少，流畅地说了出来。当威耶最后说到"你们开始给我们的总价是 8374 元 3 角 5 分，实际上，你们的开销不会超过 5427 元 6 角，因此至少净赚了 2946 元 7 角 5 分……"时，巴尔斯的眼睛跟着他的数字逐渐瞪大，最后好像要跳出眼眶来似的。

在场的所有人大为吃惊，一个十几岁的孩子，竟能不假思索地把这一连串的数字说出来。巴尔斯惊奇之余，又多了一层好奇，但他不想再公开谈论，所以把威耶请到办公室，很谦虚地说："你替我们计算利润，数字是否正确，我并不知道，要去问一问会计员，我不懂的是：你对材料价格及消费问题，怎么会这么清楚？"

威耶坦诚地说："如果我不了解实际情况，让老板多花钱，就是我的失职。自从老板要我负责这项业务以后，我就开始搜集资料，想估计出镀一件产品的最低价格。"

巴尔斯听了心情激动，感慨地说："如果所有的员工都和你一样，老板就好当得多了！"

"事实上，我这样做也不是完全为了老板。"威耶被称赞得有点不好

① 《奋斗不息的钢铁大亨》。

意思，低下头说。

“你还为了什么？”

“我喜欢分析价格，我认为这是锻炼自己能力的好机会。”

巴尔斯对这个少年产生了浓厚的兴趣，一个自私的念头油然而生。但他是个比较稳重的人，所以在深深思索之后，他才说出来。

巴尔斯关切地问威耶：“现在你薪水是多少？”

“周薪25美元。”

巴尔斯有点意外，这已不算是一个小数目了。经过片刻的思考，他还是说出了自己的想法：“如果有人给你更高的薪水，比如周薪35美元，你肯不肯辞去现在的工作？”

“不行，”威耶斩钉截铁地说，“奥亚先生对我太好了，我不能无缘无故地辞职。”

“你总不能替别人当一辈子办事员，是不是？”

“是的，当我认为该离开他时，我才能离开，现在不是时候。”

“好的，”巴尔斯见他如此坚定，说，“等你觉得应该离开奥亚时，请你一定先来找我，我很希望有你这样一个帮手。”

此时威耶19岁，六七年后他离开了原来的公司，因为老板一心要去西部淘金，并且要威耶一起去，被威耶拒绝了。

三、直面竞争的卓越

威耶后来进入美国镀锡公司，这也是他第一次在一家大公司里工作。他的眼界更开阔了，并且对这里的庞大组织发生了极大的兴趣。

思想完全成熟，工作更加勤奋的威耶，不久就升为副经理，在这段时间里，每天经常是工作16个小时。

自小他就有一种超人的坚强意志力，这也是他能在困苦艰难中脱颖而出的主要原因。1901年，钢铁大王卡内基和金融界巨头莫凯恩合作收买了几家公司，建立了一个超大型的公司。这就是直到现在仍在世界钢铁业赫赫有名的“美国钢铁”(US钢铁公司)。

美国镀锡公司是被吞并的大公司之一。威耶也就顺理成章地转入美国钢铁公司的旗下。可是,当年提拔他进入镀锡公司的巴尔斯却辞职不干了。"这是你发展的好机会,亚奈特,对你来说,美国镀锡公司是小了一点,但对我来说,美国钢铁公司似乎太大了。"两人在分别时,巴尔斯坦诚地说。

威耶理解他的前一句话,因为他自己已经感觉到,美国镀锡公司并非他理想中的大企业,但威耶并不理解巴尔斯最后一句话的意义。隐约之中,威耶的锋芒似乎已盖过了这家公司,好像在浅水湾中游动的一条大鱼。

才能卓越的威耶,转入美国钢铁公司不久就被公司委以重任,出任匹兹堡最大钢铁工厂的负责人。他由小工做到最大钢铁工厂的负责人,没有依靠一点点人事关系,完全靠自己的卓越远见。

按理由说威耶应该满意了,28 岁就当了美国钢铁公司下属的最大工厂的负责人。可是,威耶志比天高,他要创立自己的事业。正如他自己所说:"他们给我的职位再高,我仍然要听他们的,不能尽情实现自己的抱负。"

有人说,威耶天生是经营大企业的人才,这并不夸张,就连威耶自己也承认这一点。他暗下决心,要自己创造一个大公司。目标是美好的,现实却必然是现实,威耶不是一个好高骛远的人。他脚踏实地,一步一步地往前走,不存一点投机取巧的想法。

在美国钢铁公司工作的第三年,威耶突然提出辞职,决定要走自己的路。他突如其来的行动,引起公司当局不少人的猜测,有人私下打听其真正意图。当大家得知他在西弗吉尼亚买下一个小型锡厂,要自己当老板时,大家倍感惊讶:不当匹兹堡最大工厂的负责人,而去开一家小工厂!

一个小小的镀锡工厂,要想发展到与 US 钢铁公司相提并论,几乎是不可能的事,除非奇迹出现。观察锐敏,善于分析的威耶,为什么会有这种鲁莽的行为,这是当时认识他的人心中共同的疑问,而且这一疑问始终没有得到明确的解释。

威耶的工厂规模不大,却一开始就走上了与美国钢铁公司相竞争的道路。当时的情形是这样的:一般中小型钢铁公司,都向美国钢铁公司采购半制成品，如钢板、钢线等。这种依附现象，使美国钢铁公司很占便宜，他们可以随意在数量上施加压力，以达到操纵价格的目的。例如，某小厂接到订货单时，需要一吨钢板作材料，但美国钢铁公司往往会告诉对方只能供给半吨，除非加价，否则他们不会足额供给。这种情况使很多中小厂商牢骚满腹。

威耶以超人的毅力，决心摆脱美国钢铁公司的控制，以"打破传统"的竞争远见和精神到远离匹兹堡的偏僻地方建厂，不仅突破了钢铁业一家独占的局面，而且使一个无名小镇，变成美国第二个钢铁中心。万事开头难。在收买那家镀锡公司时，工作并不是一帆风顺的，其中最大的难题就是资金。威耶和他的合伙人菲利普本身没有多少钱，而对新环境又非常陌生，想借贷都是无门路可走，考赛克镇上当时只有一家农民银行。有一天，威耶路经银行门前时，想去和经理商量商量。这家农民银行的经理，不但待人友好，也很热心地方公益，是当地很有威望的一个长者。而威耶借款的方式也与众不同，他对经理说："我想到贵镇发展钢铁事业，经理先生以为如何?"

"果真如此，实是本镇之福。"银行经理说，"欢迎！欢迎!"

"我想以贵镇的那家小型镀锡厂为根据地，现在收购条件已谈妥，订金也付了。"

"这件事我听说过，"银行经理说，"听说你是从匹兹堡来的，在那边发展不是比小镇省事得多吗?"

威耶坚定地说："用小资本发展，必须远离那些大厂，从而不受他们的影响和控制。再说，一个真正创造事业的人，要能自己创造环境，而不是享受别人的成果。"

威耶这几句有骨气的话，使银行经理颇为感动，但这并不是他向威耶贷款的主要原因，威耶发展考赛克镇的计划，才是他答应贷款的真正原因。

威耶接着说："无论是交通状况，原料的供给，考赛克镇并不比匹兹堡差，现在最大问题在于：有钱的人不了解这一发展情势，了解的人没有雄厚的资金，因此，要使本镇发展，就必须使这两种力量结合在一起。"

威耶这番话正合银行经理的想法，他本来早就有这种想法，经威耶精辟地分析，愈发觉得考赛克镇是有发展前途的。因此，他除了以不要担保的方式贷款一万美元以外，并答应替他邀请当地的有钱人开一次座谈会，研究筹措资金的事。经理坦率地说："要想使本镇有重大发展，我这家小银行的资金是不够的，正如你刚才所说，一定要当地有钱的人全力协助，才能有所成就。你刚来不久，人生地不熟，我来替你出面邀请，相信以你细致的观察，入情入理的分析，他们不会无动于衷的。"

这次座谈会，威耶作了一生中最成功的说服工作，参加的人士有十几个，几乎全部被他说服了，每人答应出资 25000 美元，组织一个公司，全力发展钢铁事业。自此以后威耶的事业才真正有了根据地。威耶和菲利普在人生地不熟的情况下，竟然说服了十几个人投资，可以想象得出他的说辞是多么有力。更难得的是，这些当地有钱人士，竟肯让外来的"穷小子"当总经理。

公司成立之后，威耶把它命名为"国际钢铁公司"，单从这个名字来说，就比美国钢铁公司高一级。从这里，也可看出威耶当时的雄心。威耶的经营方针是，工厂的规模可以小一点，但一定要建立一贯化的生产设备。虽然心里时时刻刻想着与美国钢铁公司展开全面的竞争，但他知道凭自己的实力无法实施全面攻击，所以采取了"点的突破政策"。

他先从自己最熟悉的镀锡工业开始，全力发展镀锡制品，这是当时新流行的一种产品，他相信自己在这方面的技术，决不会输给美国钢铁公司。威耶估计一点不错，他的生产成本比美国钢铁公司低，使他在价格上占了便宜，品质也并不次于大厂的产品。这时候，镀锡制品的市场正处于开拓阶段，销路并不怎么好，因此，美国钢铁公司并没有把威耶的产品当作一回事，否则凭当时该公司雄厚的实力，很可能压得威耶抬不起头来。当然，威耶的生产工厂远离匹兹堡，也是他初期顺利发展的原因之一。如果终日在大公司虎视眈眈的监视下，很可能不等羽毛丰满他就被扼杀于摇篮之中。

第一批镀锡制品的销售状况使威耶建立了信心。同时，他那长于分析的头脑，使他观察到一个发展趋势：镀锡制品的广泛使用已为时不远了。因此，他一面筹措资金大批进料，一面让工人加班，把生产的镀锡铁皮库存起来，结果不出一年的时间，用于保存食物的镀锡铁皮制品在全世界流行起来，使他的公司大大兴旺，同时也为国际钢铁公司日后的发展奠定了雄厚的基础。威耶一生中最大的成功之处是：在执行生产、销售计划时，能根据竞争的情况，随机应变。

在生产技术方面，他时时刻刻不忘突破美国钢铁公司处处领先的局面，因此，礼聘了不少名噪一时的冶铸专家，组成一个研究机构，革新生产技术和生产设备。例如，国际钢铁公司首先采用的四重式连结延压设备，就是这个行业最新的生产设备，这一技术的领先形势，其他的同业在几年后才跟上来。

在管理方面，一般人都觉得考核工作最难，不易做到完全公平合理，因此，他也突破传统，创立一项新的考核办法，称为“分项为工制”。这一方法是依据不同收益率，把工作性质分成几个大类，然后在每类中制定考核标准，这样在考核评分时，必须以实际的数字作根据，不能凭主观的好恶来决定。威耶做任何事情都非常讲究智谋和理智，很少因一时的感情冲动而犯错误。这一点，也是他令人最难理解的地方，因为有很多重大决定表面上看起来都是基于感情的冲动。前面谈的他到考赛克镇设立钢铁厂，似乎是专门与美国钢铁公司较劲，但是，后来事实证明，这个当时不为人重视的地方，是非常适合钢铁工业发展的。首先；它距离煤矿很近，炼钢铁的燃料成本大大降低；其次，是交通便利，无论水路或铁路的运输都非常发达。

这两个条件对钢铁事业来说都是很有利的，但威耶刚来时，没有人想到他会考虑得这么远。他一生做过很多事，一开始看起来是非常不明智的，可是在事后，你会发觉他当初的决定是何等的正确。

四、智谋不在于隐而在于明

智谋力的表现不在于竞争中使用阴暗的手段，而在于有了智谋后光明磊落地表现出来。威耶在与工人的较量中，用自己的智谋赢得了对方的信任。

1929 年间，各大企业受经济不景气的影响，纷纷减薪，在钢铁业中，减薪幅度，大家都是以美国钢铁公司为标准。因为长久以来，该公司居于领导地位，同业们以它作为标准，已成为习惯。尤其在经济不景气时，员工情绪极不稳定，大家更不敢标新立异。[①] 在减薪风波中，只有威耶独行其是，断然大幅度地降低工资。很多人替他捏一把汗，因为在员工们情绪低落时，这一措施无疑是火上加油。尤其是管理工人的马利文，听到这一消息，更是深感不安，马上去见威耶，提出抗议式的警告。

“你这样做，会使工人哗然的，”马利文说，“我不敢保证不会发生严重的后果。”

“你认为最严重的后果是什么？”威耶很冷静。

“我不能确定，”马利文说，“例如骚动、罢工等，已有不少类似事件发生，他们可能这样做。”

“我认为罢工并不是不幸的事，至少对我是如此。”威耶表情严肃地说，“你应该知道，很多老板都希望通过能停工来减少开支。即使拿我们来说，现在的生产就是毫无意义的。”

“那您这样做的目的，是故意促成他们罢工了？”

“不，当然不是的，”威耶摇着头说：“我这样做的目的，是希望大家团结与共，坚持到最后一分钟，渡过这一难关。”

“我不懂你的意思，威耶先生。”

“这个危机还要继续一段时间，对吗？”威耶说，“我要衡量一下我们的实力，以现有的开支能维持多久。假如在这段时间内，支出超出了公司的负担能力，到最后结局是什么，你应该明白。”

“可是，其他公司的减薪幅度都比我们小得多。”

“你是指美国钢铁公司吗？”

“现在不止是它一家，其他公司也都是按照它的标准减薪。”马利文说。

“我们有自己的标准。”威耶说，“在非常时期最重要的一点是量力而行，因为问题的关键不是在薪资减低多少，而是看看谁能支持得最久。假如我们跟美国钢铁公司采取同一标准，也许支持不了多久，我们就会破产。”

① 《奋斗不息的钢铁大亨》。

“我知道您有困难，威耶先生，而且我也很同情您的处境，”马利文委婉地说，“可是我们怎样使工人也能懂得这个道理而同我们合作呢?”

“这是我的责任，”威耶毫不犹豫地说，“让我来告诉他们。”马利文非常担心老板面对面地与员工谈论这一问题，如果群情激愤难平，局面就不可收拾了，他是否应该向老板说明可能发生的情况?

眼光锐利的威耶，似乎已看透了他的心意，笑着说:“你别担心工人们会让我下不了台，我相信自己的说服能力。”

从十几岁威耶就开始显露他超人的说服力，在他一生的事业中，这一才能曾帮他渡过无数难关，往往别人认为很棘手的问题，他三言两语就能解决。

就拿这次减薪来说吧，这是关系工人切身利益的问题，甚至对他们整个家庭生活都可能产生很大影响。老板最怕处理这类事，因为加薪的消息人人喜欢，减薪的消息却谁也不愿听，何况他的公司比其他同业减的幅度都大，工人们就更不能忍受了。

因此，当公司里高级人员知道他要亲自向员工说明减薪的原因时，大家都很为他担心，有人劝他打消这一念头，理由是:这类问题不宜由老板跟员工面对面地解决，以免闹僵了没有缓和的余地。但威耶不同意这种看法，他认为“丑媳妇迟早要见公婆”，不如早一天向工人说明，以消除猜疑所引起的怒气。

当威耶走进那间因停工而腾出来的厂房时，议论的声音不绝于耳。他走到用办公桌临时凑成的讲台后面，过了足足5分钟，等下面完全静了下来，他才用坚定而充满情感的声音说:“我今天为各位带来一个很不好的消息，我要减少各位的工资，而且比别的公司减得多。”

他没有开场白，完全采用单刀直入的方式——这是这类问题很少见的处理方式，出乎所有人的意料之外，连工人也怔住了。等他们反应过来，刚要开始骚动时，威耶以强有力的语气接下去说:“你们肯定很不高兴，会问为什么?为什么我们要减薪?为什么我们要比别人减得多?坦白告诉各位，这不是我的过失，也不是各位的过失，这是由整个局势决定的，不是人力所能抗衡的。各位了解了这一点，我才能继续往下说。现在我来说明为什么我们要比别人减得多。原因有两个，一是为各位的工作着想；二是为各位的家庭着想。”

“假如我们比照别人的标准减薪，也许一年不到，我们公司就要停工倒闭。到那时候，各位再找工作也不易，生活马上就会发生危机。按我现在订的减薪标准，我敢向各位保证，我们一定可以平安度过这段不幸的时期。大家的生活也许会苦一些，但可以安心工作。也许你们会问，那些减薪少的公司难道就一定会破产倒闭吗？我不愿做预测，请各位将来看事实证明；我相信，你们也应该相信，我的分析从来没有失误过。”

“各位不要图眼前一点小利，要从长远着想，并相信我这样做不是为难你们，而是为了我们大家共同的前途。”

威耶用简单的演讲解决了如此严重的一件事，当然，并不是因为内容如何动人，而是他的声音、表情强化了这些话的效果。

事实证明，威耶的话并不是欺人之谈。一年之后，有三家工厂因财务困难而倒闭，失业工人因生活困难而惹是生非，引起了社会很大的不安。在不景气时代，国际钢铁公司虽然情况不佳，但仍旧能维持下去，原因就在于威耶对财务状况的出色控制。同时，危机过去之后，威耶领导下的公司，复苏很快，就因为它没有大伤元气。

1933 年，威耶率先宣布把工资增加 15%，这么高的比率让美国钢铁公司都大吃一惊。管理人员希望威耶当面向工人宣布加薪的决定，并对工人讲几句话，被他拒绝了。他的理由很妙：“他们多拿了钱，自然知道是我给他们加的，还会怀疑是别人吗？”

威耶就是这样一个人，做任何事都不喜欢墨守成规，在竞争中完全按自己的想法出牌，而不理会对方的感受。1957 年威耶去世后，他创立的国际钢铁公司的规模远不及美国钢铁公司，但他的做法却出尽了风头，受到同业的尊敬。

第五节　找准弱点

是人就有弱点。在竞争中，你就是要用自己的智谋力发现对方的弱点，并且利用自己的智谋善加利用。但同时，你也要找准自己的弱点，以智谋避免失利。

一、找准他人的弱点

阿曼德·哈默是美国实业界最具传奇色彩的人物之一，曾被称为“经营之神”、“幸运之神”。的确，从他经营的各种行业来看，可谓无往不胜。无论是与前苏联做粮食、铅笔、毛皮生意，帮赫斯特卖珍玩，还是经营威士忌酒、石油，都一一获得大利；从他的对手的角度来看，也不得不惊呼——“哈默是无敌的”。

然而，“无敌的”哈默却栽过一个不大不小的跟头：对方出了远不是他能接受的价，他坚决不要，可几次较量后，他不得不接受对方的条件——关键就在于对方掌握了哈默的弱点：急于求成。

在第二次世界大战中，吃到一块好牛排委实不易。受此启发，哈默踏入养牛业这一行。牛要卖得出好价钱，很大程度上系于种牛的血缘、质量。

正好，其时有一头名叫“埃里克王子”的得奖种牛，在密苏里州拍卖，这头种牛被养殖专家誉为世纪最佳种牛。开始时，哈默想出个“大价”，用 1.5 万美元买下。但一个叫奥布莱恩的企业家比他更出得起价，以 3.51 万元将这头种牛买下了。退而求其次，他以 2.75 万元，买了前一年国际种牛赛冠军——“野蛮王子”来繁殖牛群，到后来一年收入上百万元。这使他更加感到“埃里克王子”的可贵。[①]

正在这时，一位兽医告诉他一个好消息：“埃里克王子”患了阳痿病，而且据他的分析：它的病仅是心理上的，而非生理上的。再说，即使是生理上的问题，还可利用其精液进行人工授精。

听到这个消息，哈默心花怒放，当即打了个电话给奥布莱恩：“莱斯，老朋友，把您的‘王子’卖给我，怎么样？”

“我很乐意这样做。”奥布莱恩的答复竟是出奇的爽快。

---

① 《哈佛商学院 MBA 案例教程》。

"好,你打算出什么价?"

"10万元。"

这一棒把哈默简直打昏了。他不由吼骂起来:"您疯了吧?我刚听说您这头牛不能再交配了,而且一年多没有交配过了。"

"那您为什么要买呢?"对方竟反击说,"我知道您想干什么。大学里已经派人来讲过,'埃里克王子'还可以作人工授精的种牛呢!"

原来对方已洞察了自己的心理。哈默有些气馁了。他当即以很委婉的语调向对方讨价还价:"我也仅仅是碰碰运气而已。谁也没真正证明它还能生育。这样吧,'埃里克王子'已给您服务这么久了,我一分钱不少,照原价给您,怎么样?"

"10万元。"对方寸步不让。

咬咬牙,哈默立即将价拉了一倍多:"我们折中一下,7.5万元,不过您得让我做次试验。好不好?"

奥布莱恩稍微沉吟了一会,接着说:"好吧,你来吧!"

哈默带着兽医去了,试验结果十分满意。于是他掏出7.5万元的支票交给奥布莱恩。

奥布莱恩接过支票看了看,又把它还给哈默:"钱不够。"

"怎么?不是讲好7.5万元的吗?"

"不,我没有讲同意7.5万元成交,我只是同意你到这里来做试验。"

这简直是十足的无赖!哈默气昏了,转身就走。奥布莱恩在背后微笑着目送他。

次年12月,最负盛名的芝加哥国际牲畜展览会开幕了,哈默带着一头年轻母牛参展。此时的哈默尽管在养牛界已很有名气,但可惜的是,他的牛却从未得过芝加哥展览会的世界冠军。这一次却大不相同,这头母牛也是"埃里克王子"的后裔,尚在牛犊时,哈默就出了5000元的高价将它买下,同时他又请了一些最有名望的专家来饲养。他志在必得,养牛界的许多同行也认为冠军非它莫属。

可没料到,这头母牛仅得了亚军。冠军还是被"埃里克王子"的另一"女儿"抢走了!心高气傲的哈默终于忍不住了,他不得不再次拨通了奥布莱恩的电话:"莱斯,我愿意出你要的10万元……"

终于，这笔生意，还是以比奥布莱恩当初买入价高 6.49 万元的价成交了。

看完这则“哈默就范记”，你的感受如何？大名鼎鼎以精明著称的哈默，在强硬的对手面前，也不得不甘心就范。这对手也的确够令人敬佩的。换成你，能做到这点吗？恐怕许多人在身处其境时，都不免有这么一些念头：既然不准备靠它赚钱了，以原价成交就已经够“赢”了，何必胃口那么大？一定要加到 10 万元，少一分也不行，这样“漫天要价”，真是不知天高地厚！

可是，奥布莱恩就是不知天高地厚，而且成功了。他就是看准了哈默对“埃里克王子”志在必得的心理，所以毫不犹豫地下狠手！

你永远应当铭记：当与他人进行交易时，成功与否绝非在于自己这边条件苛刻与否的问题，而首先是决定于对方需要不需要及其需要程度如何，能不能承受的问题。如果需要程度强，甚至志在必得，那么你尽管放大一点胃口，“苛刻”一些。别人一时“不买”（真正的“不买”）没关系，通过一番意志与毅力的较量，真正的“不买”就会变成真正的不得不买了。

二、自己的特色就是他人的弱点

特色就是优势，特色也就是竞争对手的弱点。善于培养特色的你，往往击中的也是对手的弱点。

叶焕荣是英国最成功的华人企业家，他是英国华人超级市场荣业行的董事长，该行是英国 2000 多家中餐馆的主要供应商，也是英国东方食品最大的进口商。荣业行旗下有 4 家现款现货超级市场，分别坐落于英国中部的伯明翰、北伦敦、伦敦南部的盖莱顿和英国西北的曼彻斯特。这 4 家超市的年营业额为 6700 万英镑。近年来，荣业行全年税前利润高达 190 万英镑，盈利极为可观。

荣业行的最大特色就是能在全球范围内采购到有特色的食品，而其中大部分都无法在英国买到。

荣业行与大多数同类超市还有一大不同之处，即它并不仅仅针对中餐馆及外卖店。随着英国人对异国菜肴兴趣的升温，荣业行吸引了越来越多的非华人顾客，这些人不特别计较价钱的高低。因此，荣业行的净利润便高于其他同类超市。通常，现款现货超市的盈利目标有一定压力，利润增长也较为缓慢。虽然荣业行低于现款现货批发商 Booker 的每个分店的平均销售额，但荣业行的税前利润比后者高出 2/3。Booker 规模约占英国现款现货批发业的 1/3。

三、忘却自己的优势

善智谋者不是一直迷信自己的优势，而是认真审视，因为自以为的优势，可能就是一种弱点。

有个太太多年来保持着一种优越的心态，她很看不起家对面的太太的懒惰："那个女人的衣服永远洗不干净，看，她晾在院子里的衣服，总是有斑点，我真的不知道，她怎么连洗衣服都洗成那个样子。"

直到有一天，有个明察秋毫的朋友到她家，才发现不是对面的太太衣服洗不干净。细心的朋友拿了一块抹布，把这个太太的窗户上的灰渍抹掉，说："看，这不就干净了吗？"原来，不是别人洗得不干净，而是自己家的窗户不干净。

事实上，就算真正是自己的优势，但如果把这种优势无限扩大，那么仍然可能成为限制自己发展的死胡同。从智谋来讲，就是不要过于相信自己比别人更聪明。而且，变化的环境告诉我们，必须不断地推陈出新，即不断地淘汰过去的优势，才能保持自己的优势。

有一个木匠能造好门，他费了好多时日给自己家造了一道门，他想，这门用料实在，做工精良，一定会经久耐用。

后来，他家的门上的钉子锈了，掉下一块木板，木匠找出一颗钉子，他把掉下的木板钉上，门又完好如初。没多久，又掉了一颗钉子，木匠又换上一颗钉子。再后来，又一块木板坏了，木匠又找一块木板换上。门栓坏了，木匠又找一块换上。再后来，门轴坏了，木匠又换了一个门轴……于是若干年后，这个门虽然经过无数次破损，但经过木匠的精心修理仍坚固耐用，木匠也引以为自豪。

一天，邻居对木匠说：“你是木匠，看看你们家的门！”木匠仔细一看，才发现邻居家的门一个个样式新颖，质地优良，而自家的门布满了补丁。木匠叹息地说：“会做门不难，难的是走出自己造的门啊。”

优势，存在于我们的生活中。比如，一技之长，一物之丰，一景之秀，一业之特等等，都可能成为优势。优势是个人发展的条件之一。然而，市场风云变幻，扑朔迷离，优势往往处在一种不确定、不持久、不一贯的动态发展中。有一句话叫瞬息万变，转眼之间时过境迁，优势已经“雨打风吹去”，像那位木匠一样，被自己造的门困在其中。

必须指出，从顺势看优势，最终必将被优势所累。有的地方，农副产品十分丰富，然而，这些金灿灿的果实不是被廉价处理，就是白白烂掉。从反向看优势，我们才发现市场未打开，加工没跟上，品牌未打响。可惜，我们习惯了老眼光看优势，仍沾沾自喜于“物华天宝”、“得天独厚”，殊不知，这种“优势”已成明日黄花，成了制约经济增长的劣势，成了发展经济的障碍。

在激烈的市场竞争中，我们靠什么去占领市场？由于种种原因，我们过分看重某些优势，忽略了创造新的优势，因而失去了许多机遇。其实，对一个人、一个企业、一个地区来说，优势固然重要，但更重要的是要有创造优势的意识，以最快的速度告别昨天，这样的优势才是真正的优势。

日本是一个弹丸之国，又是一个经济大国，但日本并不是什么资源大国，甚至可以说没有什么资源；我国的浙江擅长搞“无中生有”的特色经济；宁海市本地不生产一张皮革，却成为全国皮件生产基地。以上成功的例子都源于正确的创新观念。

据报载，山西省临猗县临晋镇缺水，也从来不养鱼，但是却有20多家企业，上千人围绕渔业做生意。他们生产的用于防治鱼类疾病、清洁鱼塘水质的鱼药及销售网点遍及布全国25个省市，其销售收入高达两亿元。渔药产业在临晋镇一柱擎天的同时，与其相关的彩印、运输等产业也如雨后春笋般竞相跃出，当地人称之为“无鱼得渔”。

在智谋家眼里，优势和劣势不是一成不变的，经过努力，劣势可以变优势；优势而无创新，也会变为劣势。不少地区地处偏僻、交通不便、资源匮乏，但是他们解放思想、实事求是，自己创造了一大批优势，经济迅速发展，走在不发达地区的前列。反之，面对过去的优势，按部就班，因循守旧，优势渐渐丧失殆尽，两种结果，形成鲜明的对比。

创新优势，关键是学会忘却。戴尔说："以最快的速度告别今天。"比尔·盖茨说："吃掉自己的幼崽。"盛田昭夫说："每一天都得金盆洗手。"三人的话都有异曲同工之妙。智谋是一种积极的优势观，一种动态的优势论。创新优势，这才是至宝。

第六节　以小搏大

美国哈佛商学院教授尤费认为，在不平等的大小竞争中要注意三个方面：一是在面临强大对手时，保持低调姿态，尽可能避免泄漏商机；二是不要正面与竞争对手对抗，而要与其并行不悖；三是除非想输，否则应尽可能避免对强大的竞争对手贸然发起攻击。

一、"猴子—大象"法则

亨德森(Bruce Henderson)于 1963 年设立了目前世界首屈一指的从事"公司策略"服务的机构——波士顿顾问公司(Boston Consulting Group)。他认为：任何一家公司要想成功，最重要的是在市场上竞争；要竞争，必须有市场分析和一套完整的策略。他身材高大，举止粗犷，很像一位战场上饱经风霜的高级将领。他专门提出了"猴子—大象"法则。大意是：大象可以踩死猴子，但猴子也可以骚扰大象，使大象遭遇挫折。[①]

定律是：大象体积越大，猴子的胜算就越大。

角色：大象——规模庞大的公司；猴子——行动灵活的小公司。

① 《影响世界的100个经典管理定律》。

1.李蓝公司斗西屋

某一天，李蓝公司的销售经理请客户M公司的总经理和采购主管去海滩参加“吃蛤会”——我们就理解为“吃喝会”——那里没有电话，尽量减少外界干扰；频繁劝酒，设法使他们醉醺醺的。

酒过三巡，M公司的采购主管提出：“你们李蓝公司为什么不给我们较低的价钱呢？”

李蓝的经理答道：“如果我们把价格降下来，你们还会找比我们更低的供应商”——言外之意是：我们有降价的余地，也有这个愿望，但我们怕得不到保护，反而还会被遗弃。

M公司的总经理说：“不，我们绝对不干这种事！”

在这种四海之内皆兄弟、“哥俩好”的气氛中，李蓝的经理说：“如果你们确能保证往后一年把所有的生意给我们，我们愿意把价格降低20％。”

于是，M公司一口承诺，敲定了这笔生意。李蓝开始以较低的价格供应给M公司，而另一家供应商——西屋公司被赶跑了！

西屋公司听到这个风声时，它的销售经理曾气急败坏地找到李蓝的销售经理：“你们破坏了我们之间的价格协议！你们可是口口声声表示要坚决遵守它！”——原来小公司们为了不致被规模庞大的西屋公司打压，曾签订过一个“卡特尔”价格协定。过去，李蓝始终抱有“跟帖”的策略，如今感到翅膀硬朗了，出其不意地打破了它！

事前，李蓝充分做了研究：一、卡特尔（意为：联合垄断）本来就是违法的；二、如果西屋也来降价，与李蓝展开价格战，它就会不得不将其他许多类似的产品的价格也降下来，可这些产品却不是供应给M公司的，即便和李蓝一样的产品也不全是供应给M公司的——西屋是个大东西，产品种类多，它的决策只能是咽下这个苍蝇，丢掉M公司，另寻客户，没有更好的办法。

猴子战胜了大象——至少给大象造成一次不小的挫折。

2.小哈勒尔战宝洁

哈勒尔在1967年时凭借买断的“配方409”清洁喷液的批发权，已占据美国清洁剂5％的市场，几乎50％的清洁喷液市场。哈勒尔公司以及它的老板哈勒尔先生，过得异常舒服。

那年的某一天，家用产品之王——宝洁公司开始眼红。它推出了一个叫“新奇”的清洁喷液。哈勒尔的生意遭遇到大的问题——显然，它不是宝洁的竞争对手。

按照宝洁的习惯做法，它在创造、命名、包装、试销和促销“新奇”这个产品时，要投入大量的资金，还要通过问卷调查、个别和集体访问做出心理和数字统计，也要耗费大量市场研究费用。

宝洁在丹佛市进行这项产品试销时，郑重其事，声势浩大，与此同时，在全国展开大笔资金投入的广告攻势。结果在丹佛的试销小组报告：“所向披靡，大获全胜。”因此，宝洁在喜洋洋的气氛下，信心十足，虚荣心也得到全面满足。

哈勒尔感到了恐惧——他得到的信息表明他即将被踢出清洁喷液的市场，他要垮掉——他必须冷静下来，设置对抗的“阴谋”。

哈勒尔决定采取三步：一、扰乱竞争对手的视线；二、打击竞争对手的主管人员的信心；三、限制竞争对手产品在市场上的销售量，从而，因为销量不佳，难以抵补已投入的大量资金而撤出这个“新奇”产品项目。

首先，宝洁在丹佛试销时，哈勒尔从丹佛撤出自己的“配方 409”。当时有两种形式可供选择：第一种，全部把自己的产品从货架上搬走；第二种，先中止在丹佛的广告和促销，然后停止供货，渐渐使商店无货可补。

大家注意：计谋在“计理”上讲究层深，一般设到第二层，胜算在80％以上。以上两种撤货形式实际分别是哈勒尔第一步“阴谋”的第一、第二两层。哈勒尔选择了第二层，因为如果选择第一层，很容易让竞争对手发觉。他静悄悄地、迅速地完成了这个“游击战”。

哈勒尔成功了。仅仅是试销，已经让宝洁飘飘然，不可一世。

然后，实行第二步。在宝洁“新奇”大面积上市，正准备开展全国范围内的“席卷攻势”时，哈勒尔将“配方 409”以原来价格的 50％倾销。本来宝洁主管人员认为“哈勒尔已不在市场了”，此时却感到措手不及。

同时实施第三步，哈勒尔用广告来大肆广而告之：“优惠期有限！”结果一般的清洁喷液消费者在很短的时间内几乎购买了可用半年以上的

“配方409”清洁喷液。——也就是说，宝洁的“新奇”再好，甚至即便也跟进销价，但消费者在半年内也用不着再买此类商品了！

在信心打击下，产品上市就严重滞销，宝洁内部开始认为“新奇”是项“错误的产品”，在议论纷纷中，不得不撤销了“新奇”的生产销售计划。

哈勒尔赢得很险——小公司都这样。但它这只精灵的猴子知道大公司的心理：自信，花费大量的开发、销售费用，不密切注意小公司的动静。它成功地躲开宝洁这只大象的脚步，然后，迅速打击大象的信心，把这块市场上的草木全吃光，大象看到没有食物，尽管远途跋涉而来，也只能离开这里！

二、避其锋芒

“猴子—大象”法则实则是一种直面挑战，以小击大的方法。但一般情况下，既然自身弱小，就要避免引发攻击，避免与大正面对抗，不妨保持低调，不要引起对手的注意，以赢得扩充实力的宝贵时间。

如果中小企业希望不要成为强大竞争对手的眼中钉，则可以向一个名叫强斯梅特的小公司学习。

从1995年在硅谷成立起，强斯梅特公司就致力于微处理器芯片的设计。而这个领域一直是强大的英特尔公司的天下。为了避免引起英特尔公司的关注，强斯梅特公司从一开始就隐秘地设计芯片。该公司甚至没有登记过公司的电话号码，公司的网站上也只有一条简单的信息——“本站尚在建设中”，更不要说向外界透露有关的商业计划了。终于，到2000年1月，强斯梅特公司公开宣布已经成功地开发了能同时在视窗和Linux平台上运行的一系列微处理器，该产品的功耗仅为当时英特尔公司芯片的几分之一。这意味着，强斯梅特公司的芯片是专为笔记本电脑和其他便携设备设计的专用产品。

应该说，在一定程度上，强斯梅特公司的战术是奏效的。据英特尔公司微处理器事业部的经理事后讲，在强斯梅特公司对外界宣布之前，英特尔并不知道其真正在做什么。强斯梅特公司的芯片在业界引起巨大反响，许多电脑和网络公司表示愿意使用它的芯片。旋即，英特尔发起了反击。在短短的几个月后,这个芯片业的巨人就推出了一款竞争性的产品。尽管最终许多客户又转向英特尔,但强斯梅特公司已经凭借其新品的强劲势头,在纳斯达克成功上市,上市当日的市值高达60亿美元。

在信息透明的情况下,你也一样可以麻痹对手。在美国,有一个小型航空公司——边疆航空公司也成功地运用了这一智谋。在诸如飞行目的地、时间、票价等这些信息无法保密的情况下,边疆公司坚持不与大航空公司正面交锋,达到麻痹对手、赢得一定市场空间的目的。

1994年,边疆航空公司在丹佛开始营运。它的主要竞争者是强大的联合航空公司。为了避免激怒联合航空公司,边疆公司采取谨慎的态度,并尽可能在航班时刻表和定价上避免给联航构成威胁。此外,边疆公司在定价上也保持与联航一致,尽量避免引发一场小公司无法取胜的价格战,但特别关注在同票价下为顾客提供更好的服务。

与边疆公司不同的是,当时还有一家以丹佛为基地的小公司——西太平洋航空公司,它就采取了与联航硬碰硬的策略,掀起了一场价格战,最后因遭受到联航的集中打击而破产。然而,边疆公司凭借其出色智谋而幸免于难。

边疆公司的总裁这样认为:在这个行业能够完全躲开竞争者的注意是不可能的,要想以强斯梅特公司那样的隐蔽手段行事简直荒谬,每个公司的策略和做法,竞争对手们彼此都知道;但尽管如此,避开强大的竞争对手的反击还是有可能的,那就是必须要弄清楚哪些因素会触犯对手,并尽可能不要戳到对手的痛处。

在没有具有与竞争对手相抗衡的足够能力与资源之前,最好采取低姿态,而不是以挑衅的姿态或采取触及强大竞争对手深层利益的手段出现在市场上。只有这样,才能避免受到对手的关注,以致遭受对手毁灭性的打击。

第七节 面临挫折

竞争的结果是什么?无非三种可能,一种当然是令你高兴的胜利;

第二种是双方持平，或互有胜负，保持原状；第三种则是最让人沮丧的结果：遭遇失败或者挫折。但实际上，如果简单地给个几率，你有1/3的可能性遭受打击。因此，在竞争失利时，你必须运用自己的智谋进行有效自我调节，做好下一次冲击竞争的准备。

一、学会低头

富兰克林年轻时曾去拜访一位前辈。当他昂首阔步进门的时候，头被门框狠狠地撞了一下，奇痛无比。出门迎接的前辈看着他这副样子，笑笑说："很痛吧！可是，这将是你今天来访问我的最大收获。一个人要想平安无事地活在世上，就必须时时刻刻记住低头，这也是我要教你的事情。"①

这成为富兰克林一生的生活准则之一。

年轻人最易犯的毛病就是心高气盛，恃才傲物，总以为自己是鸿鹄，别人都是燕雀，眼光总是高高向上，根本不把周围的一切放在眼里。直到有一天，被眼前的门框撞了头，他才发现门框比自己想象的要矮得多。

要想进入一扇门，必须让自己的头比门框更矮；要想登上成功的顶峰，就必须低下头弯起腰做好攀登的准备。

那些登上顶峰的人们，不论是在舞台上发表演说还是乘机出访，总是微微低着头俯视脚下的人群，因为他们站在高处；而他们脚下成千上万的人们，总是高高抬起头向上仰望，因为他们站在低处。

因为站在低处的人，才总是高高抬着头，因为他们脚下什么都没有，他们只能往上看。而在竞争中，你总有失利的时候，不要觉得自己就必须心高气傲，实际上，你低下头时也是一种智谋。

二、驱散失利的阴暗

有兄弟二人，年龄不过四五岁，由于卧室的窗户整天都是密闭着，他

---

① 《成功男人社交处事的智慧》。

们认为屋内太阴暗，看见外面灿烂的阳光，觉得十分羡慕。兄弟俩就商量说："我们可以一起把外面的阳光扫一点进来。"于是，兄弟两人拿着扫帚和簸箕，到阳台上去扫阳光。[①]

等到他们把簸箕搬到房间里的时候，里面的阳光就没有了。这样一而再再而三地扫了许多次，屋内还是一点阳光都没有。正在厨房忙碌的妈妈看见他们奇怪的举动，问道："你们在做什么？"他们回答说："房间太暗了，我们要扫点阳光进来。"妈妈笑道："只要把窗户打开，阳光自然会进来，何必去扫呢？"

把封闭的心门敞开，成功的阳光就能驱散失败的阴暗。譬如，让我们来看看 10 条有关失业的真实理论。

1. 有比被裁员更坏的事情——就是喜欢停留在那些看似"安全"的差工作中。

2. 实际上，失去你现有的工作可能是你曾经做过的最好的职业选择。

3. 但是，如果你失业的时间比你最初预计的时间长，请不要过于吃惊。

4. 即使你现在的公司经常很快地支付给你薪水，你也要关注它的发展前景。

5. 随便说一句，互联网对于你寻找工作而言并不是必需的东西——当然也不能完全不在意。

6. 你可能也不得不要解决缺钱的问题。

7. 你可能会发现，你自己正身处一个更加保守的公司里。

8. 你可能也要考虑到不同的城市去工作。

9. 不管情况如何混乱，你都永远不要忘记，你的职业生涯要比大多数公司的生命长。

10. 所以，你现在的工作就是要发现你到底喜欢什么，然后找到实现它的方法。

---

① 《10 个寓言故事》。

三、学会减压

挫折的压力容易让人产生烦恼或怒气。其实压力不只会埋藏在内心深处，还经常透过你身体的感觉彰显它的存在。有资料显示，在美国，约有 75％～90％的人得病是和压力有关；在台湾，每 4 个人中就有一个人因为压力太大，出现健康问题。当压力很大时，就会产生疾病，比较常见的疾病是心脏病、高血压和癌症。此外，医生们发现由压力而引起的疾病正在增加，比如像哮喘、过敏症、偏头痛、溃疡、肠炎及皮肤病，都与压力有关。

你能控制住压力倍增的局面吗？其实，你自己就有很多简单而且不用花钱的办法来使你轻松起来。下面是一些减轻压力的方法，不妨一试：

○备好精美的食物。当吃进这些美好的食物时，是不是有种活着真好的感觉？更何况，食物里所含丰富营养可以让你恢复加快。

○多休息。保持充足的睡眠让你有焕然一新的感觉。如果有条件，在工作中可以每一个半小时小憩片刻，从而使头脑清醒，呼吸通畅。但在家千万别睡懒觉。

○进行有规律的锻炼，使自己的身体保持充沛的精力。

○同你的家人和同事共同分享工作的快乐。

○最好不要急切地、过多地表现自己。

○清楚任何事不可能都是尽善尽美的。

○必要时，学会用友好而又客气的口吻说“不”。这是自己设下的保护层。

○顾虑不要太多。

○勤听音乐放松自己。

○凡事不要斤斤计较。

○学会冷静。让你的怒火有消下去的时间。愤怒是需要发泄的，但干点别的事转移你的注意力通常是比较明智的做法，暂时的歇息会让你重新审视自己，以更有效的方式去面对心中的怨气。

〇避免自我麻痹。最好不要用药物或酗酒来缓解压力，如果你觉得真的无法承受压力之重，就应该去看看医生。

第九章　善行为本

不要错误地以为智谋与善行无关。其实，大智者必有大善，才能在社会中畅通无阻。古人云："教子弟无他术，使耳所闻者善言，目所见者善行。"今人鲍尔(Robert Ball)博士说："要与人为善，因为你所遇到的每个人都在打硬仗。"善行会成为你的智谋最高深的境界，也会成为你智谋最佳的显现载体。

第一节　善念给你一个智谋的支点

在前面讲了种种的智谋力后，你可否有了一种念头——智谋就是计谋，智谋就是唯一。但事实上，最好的智谋是什么？是善行。一个向善的念头和目标可能让你不屑一顾，但事实上，杰出的智谋家是把自己的善念作为智谋的指引，从而走出不凡的人生经历。

一、善念引导智谋的涌现

IBM的第2代领导者小托马斯·沃森和20世纪最伟大的围棋大师吴清源都是好的例证。

他们的境遇与人生之路是迥异的，然而，他们却也有着颇有意思的相似点——他们都出生于1914年；在他们的一生中，都执拗地追求着自己的信念，一种对自己，对别人也对社会的使命，并通过这种善念的使命感激发出自己最大的智谋潜力。

小托马斯·沃森在《一个企业的信念》一书中，阐述了IBM——其实也就是他自己——的信条。他的父亲老托马斯·沃森曾经常常告诫自己的员工:“追求尽善尽美但没有做到,要比追求一般的标准而做到了好得多。”老沃森的理想主义基因显然遗传给了小沃森。在企业的发展上,小沃森是激进的,在他领导的时代,IBM缔造了一个美国企业的神话,由一家地区性企业成长为跨国巨头。然而在思想和信念上,小沃森和乃父一样,兴趣远远超越了公司的范畴,他认为企业的运营,不仅要考虑到企业的利益,还需要出色地完成一个更为重要的任务——即在这个国家有所作为,需要不断地认知到公众利益和国家利益。小沃森显然觉得,正是这些利益所造成的相互作用,才使国家形成了“一个令人感到相当惊异的制约平衡制度”。在《一个企业的信念》这本可以看作IBM早期教义般的书籍中,小沃森用了相当多的篇幅谈论企业对这个国家的影响,但是他并不仅仅是站在一个企业家的角度,我们甚至能感觉到小沃森那种理想化的追求自由、公正、和谐的大同社会的信念。

小沃森认为环境会发生变迁,但是这些改变必须是在企业所遵循的原则和信念的范围之内的,甚至上升到了国家的高度。小沃森在书中写道:“我相信,对于整个社会来说,这些原则同样是有效的。”……“一些像《独立宣言》一样的文章……从这些信念中,产生了推动美国不断向前发展的力量。”

小沃森卒于1993年。但是正是在这一年开始掌管IBM——并且后来因为拯救IBM而名扬天下——的郭士纳却说道:“这些影响公司价值观和行为方式的经过编纂的和临终遗言式的公司宗旨,对于那些成功的公司来说,尤其是一个问题——而且经常是会带来灾难性后果的问题。”1993年的世界已经发生了巨大的变化,郭士纳在拯救蓝色巨人IBM的同时,也在试图把IBM的企业信条改得更为实用主义。虽然郭士纳也曾经提到过企业与社会之间的关系,但是显然,他更倾向的是一种实用式的“慈善主义”,和小沃森的“忧国忧民”式的理想主义是相去甚远的。

在他的同龄人吴清源身上,小沃森也许能找到一些共鸣。吴清源曾回国参加一个论坛,老人家用迟缓的语言表达了他对21世纪围棋——也就是他所谓的六合之棋——的看法,但是会场的反响却出人意料的平平,在座的年轻人更多的是在观赏一个在日本昭和年间在擂争十番棋中把所有日本一流棋手打入降级的传奇式的华裔天才棋手，所谓的六合之棋，吴清源有如对牛弹琴。

吴清源对于宗教的热爱，甚于围棋，甚至有几年还是放下围棋而潜心修道。在他的新著《中的精神》一书中，贯穿始终的是他用一生在围棋中的修为所悟出的超越胜负的“中和”，这种中的精神有如小沃森所提到的企业与国家与社会的中和，吴清源所讲的，是技术与哲学的中和。吴清源的一生用围棋在追求人类的和平，正如他自己所言：“追求‘21世纪的围棋’就是为了推动围棋的进步。但是，创造围棋进步的是安定的精神动力。”

理想主义的吴清源当年抱着通过围棋来实现中日友好的美好愿望东渡日本，现在，他祈盼着“21世纪的六合之棋”能为促进全世界各国之间的友谊而贡献他的一己之力。其实，围棋的国际化早已是如火如荼，但是，无论是作为现今一流棋手的李昌镐还是常昊，在他们身上，除了围棋比赛的胜负以及对巨额奖金争夺的无比热情，我们已经看不到只有在吴清源的围棋中才能体现出来的那种信念和哲学了。

然而小沃森和吴清源，都改变了一些事情——他们用自己的善念+智谋创造了奇迹。

二、道德在智谋之先

康德在《论持久的和平》一书的“附录”中说：“诚实比一切智谋更好，而且它是智谋的基本条件。”

中国圣贤的教训虽千言万语，不过是“仁义”二字，而西洋文明中的基石，就是“爱你的邻人”。道德是智谋的一种载体，两者应该完全吻合。

不问自己有什么信仰？应问自己有什么善行？

诸葛亮字孔明，琅琊（今山东省沂南县）人，是中国三国时代著名的政治家及军事家，也是古代著名的智谋家。

诸葛亮写给儿子的一封信，只用了短短八十六字，但是对于为学做人有精简而且具体的忠告。真正的智谋，可以超越时空，历久常新。让我们一起来学习诸葛亮的道德忠告，在变局中安身立命，在逆境中找到力量：

“夫君子之行，静以修身，俭以养德；非淡泊无以明志，非宁静无以致远。夫学须静也，才须学也；非学无以广才，非志无以成学。怠慢则不能励精，险躁则不能冶性。年与时驰，意与岁去，遂成枯落，多不接世。悲守穷庐，将复何及！”

从上面的箴言中，可以看到哪些有益的修行来增强自己的智谋力呢？

1. 宁静

“静以修身”“非宁静无以致远”“学须静也”，诸葛亮忠告孩子宁静才能够修养身心，静思反省。不能够静下来，则不可以有效地计划未来，而且学习的首要条件，就是有安宁的环境。现代人大多数终日忙碌，你是否应在忙乱中静下来，反思人生方向？

2. 节俭

“俭以养德”，诸葛亮忠告孩子要节俭，以培养自己的德行。审慎理财，量入为出，不但可以摆脱负债的困扰，更可以过着自律的简朴生活，不会成为物质的奴隶。在鼓励消费的文明社会，你有否想过节俭的好处呢？

3. 计划

“非淡泊无以明志”“非宁静无以致远”，诸葛亮忠告：要计划人生，不要事事讲求名利，才能够了解自己的志向，要静下来，才能够细心计划将来。面对未来，你有理想吗？你有使命感吗？你有自己的价值观吗？

4. 学习

“夫学须静也”“才须学也”，诸葛亮忠告：宁静的环境对学习大有帮助，当然配合专注的平静心境，就更加事半功倍。诸葛亮不是天才论的信徒，他相信才能是学习的结果。你是否有全身心的学习？你是否相信只有努力才会有成就？

5. 增值

“非学无以广才”“非志无以成学”，诸葛亮忠告：要增值先要立志，不愿意努力学习，就不能够增加自己的才干。但学习的过程中，决心和毅力非常重要，因为缺乏了意志力，就会半途而废。你是否想过，一鼓作气的人多，坚持到底的人少的道理？

6. 速度

“怠慢则不能励精”，诸葛亮忠告：凡事拖延就不能够快速地掌握要点。计算机时代是速度的时代，样样事情讲求效率，想不到一千八百多年前的智谋，也一样不谋而合。快人一步，不但理想达到，你是否想过，有更多时间去修正及改善？

7. 性格

“险躁则不能冶性”。诸葛亮忠告：太过急躁就不能够陶冶性情。心理学家说：“思想影响行为，行为影响习惯，习惯影响性格，性格影响命运。”诸葛亮明白生命中要做出种种平衡，要“励精”，也要“冶性”。你要提升自己性格的品质吗？

8. 时间

“年与时驰”“意与岁去”，诸葛亮忠告：时光飞逝，意志力又会随着时间消磨。“少壮不努力，老大徒伤悲”，“时间管理”是个现代人的观念，细心想一想，时间不可以被管理，每天二十四小时，不多也不少，唯有管理自己，善用每分每秒。请你想一想，你是否蹉跎岁月？

9. 想象

“遂成枯落”“多不接世”“悲守穷庐”“将复何及”，诸葛亮忠告：时光飞逝，当自己变得和世界脱节，才悲叹蹉跎岁月，将于事无补。要懂得居安思危，才能够临危不乱。想象力比知识更有力量。你是否从大处着想，小处着手，脚踏实地地规划人生呢？

你能够从以上的格言找到一点启发吗？请你百忙之中静下来，以往后的题目向你的人生提问，在改变中不断改善。

三、商业活动是最值得提倡的善行

什么活动能做到利人利己呢？当利益总量一定时，此人多得一些利，他人就必然损失一些利。这在对策论中称为“零和对局”。商业交换以及由此而带动的一切经济活动，除掉少数情况外，都具有扩大社会利益的功能。因此商业活动是符合于道德，又符合于利益的行为，是最值得提倡的善行。

著名经济学家茅于轼认为，人的行为后果按对人对己有利有害来区分，可以有四种组合，即利人利己（状态Ⅰ）、损己利人（状态Ⅱ）、损人利己（状态Ⅲ）、和损人损己（状态Ⅳ）。

从道德评价来看，利人的行为都是合于道德的，尤其是为了他人的利益而牺牲自己的利益更是值得称颂的。而损人的行为都是不道德的，如果是损人利己则更为人所不齿。[①] 但从社会整体来看，损人利己未必不可取，只要损人很少而利己极大，此种行为就有利于社会。因为自己也是社会中的一员，此种行为可使社会的总利益得到增加。如果每个人都能找到一种损人极小而利己极大的方法，整个社会将因此而得益。但是从道德评价来看，任何损人利己的行为都是不应该的，在这里我们可以看到道德评价和利益评价会有背离的情况，况且评价利害的大小往往带有主观性，人们习惯上将自己的利益看得较重，将他人的利益看得较轻。所以此闸一开，可能导致严重损人轻微利己的恶行普遍泛滥。

利人利己的活动是最有益于社会的，虽然从道德评价来看它不比牺牲自己为别人的活动更高尚。人们也许会问，什么活动能做到利人利己呢？当利益总量一定时，此人多得一些利，他人就必然损失一些利。这在对策论中称为“零和对局”，意思是各方损益之和为零，既没出有净的损失，也没有净的利益。人们要做到利人利己，就必须找到一种办法，能使社会的总利益扩大。这种活动不仅仅局限于重新分配利益，更重要的是它能创造出新的利益。商业交换以及由此而带动的一切经济活动，除掉少数情况外，都具有扩大社会利益的功能。因此商业活动是符合于道德，又符合于利益的行为，是最值得提倡的善行。

然而我国的传统道德观中却一贯鄙视商业，嫌弃商人，就连大多数商人自己也未必明白商业对社会的重大作用，而且确实有不少商人用欺骗的手段经商，破坏了商业的信誉，使这一大大有利于人类社会的活动，很难得到长足的发展。这种历史教训不光在我国存在过，而且在大多数西方国家里同样存在过。不同的只是当今发达国家里已不再存在鄙视

---

① 茅于轼，《道德能值多少钱》。

商业的偏见，商业活动已成为最讲究信用和道德的一种活动。不道德的人不断地被排除出商业活动的圈子，这种净化作用的结果是构成了一个方便安全富裕的物质环境。而在我国这种转变尚处于刚刚开始的阶段。我们应该自觉地推进这个认识上的转变，这是我国知识界、政界和实业界的一个重大任务。

四、在商战中你应具备的道德

《孙子·计篇》提出的将才决定战争双方谁胜谁负的第二条是“将孰有能”。孙子接着又谈到为将必须具备五德：“将者，智、信、仁、勇、严也。”曹操给“五德”注曰：“智者，智谋才能；信，赏罚有信；仁，爱抚士卒；勇，勇敢果断；严，纪律严明。”可见孙子认为军中双方主将的能力对比是造成胜负的基本因素之一，而具备“五德”的将才方可率军在战争中立于不败之地。

孙子所言的为将必备的五德也适合于当今商战之中的经营者。任何竞争性的活动首先需要的是“智”，而商战天经地义需要智慧才能。经商活动必须讲求“信”，经营者必须在企业内取信于企业员工，在外取信于一切顾客，取信于同行人员，要信守诺言，遵守法规，必须明确经营目的是服务和造福于人类社会，其次才是经济效益。“仁”，则要求经营者以爱人之心对待自己企业的职工和顾客，所谓“上下同欲”。经营者需要在商战中抓住良机，积极主动勇敢稳健地去决断，此乃“勇”也。企业的管理，当然应该是严格的，要使全体职工遵守法度和纪律的约束，这就是所谓“严”。可见，孙子对将才的五德要求，在当今商场竞争中对将才的栽培和要求是有借鉴作用的。

商家，不仅在商言商，还应言德。商家成天与货利打交道，极易为货贿蛊惑，明于利而暗于义。如果不加强商德修养，难保不滑向奸诈邪道。商德修养并不高深神秘。古人把“德”字写作“直字下面一个心”，形象得很，“直心”即为德。作为一个讲道德的商人，时时不忘“直心”经营，货真价实，童叟无欺，谋利不害义，因而为众消费者所信任。

商德还体现在严守市场游戏规则上。不制假售假，不以劣充优，不奸狡欺诳，不作黑心买卖。商德修养，是练“内功”，遵守市场规则，是内功修养的具体体现。

日本松下电器集团就是把“忠、孝、公、礼、勇、仁、和”作为其企业精神。“仅仅只有‘玉’的宠爱，就不可能有事业的成功，不可能培育人。仅仅只有‘剑’的严厉，不能使人心服，使人见而生畏而不跟随。只有玉剑并用，才能育人、用人。”[①]英国 BSC 企业总裁查尔斯·维勒斯的成功经验中有：“去物色、听从或领导一批有适时应变、稳健进取的人才”，“他们敢作敢为，有决心、有能力做好分内工作，开拓公司的利益”；“未来的企业领导人和管理者，必须比前人更具有创新改革、冒险进取的能力和专业知识；他们也必须有坚忍不拔处变不惊的决心。”

在现代企业中，企业经营者领导能力和领导艺术水平的高低是企业兴衰成败的关键因素之一。现代企业是一个由多种要素组成的比较复杂的经济组织，因此对企业经营者就提出了更高的要求。作为一个现代企业的经营者，不但要熟悉各种领导的方法、原则和规律，同时也要讲求领导艺术，依靠丰富的知识、机智和创造力，运用高度纯熟精细的技巧来灵活地解决复杂多样的问题。在企业领导的实践中，我们常常发现，在这个企业用这种领导方式方法是有效的，而在另一个企业这种领导方式方法就不一定有效。这就是我们在阐述将才能力与艺术时必须强调的“权变”原则。所谓因地因时而宜，即时即兴而发，知彼知己，实事求是而已。

故而，现在正在兴起的科技开发竞争和经济战争的状态最终转为“人才争夺战”，只有人才是企业最重要的战略资源。这和孙子高度重视人才在战争中的作用的观点是一脉相通的，所谓“将孰有能”者胜也。

第二节　善行、善谋与财富

善行是善谋的一种体现，其直接的结果就是给你带来财富——这种

① 《商战与孙子兵法》。

财富既可能是实实在在的金钱，也有可能是难得的人缘，而人缘是你一身取之不尽、用之不竭的成功之基。

一、你应具有的财富观

詹姆斯·H·罗宾斯指出了当今市场经济条件下，一个人应该具备的正确财富观。

1. 不是贪欲而是新教的禁欲创造了美国的繁荣经济

"对财富的贪欲，根本就不等同于资本主义，更不是资本主义的精神。倒不如说，资本主义更多的是对这种非理性欲望的一种抑制或至少是一种理性的缓解。"马克斯·韦伯的名言纠正了人们的偏见。事实上，为什么人类社会的一切国家、一切时代的所有的人，都充满了对金钱的欲望，但直到18、19世纪的欧洲和美国，才发展出了资本主义和市场经济？原因就在于当时的新教徒主张，金钱是用来增值而不是用来消费的，穷奢极欲、大肆挥霍违背天理、令人厌恶；节制有度、积累资本和扩大业务是造物主称许的善举。正是这种职业精神的影响，才使美国、西欧最早地发展了资本主义和市场经济。

克制、禁欲的敬业观念认为：任何无节制的人生享乐、纵情狂欢，都会驱使人舍弃职守，堕落贫穷，不是纵欲和贪婪积累了财富，而是克制和禁欲增长了社会财富。因为克制、禁欲的职业观念强加在财富消费上的种种限制使资本用于生产性投资成为可能，金钱和时间资本没有被消费却被用来再投资，禁欲、节俭必然要导致资本的积累，从而也就自然而然地增加了财富。

将克制、节俭奉为首要原则的美国职业精神，必然会推动经济的增长。劳动本身也是历来所推崇的禁欲途径，因为它在西方教会中一直发挥着这种作用。对于不洁生活名下的一切诱惑来说，劳动是一种特别有效的抵御手段，劳动和工作本身就可以培养人的禁欲和克制品质，因为无职业者缺乏有条不紊、严谨规矩的性格，相反，职业使人变得严谨勤俭。虔敬地从事某种职业的人生会因虔诚而承领恩宠，虔诚的表现便是他从事职业时的一丝不苟和严肃认真。

2. 克制、节俭是敬业精神的根本

自我克制——即为了将来的利益暂时牺牲当下的享乐——是职业生涯最值得上的一课。这门最难上的课程自然是期望人们发挥他们所赚的钱的最大价值。然而，很多人习惯于把他们所赚的钱用于眼前的吃喝，直至挥霍殆尽，其结果是使他们在很大程度上陷入被动。平日里恣意挥霍，贪图享乐，可是一旦时势艰难，他们却发现自己囊中所剩无几，生活难以为继。这也是社会上出现一些人无依无靠、穷困潦倒和生活悲惨现象的一个重要原因。

1847 年，布莱特先生在罗彻德尔职工集会上的一个简短演讲，表达了同样的思想和信念，他说："对于任何人，或者说人类的任何一个成员，如果他想保住目前较为优裕的生活条件，或者想改变他目前较为糟糕的生活处境，唯一切实可行的办法是培养自己勤劳、节俭、克制和诚实的美德。人们要想改变自己不令人满意的困难处境，即使考虑他们的精神的和肉体的状况，这里也绝没有任何捷径可走，而只能实践这些美德。人们会发现，自己周围的很多人正是在通过这种方法不断地改善自己的生活状况，使自己得到发展。"①

对自己的欲望要进行克制，对公司的资源要最大限度的节俭。如果一个人总是在欲望的世界里徜徉徘徊，那么他离奴隶状况也就只有一步之遥了。他绝不是自己的主人，而有着时时沦为他人奴隶的危险。当他接受别人为他开具的各种条件时，他免不了多少会有些奴颜婢膝，因为他不敢勇敢地面对现实。一旦身处逆境，他要么靠别人的施舍恩典度日，要么靠给贫民的救济生存。如果情况再糟糕一点让他失去了工作，他就无法去从事另一领域的工作。

为了获得个人独立，生活简朴节俭是必不可少的条件。节俭意味着为了将来的利益得到保障，要有抵御眼前的诱惑的能力，这也是人超越于动物本能的高贵之处。节俭完全不同于吝啬，因为正是由于节俭才能使一个人能够时时表现出慷慨大方。节俭不是把金钱作为崇拜的偶像，而只是把它当作一个有用之物。我们可以称节俭为精明的女儿、克制的

① 《敬业》曼德。

姊妹和自由的母亲。节俭也适用于公司事务，无论公司是大是小、是富是穷，使用公物都要节省节俭，员工出差办事，也绝对不能铺张浪费。因为就像富兰克林说的："注意小笔开支，小漏洞也能使大船沉没。""所有的东西，节省就是便宜，浪费就是昂贵。"

3.忠诚履行财富托管人的职责

新教在如何认识财富问题上使用了托管人职责(trusteeship)这个概念，意即财富是上帝交托给我们、由我们来管理和增值的对象。托管人职责的原则要求我们不要轻视金钱、而要重视金钱，务必视财富为天职的标的和对象。因为管理金钱的职责来自上帝，为此我们就应该小心谨慎、恪尽职守地把钱管理好。

人只是受托管理着上帝恩赐给他的财富，他必须对托付给他的每一个便士都有所交代，并且必须保证每一个便士的增值，利用他们去获得更多的财富。正如马克斯·韦伯所说的那样："商人意识到自己充分受到上帝的恩宠，实实在在受到上帝的祝福。他们觉得，只要他们注意外表上正确得体，只要他们的道德行为没有污点，只要财产的使用不遭到非议，他们就尽可以随心所欲地听从自己金钱利益的支配，同时还感到自己这么做是在尽一种责任。"

是的，最大限度地赚取财富是在尽一种责任，是在履行自己的天职，也必然会得到上帝的赞许。对于遵循上帝的旨意而成就斐然的好人，最为常用的赞誉之辞是："天主赐福其工程。"对那些勤奋敬业的人，造物主必然会赐福于他在今生尘世中的产业。

为了上帝的荣耀管理财产并竭尽全力增加之的这种责任感就是敬业精神最重要的体现。出于对上帝信仰的虔诚，敬业者将一心一意地赚取财富作为实践信仰的根本。以信仰来看待赚取财富——如此的专一和执著——肯定会造成一个社会财富的巨大积累。在荷兰，这个真正用严格的加尔文主义统治达七十年之久的国度里，最简朴的生活方式与巨大财富的结合，导致了资本的过度积累，而资本的积累必然导致财富的增加。

4.通过敬业而获利是现代职业精神的基石

对造物主给予人类的财富，个人是具有最高职责的管家。通过职业赚取财富不仅完全是正当的，而且由于是在履行天职而具有了无比光荣的神圣性。

正如马克斯·韦伯所认为的，拜金欲在一定历史时期并不是坏的东西，相反，它正是资本主义精神的一部分。他把资本主义精神解释为尽自己的最大可能来获得财富：

“这种精神所宣扬的至善——尽可能地多挣钱，是和禁欲主义结合在一起的……这种至善被如此单纯地认为是目的本身……人竟被赚钱动机所左右，把获利作为人生的最终目的。在经济上获利不再从属于人满足自己物质需要的手段了，这种对我们所认为的自然关系的颠倒，从一种素朴的观点来看是极其非理性的，但它却显然是资本主义的一条首要原则，正如对于没有受到资本主义影响的诸民族来说这条原则是闻所未闻的一样确定无疑。与此同时，它又表达了一种与某些宗教观念密切相关的情绪。”

资本主义迫切需要人们投身于赚钱的事业，把赚钱看作是人人都必须追求的自身目的，看作是一项职业，甚至是义不容辞、无上光荣的天职。而每个个人，对这份天职负有责任——这是资本主义道德观念中最具代表性的东西，而且在某种意义上说，它是市场经济精神的根本，是现代职业精神的基石。

二、善行就是善谋

犹太人中富人众多，实际上就是由于他们具有富人的思维方式。这不是什么实用的技术，而是一种处世智谋。犹太人始终将此处世哲学付诸日常生活的实践当中。[①]

要想成为富人，首先要做的是布施。

要乐于帮助比自己更困难的人。提供给他人帮助，自己的心胸也就会极大地丰富、开阔。只有心胸开阔的人，大家才会喜欢他，愿意与他接近，也就是有了好的人缘。有了人缘，自然就会赢得许多商业机会。只

① 《书摘》2003年03期《穷，也要站在富堆里》。

有贪欲的人，是不可能做成大事的。

施惠于他人，并不一定都要给钱。即便是粗茶淡饭，只要能给他人带来帮助也是可行的。犹太人有这样一句格言：“向陌生人施惠即是向天使施惠。”因此，犹太人只要看到比自己困难的人，就会把他请进家里让他饱饱地吃一顿。

经济越不景气，人们想一朝致富的欲望也就越强烈。但是，世上是没有免费的午餐的，盲目地不切实际地赚钱，结果可能适得其反，境况会越来越糟糕。这时候就该学学犹太人，变换一下考虑问题的角度。

这世界上有钱人毕竟只占少数，穷人才是绝对多数。有钱人是依靠从绝大多数穷人（而不是富人）那里获得的利益而积敛财富的。

要想致富，首先要搞清楚一点：穷人才是财富的源泉。这里所说的穷人，一种是真正意义上的穷人，另一种是指包括有钱人在内的顾客。为什么把有钱人也包含在穷人之列呢？犹太人认为，买主之所以付钱购买，是因为他手头没有这种东西，没有想要的东西便是贫穷。

但是，如果一次就使穷人不得不支付巨额的费用，那他们手上的钱很快就会用光。因此，要尽量使穷人手头维持有钱，总能进行购物，即让他们手中的小额钱财周转起来，并只赚取占这些钱百分之几的微薄利润。

这便是迈向开展大规模商业活动的第一步。由于顾客只需支付很少的钱，资本的周转因而得以顺畅，而庞大的顾客数量则使获得的利润呈几何级数增长。

以有钱人为对象的商业活动，例如高级不动产、高级轿车、豪华宾馆和俱乐部等，从原理上讲，它和以穷人为对象的商业活动是没有区别的，只是前者追求的是高级物品、高质量的享受，而后者只要能满足基本生活需求即可，但有一点需求是相同的，那就是想轻松地付款。

要想在商业活动中取得成功，“最好是在等量归还的条件下租给佃户作种子用的小麦，但不可借给他们食用”。

把小麦借给他们做播种之用，起码还有归还的希望。但是食用是单纯的消费行为，吃完了以后，其别无他法只能再去借，这样很有可能会使租借者陷入更加贫困的境地。结果出租者的利益也将受到极大的危害，很可能会使借贷成为呆账。所以，犹太社会严厉禁止这种消费借贷，同时严禁收取消费借贷利息。

实际上不只是消费借贷，就连生产借贷也可能因资本的流通不顺畅，而出现无法收回出借物的情况。

仔细斟酌使支付顺利进行的方法是经济活动的基础，买方和卖方都要充分考虑如何创造顺利回收货款的环境和条件，如何制订合理的价格，以及如何提供促使交易顺利进行的商品和服务等。这一过程中就暗含着使企业和经营活动发展壮大的机会。

创造良好的付款条件，在实际经营活动中往往不被注意。但是，建立起大财团和大企业的人士无不在这一点上下了不少工夫。

欧洲著名的银行家罗斯柴尔德由开旧工具店起步；英国最大的百货公司马克斯·斯宾塞最早只是一家寒碜的西装店；美国石油大亨哈默，靠在酒精中添加药用生姜液制造姜汁啤酒发家而步入国际市场；日本浅野建筑的创始人浅野总一郎靠在神田卖水起家，他现在就任东京证券交易所的董事长。

这些人都有一个共同点就是熟知普通老百姓的生活状况，并由此发展出自己的事业。他们掌握了那种出售好像没什么大利的物品却能从中获取利润的智谋。他们十分明白这个道理：只要能马上回收资本，则即使是看似垃圾的废品都有可能成为巨大财富的源泉。比起只是寻求看似精美的成品，还不如重新审视、发掘旧物的潜力。基于这样的观点去重新审视商业活动，就有机会改变思维方式，创造出新的观念。

第三节　诚信为本

对于掌握了智谋力的你来说，当与他人相处、或进行自己的事业时，你可能对许多技巧或方法运用自如，你可以欲擒故纵，故意显得漫不经心；也可以夸夸其谈，吊对方胃口，将自己手中事物的紧俏程度稍加夸张等。但无论哪种方法，最重要的一点还是：以诚取胜。

一、诚为做人智谋之本

“人无信不立”。这句古训十分简明地道出了我们先人对诚信的重视。古人这样断言:“君臣不信,则百姓诽谤,社稷不宁。处官不信,则少不畏长,贵贱相轻。赏罚不信,则民易犯法,不可使令。交友不信,则离散郁怨,不能相亲。百工不信,则器械若伪,丹漆染色不贞。”而唯其讲诚信,才能“可与为始,可与为终,可与尊通,可与卑穷者”,才能让人如“膏雨甘露降矣”,让天地“寒暑四时当矣”。真是诚信如天,莫此为大。

你的智谋要想让人相信,首先要诚。司马光说得好:“不诚于前而曰诚于后,众必疑而不信矣。”故讲信,必讲诚。诚信诚信,先诚后信,无诚不信,不诚难信,至诚至信。

诚实是能够长期获得成功的人所具有的共同特征。的确,许多一夜暴富的人通过愚弄别人来赚大笔的钱,但这种暴富往往是短暂的;有许多凭借自己的欺骗进入到好的公司,但谎言就是谎言,终有一天可能被揭穿。你要进行自己的智谋就必须有个好名声,获得并保持好名声的唯一方法就是为人诚实正直。

在圣路易,有一家大型零售公司最近被迫解雇将近 20%的劳动力。有人问人事经理:“你是怎么做出裁人决定的?你用的是什么标准?”

他说:“我们仔细地研究了出勤率、生产效率、个性以及成功和失败的划分标准,但是真正的目的是为了留下那些具有良好品德的工人。我们永远不能忽视诚实和信誉。”

你可以通过工作热情和技能得到声誉,但是,真正关键的是你如何通过“品德”测试。

诚信是一种人格魅力,也是一种智谋力的表现。阿布·卡恩说过:“信任就像一根细丝,弄断了它,就很难再把两头接回原状。”对你而言,不管在生命的哪个阶段,你能拥有的最伟大物质,就是诚实。

周大虎是温州打火机生产的一名诚信者。早在 1985 年前后,温州就已经有人在开始生产打火机。而他进入这一行也是因为迫不得已。①1991年，周大虎妻子所在的温州汽水厂破产，她领到了5000元的安置费。“我发现，做打火机比较方便。这主要是当时温州打火机的零部件生产厂家多，我们只要投入少量资金就可以生产出打火机。”依靠这笔安置费，周大虎招了三五个工人，将自己40多平方米的家腾出一间做厂房。工作之余，周大虎替妻子跑销售，结果发现打火机市场利润丰厚。于是，他在一年后干脆辞职。1992年，周大虎租下了一个200多平方米的简易厂房，招了100多个工人，自己开始正式创业。

就在他进入这个行业没多久，温州打火机市场进入了一个癫狂的状态。1993年上半年，温州从原先的100～200家打火机厂家急速发展到3000家。“温州打火机只要10元钱，而日本、韩国这些国家生产的打火机要300～500元。价格相差实在是太大，温州到处是前来收购打火机的老外。说来也难以相信的是，即使你发给老外的箱子里是石头，老外也不管就带走。”

在市场如此火爆的情况下，周大虎却濒临破产。原因在于，在市场如此癫狂下，温州不少打火机厂家抱着“快捞”的想法，生产劣质打火机。周大虎不肯糊弄客户，坚持产品质量，结果上游供应商拒绝给周大虎供货，除几个骨干外，100多个工人跑了个精光。

“当时，按照我的质量标准，工人一天最多只能做150个打火机，而那些生产劣质打火机的厂家可以做到500个。工人的薪水是按件计算，所以在我那里工作，薪水少，没有吸引力。当时做一个打火机的利润大概有1元来钱，我即使一分钱也不赚，也开不出高工资。这种情况同样存在于供应商方面。”

工厂陷于停产的困境，周大虎苦闷之极，在一个星期内，骑摩托车接连出了三次车祸。“我当年在邮电局开车，也没出过什么事，接连出三次车祸，可以看出当时的压力真得很大。”

熟练工走了，周大虎决定招聘一批新的普通工，并对他们进行培训。“1993年上半年，我亏得很厉害，前两年的利润全给贴进去了。”

---

① 温州商人周大虎，没有一个销售员的世界打火机之王，《中国科技信息》2003年13期。

市场规律最终发生了作用，1993 年下半年，吃够劣质产品苦头的外国商人开始将目光盯住周大虎。周大虎的订单一下子多起来了，一天 5000 多只的生产能力能够接到 5～6 万只的订单。而原先 3000 家打火机厂家，如同秋风扫落叶，倒闭了九成。他用诚信的智谋摘得了璀璨的星辰。

同样的还有另一个故事：2000 年，胡润的《福布斯》中国大陆“50 名首富榜”排在第 43 名的是“中国鸡王”韩伟。他一直在旅顺口的一个名叫东泥河的小山村默默耕耘，而他偌大的产业的经营是从 50 只蛋鸡开始的。在致富过程中，其生意经就是有正确的义利观。当鸡蛋暴涨，大家都在炒价格的时候，他却把价格平下来。在 20 年的过程当中，韩伟用平易价格(让利)十几次，至少给消费者让利两千万元。很多人都会想，韩伟为什么要这样做？那么钱有多少会咬手的？韩伟的看法很简单：就是作为一个企业经营者，一定要树立良性的义利观，就是说无利可图不可以做，唯利是图是坚决不能做。

二、诚信资本

在市场经济条件下，个人不再仅仅单纯根据劳动报酬所得进行支付，也可以通过信用方式获得支付能力。信用是企业和个人的一种价值资源，它可以作为市场交易的方式而存在。有人将信用比喻为个人和法人的“经济通行证”和“经济护照”，是个人和法人的“无价之宝”。

在进入知识经济和经济全球化时代，人们已将资本分为三大类：物质资本、人力资本和信用资本。物质资本和人力资本都是有形的，唯有信用资本是无形的。在西方国家，良好的信用可以融资，而在我国，信用资本却未能引起足够的重视。物质资本和人力资本的有机结合，能产生现实生产力。信用资本与物质资本、人力资本的三者有机结合，能产生高效，信用可以转化为财富，我们应该高度重视信用问题。

在现代文明社会的市场经济中，失信会使自己、企业付出高昂的代价，失信会使企业倒闭，失信等于自弃。盛极一时的美国安达信公司，因为在审计活动中弄虚作假，使自己走投无路。可是它曾经显赫一世，是全球五大会计师事务所之一，曾在全世界84个国家设有390个分公司，拥有4700个合伙人、2000家合作伙伴、8.5万专业人员。并曾在我国的北京、上海、广州、深圳等地设立了事务所，员工达2000名。就是这个世界有名的大公司，因为弄虚作假，失信于社会，失信于美国政府，落得个失败的下场。安达信不安也不信。这种不诚实、失信用给自己带来自葬的恶果。这说明诚信对于一个企业，一个地方的管理、运作是多么的重要。

三、企业发展靠诚信

四川宜宾五粮液集团公司办公大厦左侧有一座深红色间金黄色的雕塑。雕塑正面巨大的金黄色“诚信”二字，特别抢眼；其上为七块赤色“金砖”，巧妙地组合成一个巨大的金字塔形状，并与其下“诚信”二字组成一个更大的金字塔建筑，其意为“诚信是金”。“标徽”之上还有更高一步台阶，再上便是无尽的苍穹，它象征着五粮液集团正在攀登新的高峰，并将达到更高的境界。雕塑左侧刻有五粮液集团的“诚信誓言”：“保护诚信资源，培育诚实守信品德；努力建设公司诚信体系。”雕塑右侧刻有五粮液集团归纳的“诚信之敌”：“形式主义，假冒伪劣，欺骗欺诈，歪门邪道，滥用权力。”

自2003年落成以来，面对“诚信碑”，人们驻足观赏，思绪起伏。它是五粮液集团诚信经营，成就“中国酒业大王”伟业的经验总结，更是对未来以诚信立企理念的固化和倡导。正因为以诚信为立业之本，自1915年五粮液在巴拿马国际博览会上获得金奖至今，五粮液已近百年金牌不倒，先后共获得国内外各类金奖数十项，多次蝉联“国家名酒”称号，首批获得中国十大驰名商标称号，多年荣登中国酿酒行业规模效益头把交椅，被国际统计大会评选为“中国酒大王”。五粮液的荣誉对五粮液的品牌提升具有十分重要的作用。目前，五粮液的品牌价值已突破300亿元，名列中国最有价值品牌前茅。有关部门在全国酒类市场调查中发现，五粮液被消费者公认为“最受欢迎的酒”、“包装最好的酒”、“知名度最高的酒”、“口感最好的酒”。在全国市场竞争力调查中，五粮液多次囊括全部项目第一名，获得了消费者心目中理想品牌、当年实际购买品牌、次年购买首选品牌三个第一，而且一直保持至今。在中国企业信誉促进会等三家单位多次举办的评价活动中，五粮液获得了白酒行业企业知名度、企业美誉度、质量满意度、服务满意度的四项第一。

的确，以诚信立企，则企业在人们的心目中因“诚”得“信”，可以获得长久发展。

摩托罗拉核心理念的第一条是诚信不渝。从新员工进门的第一天开始，给他们的必读书就是每人一本商务行为准则，不仅要仔细地学，最后还要签字说我念过这个，我同意这样的理念，我也愿意照这个理念来做。[①] 这里面包括很多内容，比如怎么做业务，怎么遵守国家的法律，怎么对待竞争对手，怎么对同事、对员工、对国家、对社区、对环境等，都有很好的描述和要求。摩托罗拉的员工都学过这些，这也是长期以来他们能够立足的一个根本。

有的时候，有些员工为了公司好，会做一些糊涂事情。在某个国家，有一个员工在进口报价时，故意压低价值，报的关税比较低。后来在自己内部的审计当中，发现这个问题，他申辩说我也是为给公司省钱，但是公司是不能接受的。尽管没有人找来，而其他公司的别人也都是这样做，但对这个员工，摩托罗拉最后还是给予警告。而更多时候，诚信上若有问题的话，是要被开除的，这在摩托罗拉是个天条，是个死罪。

哈利·戴维森公司拒绝利用其他渠道来销售供不应求的哈利·戴维森产品，以免与公司经销商竞争。曾是美国零售额最高的丰田分销公司总裁格莱戈(Greg Penske)经常教导他的销售人员：“不要向顾客推销汽车，而是要帮助他们购买汽车。这样，你就可以结交到一位朋友。”该公司的每位销售人员都要签署一份职业道德准则书。

如何让你的企业在竞争中卓尔不群？Shari Caudron 建议不妨试试信誉管理。杜克电力公司(Duke Power Co.)的宣传人士曾满腔兴奋地了解顾客对该公司的看法。他们倒不在乎顾客喜欢公司与否，只想知道顾客是否认为杜克电力具有商业伦理、诚实无欺，它是否爱护环境，且对

① 《摩托罗拉 HR 谈择才：把你自己挑出来》。

顾客有求必应。

杜克电力让顾客根据18个企业特质对其进行评定，目的就是想了解自己的信誉。杜克电力虽处在一个毫无竞争的管制行业中，但为什么还如此关心信誉？“因为竞争已经逼近，”该公司高层认为，“企业名称及其创造的信誉是使企业脱颖而出的唯一方法。”的确，在当今市场，从剃须刀到远程服务，每样东西都已成为商品。由于各企业之间的产品价格、所采用技术及产品性能几无差别，因此企业信誉成为决定顾客购买取向的决定性依据。

尽管如此，多数企业都不把信誉管理当回事儿，它们喜欢谈的是形象营销。那么，此二者之间有何区别？

“形象营销仅指企业如何在顾客心目中树立自己所期望的形象，”褒曼说，“它是由企业内部来影响企业的外部环境。”反过来，企业的信誉则掌握在那些最终决定一个企业成功与否的顾客手里。

一个具有良好形象的企业会不会声名狼藉？当然可能会。长远来看，信誉终究会取代形象。花哨的包装或漂亮的广告词赢不来信誉，一次精心策划的宣传活动也无法造就它。一个企业所做的每件事，从员工管理到处理顾客投诉，都会提高或毁掉它已建立起来的信誉。

企业信誉与企业目标协调一致的企业包括以服务可靠著称的联邦快递（Federal Express）和以高品质出名的本田公司（Honda）。迪斯尼（Disney）更是以趣味性和为每个家庭着想而为人乐道，它的信誉与其产品和服务可谓珠联璧合。

在当今市场，营造或维护一种良好信誉的关键是实行一种所谓的“信誉管理”流程。该流程的第一步是调研。在你对自己的信誉施加影响之前，你必须先弄清楚你现在的信誉。

具有良好信誉的企业应具备如下条件：

○对顾客有求必应。

○尊重员工。

○出色的内外部交流。

○讲道德、重诚实、可信。

○谨慎经营。

〇拥有优秀的高层管理。

〇对业内变化能随时应变。

〇有个好市民形象。

〇突出的财务业绩。

〇业内技术领先。

〇致力于环保。

〇成功进行多元化经营。

第四节　好心好报

中国民俗有云："好心有好报。"有人说这是封建迷信，其实不然。如果从智谋的角度来讲，好心则意味着善得人缘，自身的言行就容易获得他人的支持，从而获得好报的收获。"经营之神"松下幸之助的成功之路就是如此。

1990年初，日本一家发行量最大、影响最广的报纸，举办对企业经营者评价投票，松下幸之助名列"最受欢迎的经营者"榜首，被誉为"经营之神"。为什么松下幸之助如此受大众的喜爱呢？

一、百折不挠，永远为民众服务

8岁辍学的松下幸之助没有机会接触高深的哲学思想，生活、工作、创业的经历完善了他的人格。他从生产电扇阻盘开始创立松下电器公司，在经营过程中，[1]他逐渐悟到经营企业的真正使命，形成独特的经营哲学——永远为民众服务，即通过丰富和不断增多的物质使人们得到生活的安定和幸福。这种经营思想始终贯穿在松下经营的过程中。创业之初生产的电扇阻盘和配线器材就充分体现了这一宗旨，以后又先后设

① 松下幸之助《经营管理全集》。

计生产了双灯用的插头、炮弹形电池式电灯、方形电灯、熨斗电炉、收音机、电唱机等生活用品，为人们提供极大的方便，顾客争相购买。

二战爆发前，日本许多企业为了生存都和军队结成财团，生产军需产品。松下公司却以极大的勇气甘愿冒险，仍以民需为主要目标，以提高民众生活的水平，改善人民生活质量，制造出质量更好、价格更便宜的商品为己任，坚持独立经营，甚至在侵华战争全面爆发以后，战争管制气氛越来越浓的情况下，松下也没有放弃自己的经营思想。后来，在军方强制下，松下被迫转入军需生产。但在停战第二天，松下幸之助就紧急召开会议。人们买得起的多姿多彩的产品相继问世：电视机、搅拌机、电炉灶、自行车、电冰箱、无线电话、手提除尘器、排风扇……

松下特别注意开发新产品，力求比原来的同类产品更实用、更方便，并且把生产的质量作为企业信誉的根本。他专门组织质量管理小组，认真地检测每一个产品的质量。很快松下电器就获得了顾客的称赞，不仅在日本国内深受欢迎，还打入了美国市场。松下一直采用低额利润的经营方式，与消费者共享低成本所获得的利益。坚定不移地坚持为民众服务的思想，使松下公司获得了长足的发展。1930 年，松下公司还是一家只有 600 多名工人的中型家用电器生产厂，到 1935 年便迅速发展为能生产各种电器的大型企业，1938 年又研制出第一套电视模型，1941 年便发展为拥有一万多名职工的超大型企业。如今，松下公司已是一个在全世界设有 230 多家分公司，员工总数超过 29 万人的跨国性公司，产品多达 70 多个。

二、善待部下，努力使员工幸福

既然松下幸之助的目标是谋求民众的幸福，那么首先他自己公司的职员就不能例外。松下幸之助认为，一个人的能力是有限的，如果只靠一个人的智慧指挥一切，即使一时取得惊人的进展，也肯定会有行不通的一天。员工就是企业的动力源泉，一个强大统一的精神纽带是促进企业长期发展的无形力量。所以他特别关心员工们的生活环境及工作心情。松下公司在物质方面给职工以优厚的待遇，在日本率先采取五天工作制，实行男女工资平等制，工人到35岁就有一套自己的住宅，使松下的职工真正感到幸福。他还极为重视培养人才，把培养人才当成企业的社会责任，制定出许多培育人才的措施。松下幸之助曾说："松下公司是培育人才的公司且兼做电器生意。"松下尊重职工，处处考虑职工利益，还给予职工工作的快乐和精神上的安定感，与职工同甘共苦。曾有这样一段佳话：那是1930年初，世界经济不景气，日本经济大混乱，不少工厂都陷入经营困境，很多企业都关门倒闭了。松下公司受到极大伤害，销售额锐减，商品积压如山，资金周转不灵，管理人员提出：裁减员工，缩小业务规模。因病在家休养的松下幸之助，考虑到广大员工的利益，毅然决定采取与其他厂家完全不同的做法："工人一个不减，生产实行半日制，工资按全天支付。"同时，他要求全体员工利用闲暇时间去推销库存商品。当时绝大多数厂家都裁员，降低工资，减产自保，百姓失业严重，生活毫无保障。松下公司的这一做法获得了全体员工的一致拥护，大家千方百计地推销商品，只用了不到3个月的时间就把积压商品推销一空，使松下公司顺利渡过难关。在松下的经营史上，曾有几次危机，但松下幸之助在困难中依然坚守信念，不忘民众的经营思想，使公司的凝聚力和抵御困难的能力大大增强，每次危机都在全体员工的奋力拼搏、共同努力下安全度过，松下幸之助也赢得了人们一致的称颂。

三、好人好报，"经营之神"绝处逢生

二战结束以后，是松下公司困难的时期，一方面由于战败，军方无力偿还债款，公司负债累累；另一方面，占领军要惩罚为战争出过力的财阀，松下幸之助被列入受打击的财阀名单，紧接着被开除公职，虽多方奔走，仍无济于事。这时，意想不到的局面出现了：松下电器公司的工会以及代理店联合组织起来，掀起解除松下财阀的指定、解除开除公职的指定的请愿活动，参加人数多达几万。这在当时的日本是绝无仅有的事。在被指定为财阀的经理所经营的企业中，工会纷纷率领工人占领工厂乃至整个企业，松下公司的工会与其他企业的工会截然相反的举动，无不令人感动。占领军不得不重新考虑，终于在第二年五月解除了指定。正

是因为松下幸之助始终贯彻为民众服务的经营思想，以人为本，尊重职工，松下公司一直保持良好的劳资关系，松下"经营之神"才能绝处逢生，真是好人有好报！

第五节 制造快乐

有一种善行容易让人忽略，这种善行不大，因为这可能只是用自己的智慧使他人一笑；这种善行不小，因为这可能在不经意间使你走上辉煌。而你自己也不要一味地压抑自己，让笑始终伴随个人的成长。

一、给人快乐给己造富

2001 财年，日本七大电子企业的报告显示，除了索尼公司外，其余六家都陷入巨额亏损。日立亏损 4838 亿日元，松下亏损 4310 亿日元，富士通亏损 3825 亿日元，再加上 NEC、东芝和三菱电机，亏损总额达到了 2 万亿日元。那么，索尼是怎样逃脱亏损的厄运的呢？索尼公司在解释其 2002 财年核心业务时称，三大核心业务之一的电子是指，开发具有吸引力的家庭和移动环境用数码产品，成为顶级网络消费电子公司；发展现有游戏业务、开拓全新的宽带电脑娱乐行业，成为宽带网络时代领先的音乐和影视娱乐内容的创造者和发行者。

看过《卧虎藏龙》吗？听说过曾创造了美国票房纪录的《蜘蛛侠》吧。但是，很少有人知道这些影片是索尼公司的力作。不经意间，索尼已经从我们记忆中的电子巨头变成了生产快乐的公司。

索尼中国有限公司董事长正田纮认为："索尼公司能盈利，主要是因为我们把精力集中在电子硬件、软件产品和游戏、娱乐业上。而其他公司则把精力集中在半导体等一些行业上，这些行业对全球经济的变化更加敏感。所以，只能说我们比其他公司更加幸运。"

据了解，2001 财政年度，市场环境的恶化以及激烈的价格竞争使索尼公司电子业务销售额下降了3%。然而，影视业务销售额增长了14.5%。与此同时，游戏业务销售收入则猛增了近52%。早在1994年，索尼就已经开始在游戏市场崭露头角。Play Station 2的推出，更使索尼2001财年游戏业务的利润增加了10亿6千多万美元。

在正田纮的办公室里，还有一幅索尼公司董事会主席大贺典雄书写的大大的“梦”字。在北京的“东方新天地”里，索尼还开了一家名为“索尼探梦”的科技馆。索尼公司对“梦”字情有独钟。[①] 正田纮这样解释索尼钟情于梦的原因。索尼的几位领航人都有不同的梦，正是这些梦，使索尼公司不断开发出新产品，而索尼的所有产品，都有一个不变的情结，那就是生产快乐。

詹姆斯·费雪尔担任企业主管及顾问多年，深悟给人快乐之重要：

○要获得他人的友情，必先以人为友。

○宽厚仁慈是最大的美德；你不可能爱每一个人，但可以对每个人宽厚仁慈。

○做人要有热忱，没有热忱就没有大作为。

○做人要积极。态度积极的人吸引他人，态度消极的人令人敬而远之。

○怎样聆听比怎样讲话更重要，前者更能影响他人。

○说人闲话者比被人说闲话者更卑贱。

○把欢乐传给他人。

○要真心真意开导他人，鼓励他们多谈自己的事。

○“己所欲，施于人”就是成功的全部奥秘所在。

二、智谋选择快乐

当初亚历山大大帝站在地欧根尼的酒桶边，问：“你对我有何所求？”“请您让开些，不要挡住阳光。”对方懒洋洋地回答。

对于很多深陷工作漩涡无法自拔的人来说，一周中的五天时间都意

① 《索尼：生产快乐，创造盈利》。

味着痛苦挣扎和咬牙切齿，既然如此，为何我们不能转换一下考虑角度，思考一下：如何不再把怎样达到梦想和梦想本身混为一谈。

从前有则日本寓言：

有两个朋友，一个叫阿呆，一个叫阿土，结伴去旅行。

一天晚上阿土做梦，梦到对岸的岛上有个大富翁，富翁的院子里有株白茶花，白茶花的树根下埋了坛黄金。阿土把梦告诉阿呆，说完后叹一口气："可惜是场梦。"阿呆却信以为真，想要买下这个梦。阿土高兴极了，就把梦的权利卖给了阿呆。

阿呆买到梦后就往岛上出发，阿土卖了梦就回家了。

到了岛上，阿呆发现果然有富翁，富翁的院里果然种了茶树，他就留下做佣人，做足一年，只为等待院子的白茶花开。

第二年春天，茶花开了，可惜，所有的茶花都是红色的。阿呆就在富翁家里长住下来，等了一年又一年，许多年后的春天，院子里终于有一株开出了白茶花。

阿呆果真掘到了黄金，辞工回到故乡，成为富有的人。

卖了梦的阿土却仍旧是个穷光蛋。

……

假设黄金就是阿呆梦想的全部，那么为什么他不肯在每一个深夜里挖掘茶树，直到寻获黄金？又或者，阿呆已经学会抱着欣赏茶花的态度静静等待，相信整个漫长的过程不致如此悲壮。

你有没有设想过，我们不必一年年痴痴等待，又或者我们可以调整自身心态让过程更为美好。

其实我们目前职业生涯中面临的各项困难，一切无法逾越的障碍并不一定真是我们必须面对的。我建议你先从电脑前抬起头来，努力思考并且规划自己未来30年的工作人生，假设一下，如果换个行业、换种方式工作，自己是否会更快乐。你的决定应该非常具体、明确：我到底想要什么？我想成为什么，做什么，拥有什么，排除什么，追求什么以及获得什么？

你应该能够将你的决定用很简单的句子表达出来：我想要……在空格上填入任何你真心想要的东西，或想做的事情。

悠闲绝对不是一种罪过，它只是一种人生选择。

如果是你，面对着更加豪华、安逸，但是可能违背梦想的终身职业道路，该如何选择？

千万不要一边工作一边叹气，因为人事倾轧和鸡鲍翅一样同是你的肩头重负。

和绝大多数的叫嚷者相比，这个世界上真正“怀才不遇”的几率简直小到可以忽略不计。所谓的未能实现梦想的人群中，其实是有人过早地放弃了梦想，还有人是过早地耗尽了才华，更有人只是选择了终生叫嚷。

最好不要把失败的责任推给命运，因为这种偷懒的想法只会让你放弃最后一次努力的机会。

买了梦的阿呆掘到了黄金，成为富有的人；卖了梦的阿土却仍旧是个穷光蛋……

第六节 回馈社会

回馈社会是成功者的一种责任，也是一种智谋。责任在于，你的成功有赖于社会的哺育——虽然成功的过程中你付出了智谋与艰辛，但没有他人的相助，你难以成功；智谋在于，你的回馈既是善行，也会引来公众的好感，从而获得你内心的平静与进一步发展的助力。

一、回馈社会是一种责任

大量的实践经验表明，你越是勇于承担社会责任，你的个人就越能得到社会的承认；而对企业家以至企业来讲，社会责任的承担意味着其产品和服务就更有可能获得消费者的认可，从而占据更大的市场份额。

IT 产业巨头比尔·盖茨的名字在上世纪就已经传为神话。他创办了微软公司，自任董事长、总裁兼首席执行官，短短的时间里，就积聚了大量财富，个人资产曾居世界富豪之首。更为可贵的是，他在获得无数耀眼的财富时更关注慈善事业。早在1994年,他就以父亲威廉·盖茨的名义创立了基金会,1997年又创立了盖茨图书馆基金会。2001年,他将这两个基金会合并,与妻子共同创办了比尔与梅琳达· 盖茨基金会,这也是全球最大规模的慈善基金组织,旨在促进全球卫生和教育事业。51岁时,他正式宣布将从主要领导岗位上退下来;并从2008年6月28日起,从微软的首席执行官变为了名誉董事长,不再参与公司的日常管理事务,转而致力于"比尔与梅林达·盖茨资金会"的慈善工作,他把名下的580亿美元财产全数捐给"比尔与梅林达·盖茨资金会",不为自己的子女留一分钱。2009年5月5日下午3点,纽约洛克菲勒大学校长室内迎来了全美国最富有的一群人。包括洛克菲勒家族掌门人大卫·洛克菲勒、纽约市长布隆伯格、黑石集团 董事长皮特·彼得森、金融大鳄索罗斯和奥普拉·温弗利在内的14位贵宾携带家眷,悉数出席。比尔·盖茨和沃伦·巴菲特,这个世界上最为富有的两个人,他们出面发起并组织了这次聚会。而大卫·洛克菲勒,则是这次聚会的主办方。这些身家加起来超过1300亿美元的人在密谋什么?一年后,答案揭晓:《财富》杂志的高级编辑卡罗尔·卢米斯公布了这一聚会的真相——"令人注目地转变美国人慈善行为模式,引导他们捐出更多的财富。"也知道了在那次公之于众的聚会之后,这些在当下举足轻重的富人继续小规模私下相聚了两次,三次聚会同样都为比尔·盖茨夫妇与巴菲特所举办。在这些聚会上,盖茨、巴菲特与富人们讨论的主题只有一个:如何更有效地做慈善。

在与妻子和巴菲特多次商议后,盖茨明白了自己希望达到的目的:汇聚人类历史上数额最为庞大的一笔慈善资金。尽管他自己拥有约550亿美元的财富,但要达到他所希望的慈善成果,还需要更多的帮助。所有人的捐助固然重要,但更直接也更有效的,还是那些富可敌国的人所能给出的承诺。在三次聚会结束后,盖茨夫妇与巴菲特一起,达成了一项共同目标——他们将号召《福布斯》"全美最富有的400人"排行榜上的所有富豪,共同宣誓,在其有生之年或临死之际,捐出自己至少一半的财富。这项目标被命名为"作出承诺"。据《福布斯》杂志的估算,如果进程顺利,最终将成功动员前400位富豪都投身于此项誓约,比尔·盖茨和巴菲特能够募集到的金额将会超过6000亿美元。这是一笔足以铭记在史册的巨额财富，也是世界历史上最大一笔慈善捐款。它不属于任何个人或政权，将会被分散使用在遍及医疗、教育、卫生、科技等多个方面，以改善全人类的福利状况。人们再一次将目光投向了比尔·盖茨，这个被认为在当今世界与美国总统拥有相同甚至更大影响力的男人。

在美国，慈善捐助早已是公民习惯，钢铁大王卡内基甚至一语惊人："在巨富中死去是一种耻辱。"而相比之下，中国富豪善行有待提速。中国科学院国情研究中心研究员康晓光认为："现在内地民营企业在提供商品服务、解决就业方面做得比较好，在公益领域感觉做得比较差。"

对此，《胡润百富》创刊人胡润表示，除了提供就业，依法纳税之外，中国企业家应负起更多的社会责任。他建立了中国富豪的慈善排行榜，以呼唤这种责任，他要寻找中国自己的"卡内基"。

二、回馈社会有回报

回馈社会的善行虽然不求回报，但给善行以鼓励，给善行以回报，美德所蕴涵的价值准则才更容易与社会现实契合，也更能被社会成员普遍接受。事实上，正因为回馈社会，你就愈能得到外力的支持和公众的信赖。

美国对慈善事业有长期良好的保障与监督体制。热心于慈善事业，是既能满足避税、又能提升公众形象，同时还能满足宗教需求的最好选择。美国史上第一个亿万富翁J·P·摩根曾向记者总结自己的财富密码："我的成功得益于妈妈从小告诉我的三句话，第一是凡事谢恩，第二是有了钱就捐出去，第三是每周日早点去教会，坐第一排。"据《洛杉矶时报》在2005年刊发的《投资利益抵触基金宗旨盖茨基金会拟调投资策略》一文指出，盖茨基金会每年从其投资中获得巨额收益。其总资产的41%以上（约87亿美元）被投资到了一些企业，这还不包括该基金会持有的美国国债和外国政府债券。《福布斯》报道，盖茨基金会2003年以268亿美元的资本获得了高达39亿美元的投资报酬。2005年，盖茨基金会捐献了大约14亿美元（捐出的钱，还不如投资回报的钱多）。实际上，通过投资经营扩大慈善事业已经成为美国许多慈善基金会的基本运作模式。像多数慈善机构一样，盖茨基金会每年将总资产的5%用于捐赠以避免支付更多的税收，另外95%的资产用于投资。这样，盖茨基金会如滚雪球般越来越大。

当然，在我们东方社会，由慈善带来的事业发达也是不胜枚举的。1968年7月生于江苏泗洪的陈光标，自幼贫困，但现在却为江苏黄埔再生资源利用有限公司董事长，在全国十多个城市有600多台大型设备，在北京、上海、香港、南京等地购置有办公楼，再加上其他固定资产和现金，拥有财富超过50亿元。

最让陈光标出名的不是其富有，而是慈善事迹。早在1996年创业之初，陈光标就开始投身于慈善捐助活动之中。那年陈光标刚刚创立南京金威利电子医疗器械公司，一年的收入不到20万元，就拿出3万元资助一个安徽的白血病患者。2002年以来，陈光标领导下的江苏黄埔向南京市公安消防局捐助近千万元，用于消防公益宣传。2003年"非典"期间，陈光标又向安徽省医疗机构捐赠了800台远红外温度检测仪和200万元现金，用以支持"抗非"事业。最为大家知晓的，便是5.12汶川地震发生强震后仅两小时，陈光标就带领120名操作手和60台大型机械组成的救援队千里救灾，救回131个生命，其中他亲自抱、背、抬出200多人，救活14人，还向地震灾区捐赠款物过亿元。温家宝总理在灾区看望灾情时，得知陈光标事迹后称赞他是"有良知、有灵魂、有道德、有感情、心系灾区的企业家"，并向他致敬。随后的玉树地震，陈光标又在第一时间组织救援队第一时间进入灾区，并向玉树灾区捐款数千万。2010年11月3日晚，陈光标先生在比尔·盖茨和巴菲特的北京慈善晚宴上，公开向慈善机构捐出自己的全部财产，成为国内裸捐第一人。陈光标在微博上发出的裸捐公开信，在中国激起千层浪。他在接受新华社记者电话采访时说，已有超过一百位的国内企业家通过来信、来电、传真的方式响应其"裸捐"的号召。

截止2011年，陈光标先生向社会捐款超13.9亿人民币，直接受益困难群众超过60万人；仅被资助的失学儿童过万；获得各种奖杯二百多个，西藏哈达四百多条，拥有全国71个市、县荣誉市民，36个市、县高级经济顾问,51 所中小学名誉校长。陈光标在接受有关记者采访时,说出了自己的三条捐助原则:“一是把企业净利润的 50%捐出去,二是救急不救穷,三是以捐助学生为主。据我所知,有部分企业就是和政府谈条件,以进行某些慈善活动来换得投资优待。我可以说,我的捐助是不带有任何目的性和交易性的,做慈善,我自己获得快乐,晚上睡着了都能笑醒。慈善公益就是要让社会看得见、摸得着,才能有公信力。”

当然,陈光标的善行不止于此,他从事的产业是再生资源利用,是绿色经济、环保经济,代表了今后产业发展的方向。建筑垃圾、生活垃圾的再利用,既具有广阔的市场空间,又是节能环保的现实举措。可以说,是一心向善成就了陈光标的辉煌事业。

再如,20 岁移居香港的杨勋于 1974 年与其兄杨钊创办旭日制衣厂,并于 1975 年成立旭日集团,任职集团副董事长兼总经理,其直属公司有 80 多家,员工超过 3 万人。集团业务包括:贸易、零售、工业及金融、房地产投资等,在中国内地及香港、印尼、菲律宾、孟加拉及柬埔寨等国家和地区均设有专门生产出口服装的工厂,在中国及澳洲设有零售及批发业务,主要牌子名为“JEANSWEST 真维斯”,在中国及澳洲现设有零售连锁店 900 多家,而在中国内地及香港、新加坡、美国等国家和地区均有地产投资及金融业务。

从 1998 年以来,真维斯国际(香港)有限公司举办了“真维斯杯”休闲装设计大赛。真维斯品牌定位在 15～25 岁这一年龄段,没有收入而又追逐时尚、紧跟潮流的年轻人,因而服装款式既不能落后又不能太超前,只能是紧跟潮流;在保证质量的同时,价格也不能太高,让他们能够消费得起。要做到这一点并不容易,适合度非常重要。应该说,“物超所值”是真维斯征服休闲装市场的一个关键因素。

真维斯所倡导的“物超所值”与目前不少服装品牌赚取高额附加值利润,存在经营理念上的差异。有的服装追求利润使价格很高,有的服装追求知名度但质量和服务跟不上,真维斯主要靠口碑打开销路。“真维斯杯”休闲装设计大赛已经举办了多届,它不同于其他的企业冠名大赛,有的企业希望大赛中的服装可以直接拿来用,有的则希望通过大赛为企业招募设计师,而真维斯的初衷就是“回馈社会”,给那些渴望成为服装从业者的年轻人提供一个展现和推销自己的舞台。目前已经有数百所大学参与到大赛当中，通过学生的广泛参与，他们当中的很多人都成为真维斯品牌的消费者。

“真维斯杯”休闲装设计大赛是一个鼓励实用性的大赛，这与真维斯的品牌理念相一致。该大赛强调的是真正能走到生活中去的作品，而且要让休闲服装的穿着理念和服饰文化能够随着大赛的举办深入人心，得到社会的普遍认同。

真维斯国际（香港）有限公司董事长杨勋认为，成功有时态的区别，过去和现在的成功并不代表未来。未来要不断得到社会和公众的认可，才能保持品牌永久的生命力。因此，他强调要“回馈社会”。而把企业办好就是“回馈社会”最基础的一步，因为这决定着你是否承担起了社会赋予的责任。

目前，真维斯通过参与各种活动来“回馈社会”，像主办“真维斯杯”休闲装设计大赛、投资兴建希望小学、捐助“健康快车”、成立“真维斯大学生助学金”等公益事业。

正因为回馈社会，真维斯国际（香港）有限公司现已成为《福布斯》全球三百家优秀中小企业之一，拥有庞大的休闲服饰零售网络，以体现社会价值为核心的品牌理念已深深牵动每一位真维斯顾客。

参 考 文 献

[日]手岛佑郎.穷也要站在富人堆里.中央编译出版社,2002 年

[美]詹姆斯·H·罗宾斯.敬业——美国员工职业精神培训手册(实用版).世界图书出版公司,2004 年

[英]查斯特菲尔德爵士.一生的忠告.海潮出版社,2002 年

[美]史蒂芬·柯维,王亦兵.《高效能人士的七个习惯》,中国青年出版社,2008

汪中求.细节决定成败.新华出版社,2004 年

雅琴.每天一个哲理故事.蓝天出版社,2011 年

树堂,郑丽.成功男人社交处世的智慧.天津科学技术出版社,2009 年

孙东雅.世界 500 强企业员工的 50 个效能定律.华夏出版社,2008 年

张忠元,向洪 主编.3 只眼看资本书系.中国时代经济出版社,2002 年

罗锐韧.哈佛经理手册.企业管理出版社,1998 年

李备 主编.哈佛成功学丛书.陕西旅游出版社,2002 年

费雷·尤瑞.哈佛谈判技巧.甘肃人民出版社,1987 年

代凯军.管理案例博士评点.中华工商联合出版社,2000 年

刘韧.知识英雄.中国社会科学出版社,1998 年

刘韧.知识英雄 2.0.重庆出版社,2002 年

王桂香.心灵之光——经理人心理健康指南.人民中国出版社,1998 年

圣丁 主编.哈佛商学院 MBA 案例教程.经济日报出版社,1997 年

《人民日报》

《市场报》

《中国青年》

《中国青年报》

《哈佛商业周刊》(Harvard Business Review)

《财富》(Fortune)

《工业周刊》(Industry Week)

《世界经理人文摘》

《IT 经理世界》
《销售与市场》
《环球管理》
《商界》
《深圳商报》
《经理日报》
《创业家》
《精品购物指南》
《北京青年报》
《中华工商时报》
《深圳都市报》
《青年参考》
《中国经营报》
《21 世纪人才报》
《南方日报》
《南方周末》
《环球时报》
《中国企业报》
《经济日报》
《证券日报》
《中国经营报》
《精品购物指南》
《中国计算机报》
《中国国防报》